KB061591

모든 인간은 관계 속에서 살아간다. 우리의 행불행이 관계에 달려 있다. 사랑도 미움도 관계 속에 있다. 그런데 관계의 기초는 신뢰다. 신뢰가 훼손되면 관계가 무너진다. 저자는 이것을 "신뢰는 삶의 모든 것을 움직이는 연료"라고 설명한다. 그리고 신뢰가 어떤 식으로 생기고 쌓이는지 배우라고 권한다. 《신뢰의 기술》이 바로 그 교과서다.

"상대방의 신뢰를 얻는 일은 내가 옳다는 점을 설득하는 데서 시작되지 않는다"라는 대목이 특히 마음에 와닿았다. 늘 옳고 그른 걸 두고 다투는 우리가 아니던가. '내가 옳다'는 걸 증명하고자 온 힘을 쏟는 우리가 아니던가. 하지만 저자는 "신뢰는 어디까지나 '상대방을 이해하고 있다'는 걸 보여 주는 데서 시작된다"고 강조한다. 공감의 힘이다. 나는 이 책에서 이런 공식을 발견했다. "공감은 신뢰를 위한 첫걸음이고, 신뢰는 건강한 관계를 만든다. 그리고 건강한 관계는 우리 삶을 행복하고 풍성하게 이끈다." 기쁜 마음으로 이 책을 추천한다.

이인용 ▷ 법무법인 율촌 가치성장위원장, 前 삼성전자 사장

모든 것이 빠르게 변하는 시대에 신뢰는 개인적인 관계, 공적인 관계, 나아가 하나님과의 관계에서 더욱 중요해졌다. 이 책은 신뢰의 본질을 깊이 있게 탐구하고, 깨진 신뢰를 회복하며, 망가진 신뢰의 근육을 다시 키우는 실질적인 지혜를 제시한다. 동료, 고객, 가족, 무엇보다 하나님과의 관계, 자신과의 관계에서 참다운 신뢰를 경험하고 싶다면, 이 책이 더없이 '신뢰할 만한' 안내자가 되어 줄 것이다.

김경훈 ▷ 전문경영인

내게 가장 큰 신뢰를 주어야 할 부모에게서 버림받은 아픔은 다른 어른을, 그리고 세상을 신뢰하지 못하게 했다. 그리하여 오래도록 스스로 고립된 시간을 보냈다. 사람은 사회적 동물이기에 결코 홀로 살아갈 수 없다. 그리고 함

께 살아가기 위해서는 신뢰가 매우 중요하다. 《신뢰의 기술》을 읽으며 '용서'가 신뢰 회복의 첫 단추라는 걸 알게 되었다. 더 많은 이들이 이 책을 통해 아픈 상처를 치유하고 깨진 관계를 회복하기를 기대한다. 건강한 관계 속에서 우리는 무엇이든 할 수 있으며, 어떤 것이든 이룰 수 있다.

김성민 ▷ 브라더스키퍼(brother's keeper) 대표

당신이 올해 읽을 책 중에서 가장 중요하고 가장 큰 변화를 가져올 책!

존 맥스웰 ▷ 리더십 전문가, 《리더십의 법칙 2.0》 저자

이 광적인 세상에서 헨리 클라우드는 이성과 진리와 은혜에 단단히 닻을 내린 상태를 유지한다. 이 책에서 그는 자신이 가장 중요하게 여기는 주제를 실천적인 지혜와 나 같은 팬들이 좋아할 만한 인상 깊은 이야기들로 풀어 내고 있다.

패트릭 렌시오니 ▷ 경영 컨설턴트, 《최고의 팀은 왜 기본에 충실한가》 저자

팀 구성원의 신뢰를 얻을 방법을 찾고 있는 리더인가? 깨진 신뢰의 회복을 희망하는 사람인가? 이 책이 오래가는 신뢰를 쌓고 유지하기 위한 깊은 통찰, 의미 있는 동기, 관계를 변화시키는 도구들을 제공해 줄 것이다.

크레이그 그로쉘 ▷ 목사, 《미리 결정하라》 저자

헨리 클라우드 박사는 우리 자신과 신뢰의 본질을 더 잘 이해하기 위한 실용적이고 과학적인 전략을 제시한다. 당신의 정신 건강 도구 상자에 반드시 이 책을 추가하라.

캐롤라인 리프 ▷ 인지 신경과학자, 《뇌의 스위치를 켜라 365》 저자

헨리 클라우드 박사가 또 해냈다. 《바운더리》와 《인테그리티》 같은 명저로 우리를 이끌었던 그가 이제 이 책으로 비즈니스가 어떻게 성사되고 관계가 어떻게 번영하는지를 정확히 진단해 냈다. 반드시 읽어야 할 놀라운 책이다!!!

데이브 램지 ▷ 금융 전문가, 《돈의 연금술》 저자

건강한 관계를 맺고 싶은 모든 이에게 참으로 중요한 책이다. 사람에게 배신을 당해 상처를 받았는가? 그 상처를 치유하고 다시 타인을 믿을 수 있는 방법을 발견하게 될 것이다. 이미 좋은 관계들을 맺고 있는가? 그 관계들을 보다 튼튼하게 다질 놀라운 통찰을 얻게 될 것이다.

조이스 마이어 ▷ 목사, 《마음 전쟁 끝내기》 저자

신뢰의 기술

지은이 | 헨리 클라우드

옮긴이 | 정성묵

초판 발행 | 2024. 06. 26

등록번호 | 제 2023-000055호

등록된 곳 | 서울특별시 용산구 서빙고로65길 38

발행처 | 위더북

영업부 | 02)2078-3352   FAX | 080-749-3705

출판부 | 02)2078-3330

책값은 뒤표지에 있습니다.

ISBN 979-11-987160-2-6 03190

독자의 의견을 기다립니다.

tpress@duranno.com   www.duranno.com

"삶의 모든 순간에 당신과 함께하는 책" 위더북은 두란노서원의 임프린트입니다.

삶과 비즈니스를 움직이는 핵심 연료

신뢰의 기술

헨리 클라우드 지음 | 정성묵 옮김

위더북

♣ **일러두기**

이 책에 실린 성경 구절은 《성경전서 개역개정판》(대한성서공회)을 기본으로 사용했다.
《우리말성경》(두란노)이나 《성경전서 새번역》(대한성서공회), 《현대인의성경》(생명의말씀
사)을 사용할 경우에는 해당 구절에 "우리말성경", "새번역 성경", "현대인의성경"이
라고 별도 표기했다. NIV(New International Version), ESV(English Standard Version) 역본
을 사용할 경우, 이 책의 옮긴이가 직접 번역하고 별도 표기했다.

내가 아는 가장 믿을 만한 친구,

사랑하는 아내 토리에게.

contents

프롤로그.

개인과 조직의 흥망성쇠,

신뢰에 달려 있다

○ 14

세상만사,
신뢰로 통한다

삶과 비즈니스를 움직이는 핵심 연료

Part 2

뒤통수 맞지 않는
신뢰의 기술

'신뢰할 만한' 사람과 상황을 알아보는
다섯 가지 필수 요소

Part 3

신뢰,
'서로' 주고받는 모험

내 안의 숨은 '신뢰 걸림돌' 치우기

한번 깨진 신뢰 관계, 이대로 영영 끝인가

구체적인 신뢰 회복 모델 7단계

Part 5

과거를 떨치고
이제 전진하라

같은 실수를 되풀이하지 않는 법

프롤로그

개인과 조직의 흥망성쇠,
신뢰에 달려 있다

"그냥 날 믿어요."

누구나 이 말을 들어 본 적이 있다. 아마 다른 사람에게 직접 한 적도 꽤 있으리라. 어떤 이들은 상대방이 "그럼요, 당연히 믿죠!"라고 즉시 대답할 거라 믿어 의심치 않고 이 말을 건넨다.

필시 우리는 좋은 의도로 이 말을 했을 것이다. 하지만 사실상 상대방에게 얼마나 많은 것을 요구하는 말인지, 혹은 그 약속을 정확히 어떻게 지킬지 모르면서 할 때가 많다. 우리는 "그냥 날 믿어요"라는 짧은 말이 상대방에게 얼마나 큰 모험을 요구하는 말인지를 제대로 이해하지 못해 의도치 않게 상대방을 낙심시키곤 한다.

나는 "그냥 날 믿어요"라는 말에 요란한 사이렌 소리나 경광등 같은 경고 신호가 딸려야 한다고 생각한다. 지켜지지 않을 때가 너무도 많고, 때로는 깊은 실망감을 안기기 때문이다. 신경과학 연구에 따르면, 우리가 누군가를 '그냥 믿어서는' 안 되는 분명한 이유가 있다. 뒤에서 자세히 설명하겠지만, 여기서는 일단 인간의 신경 기관과 뇌가 주변 환경을 조사하고 우리가 상호작용하는 모든 사람을 재빨리 평가하도록 설계되어 있다는 점만 짚고 넘어가겠다. 인간은 누군가를 믿기 전에 '안전한가?'라는 중요한 질문을 던지도록 설계되어 있다. 즉 누군가가 자신을 믿으라고 하면 우리는 그 사람을 믿었다가 상처받게 될지를 미리 알고자 한다. 인간에게는 이처럼 고통을 피하려는 본능이 있다.

이 '안전한가?'에 대한 답은 대개 1,000분의 1초 안에 이루어지는데, 이 순간의 판단이 개인적인 관계나 가족, 비즈니스 거래, 더 나아가 회사 전체의 미래까지도 좌우할 수 있다. 왜일까? 신뢰는 우리의 온 존재에게 '나아가라'는 신호를 보내기 때문이다. 인간은 사람이나 집단, 회사를 비롯해서 무엇을 믿든 그 대상을 향해 나아간다. 그 대상에게 우리 마음이나 시간, 에너지, 사랑, 돈을 기꺼이 투자하는 것이다. 반대로, 그 대상을 믿지 못하면 '물러나라'며 반대 방향을 가리키는 강한 내적 신호가 발생한다. 매일같이 우리는 모든 개인적·비즈니스적 상호작용에서 나아갈지 물러날지를 수도 없이 결정한다.

개인적인 삶에서 모든 건 이 '신뢰'에 따라 흥하거나 망한다. 신뢰

는 친밀함을 낳는다. '진정으로 믿을 만한 사람과의 관계에서 얻는 유익'
과 '누군가를 진정으로 믿을 수 없다는 점을 깨달았을 때의 참담함'에 관
해서라면 아마 어느 누구라도 책 한 권은 족히 쓸 수 있을 것이다. 비즈
니스에서도 마찬가지로 신뢰가 전부다. 사업가들은 사람들이 자신을 믿
기를 원한다. 신뢰를 얻어야 투자를 유치할 수 있기 때문이다.

배우자나 친구, 직장 상사나 동료, 부하 직원, 고객, 동업자, 거래
처 사람 등 누구를 대하든 우리는 상대방이 우리에게 마음과 정신은 물
론이고 에너지와 자원을 흔쾌히 투자해 주기를 바란다. 그런데 상대방
에게서 그런 투자를 아낌없이 받으려면 신뢰를 얻어야 한다. 그것도 한
번만이 아니라 계속해서 꾸준하게. 하지만 누구에게나 다른 사람을 믿
었다가 호되게 당하고서 후회한 경험이 있다.

나는 물론이고 이 책을 읽는 모든 이가 믿지 말아야 할 사람을 믿
어 마음고생을 한 경험이 있을 것이다. 경고 신호를 무시해서 나아가지
말아야 할 때 나아간 적도 있고, 심지어 경고 신호를 아예 보지 못한 경
우도 있다. 겉으로는 모든 상황이 좋아 보였는데 결국 된통 당한다. 그
러고 나서 과거를 돌이켜 보며 혼잣말을 한다.

"이런 일을 당할 줄 꿈에도 몰랐어."

"어떻게 나한테 그럴 수 있지?"

"우리는 정말 좋은 친구(혹은 애인이나 동업자)였는데 어떻게 내게 그
런 짓을 저지를 수 있지?"

때로는 상대방이 우리를 실제로 '배신한' 게 아니라 우리에게 필
요한 것을 해 줄 '능력'이 없는 경우도 있다. 하지만 그것과 상관없이 우
리는 상처를 받는다.

이 책을 읽는다고 해서 다시는 배신이나 실망스러운 일을 당하지 않으리라 약속할 수는 없다. 심지어 하나님도 그런 장담을 하실 수 없다. 하나님은 늘 우리를 믿으시지만, 우리 인간은 날마다 그분을 실망시키거나 심지어 거부한다. 결국 하나님은 사람을 창조하셨음을 후회하기까지 하셨다.

땅 위에 사람 지으셨음을 한탄하사 마음에 근심하시고.
성경 창세기 6장 6절

아마 대부분의 사람이 비슷하게나마 이 심정에 공감하리라. 당신도 사람을 믿었던 걸 후회한 역사가 있을 것이다. "그 사람을 믿었던 게 정말 후회돼. 마음이 얼마나 아팠는지 몰라." 살다 보면 의도치 않게 이런 상황을 맞닥뜨리게 된다.

하지만 좋은 소식이 있다. 우리는 어떤 사람이 신뢰할 만하며, 어떤 사람은 신뢰해서는 안 되는지 지금보다 더 잘 분별하게 될 수 있다. 그리고 언제 누구에게 모험을 걸지 지금보다 더 잘 판단하게 될 수 있다.

이 책의 목표 중 하나는 사람들이 무슨 말을 하거나 무언가를 팔려 하거나 약속을 할 때 그 행동의 '행간을 읽어' 무엇이 믿을 만하고 믿을 만하지 않은지를 파악하는 능력을 기르는 것이다. 당신이 다음과 같은 능력을 기를 수 있도록 돕기 위해 이 책을 썼다.

* '믿을 만한 사람'과 '믿어서는 안 될 사람'을 분별할 수 있다.
* 누군가에게 '믿음이 가는 존재'가 되기 위한 태도와 습관과 행동이

무엇인지 알고 기를 수 있다.

* 고객이나 주주의 신뢰를 얻는 기업체나 조직을 일굴 수 있다.
* 누군가를 신뢰했다가 배신당한 상황을 다룰 수 있다.
* 깨진 신뢰, 심지어 복구가 불가능해 보이는 신뢰 관계를 회복할 수
  있다.
* 깨진 신뢰를 복구하는 과정에서 자신을 보호할 수 있다.
* 다시 신뢰하지 말아야 할 때를 판단할 수 있다.
* '신뢰'와 '용서'의 차이가 무엇인지 분간할 수 있다.

이 책의 전체 내용을 한 문장으로 요약하자면, "신뢰는 삶의 모든 것을 움직이는 연료다." 우리 삶의 그 어떤 것도 신뢰 없이는 이루어지지 않는다. 관계는 특히 더 그렇다. 인간은 누군가 혹은 무언가를 믿도록 생물학적으로, 신경학적으로, 정서적으로, 영적으로, 심리적으로 설계되어 있다. 신뢰는 모든 것을 움직이는 원동력이다. 따라서 우리는 신뢰의 기술을 개발해야 한다.

많은 사랑을 받은 러시아 극작가 안톤 체호프는 "사람들을 믿지 않으면 삶이 불가능해진다"고 말했다. 참으로 옳은 말이다. "그냥 날 믿어요"라는 말은 대체로 무의미하다. 심지어 사람에 따라서는 이 말을 적신호로 받아들여야 할 수도 있다. 다른 누군가를 믿는 일, 누군가에게 '믿을 만한 존재'가 되는 일은 더없이 중요하다. 누구를 어떻게 믿을지 아는 능력은 삶의 모든 측면에 놀랍고도 긍정적인 영향을 미친다.

사람을 믿기 전에 정확히 판단하고 싶은가? 신뢰가 왜, 어떻게 깨지는지를 알고 싶은가? 오해나 커뮤니케이션 오류로 망가진 귀한 관계

를 회복하는 법을 배워 튼실하고 건강한 관계를 쌓고 싶은가? 삶과 관계의 모든 측면이 잘 돌아가기를 원하는가? 그렇다면 신뢰가 어떤 식으로 싹트고 쌓이는지를 배우라. 좋은 사람과 기업, 리더, 조직에 투자할 수 있도록 개인적으로나 직업적으로나 상대의 신뢰성을 더 잘 판단하는 법을 배우라. 신뢰가 어떤 식으로 싹트고 쌓이는지를 이해한 뒤에는 신뢰가 깨져 관계가 틀어졌을 때 이를 복구하는 법을 살펴보겠다.

다른 사람에게서 신뢰성의 주요 특징을 파악하는 건 우리가 언제 믿고 언제 믿지 않을지를 분간하기 위해 분명 중요한 측면이다. 하지만 내가 어떤 사람이고, 무엇이 나를 이끌고 있으며, 내가 어떤 부분에서 망가져 있거나 불완전한지를 파악하는 것 역시 똑같이 중요하다. 신뢰의 과정은 '나를 발견하는 여행'이기도 하다. 이제 함께 삶의 모든 것을 움직이는 연료가 되는 '신뢰'의 영역에서 성장하는 여행을 출발해 보자.

TRUST

Part 1

세상만사,
신뢰로 통한다

삶과 비즈니스를 움직이는 핵심 연료

1.
배신의 위험이
뒤따라도

'신뢰' 없이는
못 사나니

그날 아침, 회의실 분위기는 참으로 냉랭했다. 하는 일의 특성상 나는 긴장감이 흐르는 상황에 익숙했지만, 그날 일어난 상황만큼은 전혀 준비되어 있지 않았다. 나는 의견 조율을 위한 진행자 역할로 초빙받아 모 기업의 긴급 회의에 참석 중이었다. 한 글로벌 기업의 이사회가 회사를 구하기 위한 최후의 시도로 한자리에 모였다. 1년 내내 지속된 CEO와 이사회 의장 사이의 갈등은 한계점에 다다랐다. 그들은 피할 수 없어 보이는 상황, 즉 둘 중 한 명이 회사를 떠나는 상황을 막기 위해 긴급 이사회 회의를 소집했다. 둘 중 누가 떠나도 대서특필감이었다. 관계된 수많은 사람의 삶이 위기에 빠지고 막대한 재정 손실이 발생할 게 불보듯 뻔했다.

우리는 논의할 사안들을 나누면서 회의를 시작했다. 모두가 같은 토대에서 대화를 시작하기 위해서였다. 우리가 바라는 목표는 두 리더의 갈등을 해결하여 회사가 계속해서 잘되게 하는 것이었다. 사전 인터뷰 결과, 이사회의 절반은 의장 편이고 나머지 절반은 CEO 편이었다. 그리고 그 둘은 서로의 편이 아님이 확실했다.

각자의 이야기를 듣는 시간을 가졌다. 긴장감이 한껏 감돌았으나 그래도 말투는 부드러웠다. 하지만 얼마 못 가 분위기는 급속도로 험악해졌다. 급기야 CEO는 의장의 말을 중간에 끊고 자기 의견을 피력하기 시작했다. 정중하지도, 전혀 신중하지도 못했다. 결국 일이 터지고만 것이다.

모든 시선이 의장에게 쏠렸다. 그는 조용히 자신의 서류 가방을 닫았다. 그리고 몇 초간 바닥을 보더니 고개를 들어 주위를 둘러보며 말했다. "지치네요. 이제부터 알아서들 하시고 전 손 떼겠습니다. 그럼 전 이만 가 보겠습니다."

충격으로 장내가 쥐 죽은 듯이 조용해졌다. 자리에서 일어나 문쪽으로 걸어가는 그의 모습을 다들 바라만 볼 뿐이었다. 큰일이었다. 회사를 구하기 위해 마련한 긴급 이사회 회의가 한창 진행 중인데 이사회 의장이 자리를 박차고 나간다는 건, 한마디로 사임하겠다는 의사였다.

어찌할 바 모르기는 나도 마찬가지였지만, 이 안타까운 상황을 그냥 보고만 있을 수는 없었다. 그래서 나는 무작정 일어나 그가 나가지 못하게 회의실 문을 가로막았다. 그리고 바닥에 털썩 주저앉으며 말했다. "잠깐만요. 떠나셔도 좋습니다만 지금 이 문을 열고 나가시면 돌이킬 수 없는 연쇄반응이 벌어지고 말 겁니다. 나가시기 전에 한 가지만 묻고 싶습니다. 일단 잠시 앉으시죠. 자, 여기 앉으세요."

상대방이 하도 황당하고 이상한 행동을 해 자기도 모르게 뭐에 홀린 듯 그가 시키는 대로 할 때가 있는데, 당시 상황이 그러지 않았나 싶다. 의장은 내 말대로 바닥에 같이 앉았다. 나는 그에게 물었다. "방금 CEO의 행동을 보고 기분이 어떠셨나요?"

의장은 한참 동안 나를 응시하다가 조심스럽게 입을 뗐다. "저는…… 그러니까……" 그의 아래턱이 떨리기 시작했다. 유명한 변호사이자 업계 리더인 이 유능한 인물이 좀처럼 말을 잘 이어 가지 못했다. "제가…… 아무것도…… 할 수 없는 사람처럼 느껴졌어요."

한마디 한마디에서 깊은 고통과 복잡한 감정이 전해졌다. 의장은 괴로운 듯 더는 말을 잇지 못했다.

그 뒤 놀라운 일이 벌어졌다. CEO가 자리에서 일어서더니 우리에게로 걸어왔다. 그는 우리 옆에 앉아 의장을 보며 말했다. "저 때문에 그런 기분을 느끼신지 전혀 몰랐습니다. 정말 몰랐어요. 그럴 생각은 전혀 없었습니다. 정말 미안합니다."

의장은 고개를 들어 잠시 CEO를 가만히 바라보더니, 무슨 말이나 행동을 해야 할지 모르겠다는 표정으로 나를 쳐다봤다.

나는 회의에 모인 사람들을 바라보며 말했다. "여러분, 제게 잠시 시간을 주시겠어요? 준비가 되면 다시 모시겠습니다."

이후 한 시간 반 동안 우리 세 사람은 대화를 나누었다. 우리는 서로의 말에 귀를 기울였다. 마침내 나는 이사들을 다시 불러 말했다. "자, 일할 시간입니다."

남은 회의 시간 내내 이사들은 서로의 불화, 그리고 더 중요하게는 앞으로 회사의 나아갈 방향에 관한 두 중역의 말에 귀를 기울였다. 분위기는 최소한 두어 시간 전보다 훨씬 좋아졌다. 급한 불은 끌 수 있었다.

신뢰가 어떻게 깨지고 그렇게 깨진 신뢰를 어떻게 회복할지를 모를 때가 정말 많다. 이 책의 목표는 이 두 가지를 이해하는 것이다. "신뢰는 어떻게 깨지는가? 깨진 신뢰를 어떻게 회복해야 하는가?"

잔인한 배신의 추억

이 이야기 속 심리적 기제와 커뮤니케이션 문제, 격하게 소용돌이치는 감정에 공감하는가? 당신이 CEO나 이사회 의장은 아닐지 모르지만, 인간관계에서의 긴장과 분열, 불신을 겪어 봤으니 충분히 이해가 가리라. 관계가 깨지거나 서로 불화를 겪는 두 사람 사이에서 느끼는 곤혹스러운 심정을 짐작할 것이다. 믿었던 사람에게 배신을 당하거나 실망해 가슴 아팠던 경험이 다들 있을 것이다. 혹시 다음과 같은 일을 겪었는가?

* 집에서는 당신에게 너무도 잘해서 굳게 믿었던 배우자가 바람을

피운 일.

* 당신의 커리어 전체를 걸고 맡겼던 사업 파트너가 당신의 가장 큰 경쟁자와 손을 잡은 일.

* 모든 일을 믿고 맡겼던 사람이 당신의 기대만큼 능력을 발휘하지 못했던 일.

* 영적 스승으로 따랐던 성직자가 알고 보니 이중생활을 했던 일.

* 당신이 가장 은밀한 속내를 털어놓았던 친구가 그 비밀을 남들에게 소문내고 다닌 일.

* 사랑하는 형제가 유산 상속 문제로 당신에게 등을 돌린 일. 그에게 당신과의 관계보다 돈과 재물이 더 중요하다는 사실을 알게 된 일.

* 당신이 믿고서 공들여 투자했던 직원이 당신에게 말도 없이 따로 회사를 차리거나, 당신의 지식과 기술을 훔쳐 경쟁사로 이직한 일.

* 믿었던 팀 동료에게 실망한 일.

* 당신이 사랑을 쏟았던 사람이 정작 당신이 필요할 때 당신을 외면한 일.

우리는 신뢰의 배신을 겪어 봐서 안다. 신뢰가 깨지면 어떤 일이 일어나는지 겪어 봐서 안다. 인간이 서로를 배신할 수 있는 방식은 한 없이 많고 다양하다. 하지만 어떤 경우든 결과는 동일하다. 상처, 배신 감, 환멸, 분노, 사람들을 믿지 못하게 되는 것, 거래할 때 지나치게 조심 스러워지는 것, 의심 등등. 한마디로, 배신으로 신뢰가 깨지면 돌아오는 건 쓰디쓴 고통뿐이다.

신뢰, 감(感)에 따라 해서는 안 된다

"신뢰"(trust)는 모든 이에게 친숙한 단어이자 개념이다. 우리는 신뢰가 무엇을 의미하며, 지금 서로를 신뢰하는지 아닌지를 안다. 또한 언제 신뢰가 깨졌으며, 그 고통이 어떤지도 안다.

메리엄-웹스터 사전(Merriam-webster.com)은 명사로서의 신뢰를 이렇게 정의한다. "누군가 혹은 무언가의 인격이나 능력, 강점, 진실에 대한 확실한 믿음." 이 정의는 신뢰를 정확히 설명했지만 나는 케임브리지 사전(Cambridge Dictionary)에서 동사로서 내린 정의가 정말 마음에 든다. "누군가가 선하고 정직하며 당신에게 해를 끼치지 않을 것이라고 혹은 무언가가 안전하고 확실하다고 믿다." 앞서 말했듯이, 우리가 어떤 사람과 관계를 맺거나 어떤 상황에 참여하기 전에 던져야 할 중요한 질문은 '안전한가?'이다. 인간은 안전하고 안정된 느낌을 원하며, 신뢰가 바로 그런 느낌을 준다.

저 두 가지 정의를 합쳐 보면 신뢰가 무엇인지 더욱 분명해진다. 신뢰는 안전한 느낌과 더불어, 상대방이 우리에게 필요한 것을 몇 가지 방식으로 해 줄 수 있다는 확신이다.

진지하게 만나 볼지 고민 중인 이성(異性), 직원으로 채용할지 고려 중인 인재, '입사를 고민하고 있는 회사'의 대표, 새로운 이웃, 단순한 지인 등 우리는 누군가를 만나면 보통 그 사람에 관한 어떤 느낌을 받는다. '저 여자와는 뭔가 통하는 것 같아', '정확히 뭔지는 모르겠지만 저 남자는 왠지 꺼림칙해.' 그리고 대개 우리는 이런 느낌에 따라 행동한다.

이 행동의 결과는 볼링을 치다가 옆에 있는 사람에게 화장실에 다녀올 동안 재킷을 봐 달라고 부탁하고 돌아와서 재킷이 그대로 있음을 발견하는 것처럼 대수롭지 않을 수 있다. 반면에 평생 함께 살 사람과의 결혼식 행진처럼 인생을 바꿔 놓을 수도 있다. 어느 경우든 우리는 느낌에 따라 상대방을 믿곤 한다. 그랬다가 상대방이 그 신뢰에 부응하지 못하면 우리는 예기치 않은 위험에 빠진다. 설상가상 그 사람이 배신이라도 하면 깊은 상처를 입는다.

　　우리는 신뢰를 간단한 일로 생각하기 쉽다. 보통 자신은 '믿을 만하지 않은 사람'을 금방 알아챌 수 있다고 착각하는 경향이 있다. 무엇보다 신뢰가 깨진 경우를 직접 지켜봤기 때문이다. 가족 중에 중고차가 믿을 만하다는 판매원 말을 곧이곧대로 믿은 사람이 있다. 내가 보기엔 친구의 남자친구가 자아도취에 빠져 있는데 정작 친구는 그가 자신감이 넘쳐서 좋다고 말한다. 두 경우 모두, 우리가 아끼는 사람이 우리 눈에는 똑똑히 보이는 걸 보지 못하는 게 답답할 따름이다.

　　우리는 이런 상황을 보면서 은근히 우쭐댄다. '아니, 어떻게 저렇게 어리석을 수가 있지?' 그리고 잠시 뒤에는 더 의기양양해진다. '나라면 절대 저런 사기를 당하지 않을 거야. 나는 똑똑하니까. 나라면 상대방의 속셈을 단번에 간파했을 거야.' 우리는 성경의 잠언 22장 3절에서 말하는 슬기로운 사람이 바로 자기라고 생각한다. "슬기로운 사람은 재앙을 보면 숨어 피하지만, 어수룩한 사람은 고집을 부리고 나아가다가 화를 입는다"(새번역 성경).

　　보통 신뢰가 느낌에서 시작되는 경우가 많지만, 사실 신뢰는 감에 따라 이루어져서는 안 된다. 신뢰는 확실하고, 관찰 가능하고, 필수적인 특성을 토대로 이루어져야 한다. 이 특성은 이 책 2부에서 탐구하겠다.

28

'사람을 믿는 기술'을
연마해야 한다

어느 날 한 내담자에게서 기억에 남을 만한 말을 들었다. "신뢰가 이토록 섹시한 줄 미처 몰랐어요."

그는 지금의 아내와 결혼하기 전에 교제했던 여성과 직장 업무 때문에 자주 만날 수밖에 없는 상황에 처했다. 그는 아내가 이 사실을 알면 불안해서 그 프로젝트를 거절하라고 할까 봐 걱정이었다. 하지만 이 기회를 포기하면 자신이 하는 일에 큰 지장을 받을 수밖에 없었다. 이러지도 저러지도 못하는 처지였다. 그런데 그가 막상 아내에게 이 사실을 털어놓자 아내는 전혀 뜻밖의 반응을 보였다. "걱정하지 않아요. 당신을 100퍼센트 믿으니 신경 쓰지 말아요."

실제로 그는 애초에 헤어진 전 여자 친구에게 아무런 마음도 남아 있지 않았다. 하지만 그렇다 해도 그녀와 어울리게 되면 아내에게 떳떳하지 못할 것 같았다.

그러다 첫 출장 때 전 여자 친구와 저녁 식사 모임에 함께 참여할 일이 생겼다. 나중에 다른 참석자들은 다 자리에서 일어나 각자 호텔 룸으로 돌아갔고, 어쩌다 보니 그와 전 여자 친구, 이렇게 둘만 자리에 남게 되었다. 두 사람은 잠시 이야기를 나누었다. 그러다 문득 그는 자칫 후회할 짓을 저지를 수 있음을 깨달았다. 그때 그는 아내가 이런 상황이 발생할 줄 알면서도 자신을 얼마나 굳게 믿었는지를 떠올렸다.

남편을 믿는 아내의 믿음이 얼마나 깊은지가 가슴 깊이 전해졌다. 생각할수록 아내를 향한 사랑과 열정이 걷잡을 수 없이 솟아났다.

그는 저녁 식사를 다 마치기도 전에 호텔 룸으로 달려가 아내에게 전화를 걸었다. 아내가 자신을 이렇게나 굳게 믿고 있다는 생각이 들자 자신과 아내가 하나라는 느낌이 온몸을 휘감았다.

이런 맥락에서 내게 이런 표현을 쓴 것이다. "신뢰가 이토록 섹시한 줄 미처 몰랐어요. 그 순간 아내가 바로 옆에 있었다면……"(나머지는 상상에 맡기겠다). 남편을 향한 아내의 굳건한 믿음 덕에 부부 관계는 더욱 단단해졌다. 신뢰는 연합을 낳고 깊어지게 하며, 서로에 대한 신의를 철저히 지키게 한다. 이에 대한 생화학적·심리학적 근거는 2장에서 설명하겠다.

이 사례의 요지는 내가 프롤로그에서 말한 것과 일맥상통한다. 신뢰는 삶의 모든 것을 움직이는 연료다. 우리 인간은 누군가 혹은 무언가를 믿도록 생물학적으로, 신경학적으로, 정서적으로, 영적으로, 심리적으로 설계되어 있다. 신뢰가 가득할 때 삶이 제대로 돌아간다. 신뢰 수준이 높을 때 삶의 모든 것이 원활하게 이루어진다. 반면에 신뢰 수준이 낮거나, 심지어 아예 신뢰가 깨질 경우 삶은 걷잡을 수 없이 복잡하고 힘들어지기 마련이다.

인간은 타인을 신뢰하고 또한 타인에게서 신뢰받으며 살아야 하는 존재다. 우리는 인생을 결정하는 가장 중요한 기술 중 하나인, 신뢰의 기술을 부단히 갈고 다듬어야 한다.

신뢰의 거대한 영향력

신뢰가 크게 영향을 미치는 삶의 영역들을 한번 짚어 보자.

* 뇌의 크기, 몸무게, 면역 기능, 지적 발달, 언어와 사회적 발달 등
  출생하는 순간부터 시작해 인체 기관의 육체적 · 심리적 성숙에
  영향을 미친다.
* 원가족 안에서의 신뢰도는 성인이 되어 부부 사이를 비롯한 모든
  관계에서 신뢰하는 능력에 영향을 미친다.[1]
* 신뢰도 상승은 기업 투자, 인적 자본 축적, 조직 발전을 통한
  국내총생산(GDP) 성장에 영향을 미친다.
* 행복한 결혼 생활을 영위하는 부부는 가장 필요할 때 배우자가
  곁에 있어 줄 거라 신뢰한다. 불행한 부부 사이에는 그런 신뢰가
  없다.[2]
* 정서적 신뢰 개선에 초점을 맞춘 부부 상담 치료가 더 효과적이다.[3]
* 신뢰 수준이 높은 업무 팀은 낮은 업무 팀보다 여러 척도에서 높은
  성과를 보인다.
* 신뢰 수준이 높은 사람은 낮은 사람보다 몸이 더 건강하고
  건강 문제가 덜 발생한다. 그들의 높은 신뢰 수준은 장수와
  징신 건강(낮은 불안과 우울증 수치)에 영향을 미친다. 그들은 여느
  사람들보다 더 행복하게 산다.
* 신뢰 수준이 높은 리더들이 여러 척도에서 더 높은 성과를 보인다.
* 부부가 배우자에 대한 신뢰도가 낮으면 생리적 뇌 기능이 저하되어

갈등 해결이 잘 이루어지지 않고 이혼율이 높아진다.

* 성과, 이직률, 고객 경험은 신뢰에 깊은 영향을 받는다. 신뢰의 부재는 비즈니스적으로 다양한 문제를 발생시킨다.

* 공감을 바탕으로 한 신뢰는 사실상 삶의 모든 차원에서 불안을 줄여 준다.

* 외과 수술진에 대한 신뢰는 더 나은 수술 결과를 만들어 낸다.

* 기업의 마케팅 효과와 브랜드 충성도는 신뢰를 창출해 내는 능력에 달려 있다.

* 사회의 다른 구성원에 대한 긍정적인 태도를 의미하는 "사회적 신뢰"(social trust)는 개인의 성공 가능성을 높여 주고, 건강을 지켜 주고, 불안을 줄여 주며, 행복과 건강과 교육 수준을 높여 주고, 사회 구성원의 육체적 · 정신적 건강을 개선해 준다. 반면에 낮은 수준의 신뢰는 정반대 효과를 낸다.[4]

이처럼 삶의 모든 측면에서 신뢰는 매우 중요하다. 따라서 우리는 할 수 있는 한 자신의 신뢰하는 법과 신뢰받는 법을 개선해야 한다.

연구가 로더릭 M. 크레이머는 신뢰가 긍정적일 수도 있고 부정적일 수도 있다는 점을 가르쳐 준다.

인간은 다른 사람을 믿는 성향을 타고났다. 신뢰는 유전적이며 어릴 적 학습의 결과이기도 하다. 신뢰는 우리 인간에게 대체로 도움이 된 …… 기제다. 그렇기는 하지만, 다른 사람을 믿는 성향은 인간을 곤란에 빠뜨리곤 한다. 때로 우리는 믿을 만한 사람과 믿을 만하지

않은 사람을 구분하지 못하곤 한다. …… 〔이는〕 개인적인 차원에서 큰 문제가 될 수 있다.[5]

이 책을 통해 부디 누구를 어떻게 믿어야 할지에 관해 보다 잘 알게 되기를 바란다. 그리하여 신뢰의 영역에서 긍정적인 경험을 많이 하게 되기를 바란다. 누군가를 믿었던 일이 훈훈한 추억으로 남아 있는 이도 있고, 두고두고 후회하는 실수로 남은 이도 있을 것이다. 물론 대부분의 사람이 살면서 이 둘을 다 경험한다. 지금까지 어떠했든 앞으로는 더 나은 경험을 할 수 있다. 그렇게 되는 게 아주 중요하다. 인생의 모든 것이 신뢰에 달려 있기 때문이다.

2.
인간은
날 때부터

타인을 믿고 싶어
한다

의외로 나는 비행기 타는 시간을 즐긴다. 회의나 일할 거리 없이 혼자 조용히 사색할 수 있는 시간이라서 좋다. 나는 흔히 옆자리 승객이 던지는 가벼운 질문들에 진지하게 답하지 않는 편이다. 내가 심리학자라고 밝히는 순간 원치 않는 상담을 하게 되는 경우가 많았기 때문이다.

하루는 그동안의 내 원칙에서 좀 벗어났다. 당시 나는 신뢰에 관한 자료 조사 중이었는데 옆자리에 앉은 남자가 마침 그 문제에 관해 묻길래 답을 해 주었다. 그런데 그의 반응은 뜻밖이었다.

"저는 아무도 믿지 않아요. 믿어 본 적도 없고 앞으로도 믿을 생각이 없습니다. 인간이란 믿을 만한 존재가 못 되거든요."

"정말이요? 절대 아무도 믿지 않는다고요?"

"네, 절대 믿지 않아요. 사람을 믿었다간 큰일 나요. 사람은 항상 배신하기 마련이죠."

"죄송한 말이지만, 선생님은 자신에 대해 잘못 알고 있는 듯합니다. 선생님은 다른 사람들을 절대적으로 믿고 있거든요."

"그럴 리가 없어요. 도대체 무슨 말인지 모르겠군요."

"선생님은 이 비행기 조종석에 앉아 있는 조종사를 믿고 있어요. 그 조종사를 만나 본 적이 한 번도 없으면서 말이죠. 선생님은 이 비행기에 연료를 넣은 사람이 이상한 액체가 아닌 순수한 제트 연료를 넣었다고 믿었고요. 방금 기내식으로 나온 샌드위치를 드셨죠? 고기에 대장균이 없다고 믿지 않았다면 먹지 않았겠죠. 선생님은 우리가 10킬로미터 상공에서도 숨을 쉴 수 있도록 여압 계통을 점검해 준 정비사를 믿고 있습니다. 그리고 공항까지 차를 타고 올 때 반대편 차선을 달리는 운전자가 중앙선을 넘어 선생님의 차를 받지 않을 거라고 믿었을 테고요. 그렇다면 제가 볼 때 선생님은 사람을 아주 많이 믿는 분 같습니다."

나는 계속해서 이렇게 말했다. "하지만 제가 볼 때 선생님은 사람을 '개인적으로' 믿지는 않는 것 같습니다. 대개 그런 경우는 사람과 관련해서 안 좋은 경험을 한 경우죠. 하지만 그거 아세요? 여행을 하든 샌드위치를 먹든 공기를 마시든, 삶은 신뢰 없이는 이루어지지 않는답니다." 그렇게 나는 평소 같으면 비행기에서 절대 하지 않았을 대화로 깊숙이 들어갔다.

계속해서 그의 이야기를 들으면서 인간의 삶에서 신뢰는 피할 수 없는 것임을 한 번 더 확인했다. 동시에 우리가 누군가를 신뢰했다가 호되게 당하면 얼마나 큰 상처를 받을 수 있는지를 절감하는 시간이었다. 비행기에서 내 옆자리의 그 남자는 그런 상처를 숱하게 받다가 결국 아무도 믿지 않기로 작정했다. 물론 그가 아무도 믿지 않는다는 건 그의 착각일 뿐이지만 말이다.

자, 신뢰가 이토록 위험하다면 우리는 왜 이 남자처럼 하지 않는가? 왜 개인적인 관계나 비즈니스 관계에서 계속해서 사람을 믿는 걸까? 왜 최대한 신뢰하기를 피하지 않는 걸까? 사람을 믿으면 실망하거나 깊은 상처를 받을 위험이 있다는 건 엄연한 사실 아닌가. 신뢰에는 위험이 따른다. 누군가를 믿는 바람에 많은 걸 잃을 수 있다. 그런데도 왜 우리는 무슨 수를 써서든 신뢰하기를 피하려 들지 않는 걸까?

답은 의외로 간단하다. 우리 인간은 그렇게 '할 수 없다.' 그리고 거기에는 그럴 만한 이유가 있다.

타인을 믿도록 설계된 존재

갓난아기는 배가 고프면 아무도 못 말린다. 있는 힘껏 울며 "지금 당장 먹을 것을 줘!"라는 자기 의사를 표시한다. 그때 엄마가 바로 젖을 주면 엄마와 아기 사이에 자연스러운 신뢰의 리듬이 형성된다. 이것이 신뢰의 완벽한 사례. 인간은 타인을 신뢰하도록 설계되어 있다. 신뢰는 아기가 할 수 있는 가장 자연스럽고도 본능적인 것이다. 아기는 엄마가 먹을 것을 주고 자신을 안고서 위로해 줄 거라 믿는다. 아기는 힘든 상황에서도 엄마가 배고픔과 외로움의 고통에서 자신을 구해 주는 경험을 꾸준히 한다. 그러는 사이 아기가 엄마에게 본능적으로 품은 신뢰가 점차 더 커진다. 신뢰가 충족되면 더 큰 신뢰가 쌓인다.

아기가 받은 돌봄과 위로, 사랑은 점점 내면화된다. 신경과학에 따르면, 이런 것이 아기의 뇌 안에서 실제로 살아 있는 물리적 구조로 자리를 잡는다. 신경학적으로 "내적인 엄마"가 서서히 형성된다. 내적인 '자기 진정'(self-soothing) 시스템이 형성되고 발달하면서 곧 아기는 외적인 엄마 없이도 내적인 시스템을 통해 진정할 수 있게 된다. 사랑이 실제로 내적인 '기술'이 된다. 그렇게 몇 해가 지나면 갓난아기에서 벗어난 유아는 '내면의 엄마'가 있기에 혼자 다른 방으로 가도 두려워하지 않게 된다. 그리고 나중에 어른이 되면 직장 상사에 대한 분노를 '스스로 조절하여' 흥분을 가라앉힐 수 있게 된다. 평생 쌓인 신뢰의 관계들이 내면화된 자기 진정 시스템을 만들어 낸 덕분에 이것이 가능하다.

발달심리학자들은 이 과정을 "정서적 대상 항상성(emotional object constancy) 기르기"라고 부른다. 이는 신뢰의 연결이 수없이 이루어지면서 '사랑의 대상'(양육자)이 내면화된다는 뜻이다. 때가 되면 유아는 '확실한 애착'을 이루고, 그 애착은 '항상성'으로 이어진다. 항상성은 보호자가 자신을 직접 돌봐 주지 않는 순간에도 사랑을 느끼는 상황이다. 그 사랑이 내면에 확고히 자리를 잡은 것이다.

성경의 잠언 13장 12절은 이렇게 말한다. "소망이 더디 이루어지면 그것이 마음을 상하게 하거니와 소원이 이루어지는 것은 곧 생명 나

무니라." 엄마나 일차 양육자가 충족시켜 준 사랑과 위로에 대한 소원이 이제 내면에서 자라는 "생명 나무"가 된다. 이 나무에 안정감의 열매가 계속해서 맺힌다. 이 과정은 외상 후 스트레스 장애(PTSD)를 앓는 환자가 치료사의 돌봄을 내면화하여 내면의 끔찍한 고통을 극복하고 점점 치유를 얻는 과정과 동일하다.

하지만 엄마가 아무리 많은 사랑을 쏟아부어도 유아가 신뢰하는 법 즉 다른 사람을 의지하고 엄마가 주는 것을 받아들이는 법에 대해 '알지' 못하면 엄마의 젖이나 사랑, 돌봄이 다 소용없다. 아이가 엄마를 믿지 않으면 엄마가 주는 육체적·정서적 영양 공급이 아무 소용이 없다. 신뢰만이 이 모든 것을 가능하게 한다. 신뢰가 없으면 문은 열리지 않고 아이를 유익하게 해 줄 그 어떤 것도 아이의 내면으로 들어가지 못한다. 신뢰는 아이가 해야 할 첫 번째 일이며, 남은 평생 그 일이 지속된다. 신뢰가 없으면 아이는 신뢰가 가져올 회복과 치유의 효과를 맛볼 수 없다.

이토록 신뢰가 중요하기에 이 과정을 돕는 약이 우리 몸 안에 마련되어 있다! 이 약은 서로를 강력하게 연결시켜 주는 호르몬의 형태로 엄마와 아이 몸 안에 있다. 이 호르몬은 안전감과 신뢰 속에서 두 사람을 하나로 묶어 주는 역할을 한다. 인간들, 이 경우 엄마와 아이는 이 상호적인 신뢰 관계에 참여하여 끊이지 않는 결속을 이루기 위해 호르몬을 분비해 화학적으로 준비된다. 이는 인간의 자연적인 신체 구조의 일부다.

한 연구가 집단은 이에 관해 다음과 같이 설명한다.

옥시토신은 유아가 상호 애착을 형성하기 위한 …… 사회적 자극을 우선적으로 선택하도록 신경생물학적으로 유도한다. …… 엄마의 옥시토신 수치 증가는 엄마와 유아 사이에 접촉, 동기화, 상호작용이 이루어진 뒤에 엄마에게서 더 큰 애정이 담긴 접촉 행동이 나타나는 현상과 큰 관련이 있었다.

좀 더 쉽게 말하자면, "옥시토신은 유아가 엄마를 믿고 엄마가 유아를 믿도록 유도한다." 인간으로서 우리의 자연적인 화학적 구조는 서로를 믿고 결속하도록 설계되어 있다. 우리는 말 그대로 서로 믿지 않고는 배길 수 없다. 성경을 보면, 하나님이 우리 인간을 그렇게 설계하셨다. 심지어 하나님은 그분을 신뢰하는 것을 우리 삶의 아름다운 첫 행위로 설계하셨다. "그러나 주님은 나를 모태에서 이끌어 내신 분, 어머니의 젖을 빨 때부터 주님을 의지하게(신뢰하게) 하신 분이십니다"(시편 22편 9절, 새번역 성경).

인간은 애초에 타인을 신뢰하도록 설계되었다. 신뢰는 처음부터 끝까지 인생의 모든 것을 움직이는 연료다. 인간 삶의 모든 시스템은 신뢰라는 바탕 위에서 발달한다.

인간은 신뢰 속에서 정서적으로 자라고 발달한다. 인간은 신뢰 속에서 신체적으로 자라고 발달한다. 신뢰 속에서 정서적 애착이 이루어질 때 뇌가 정상적으로 발달하고, 면역 체계가 제대로 기능하며, 몸무게가 정상 수준으로 늘고, 뇌 크기가 나이에 맞게 커지는 식으로 신체 발달이 잘 이루어진다.

인간은 신뢰 속에서 사회적으로 자라고 발달한다. 즉 인간은 부모와 가족들을 넘어 친구와 또래에게로 신뢰의 범위를 넓혀 간다. 신뢰는 더 많은 신뢰를 낳는다. 비즈니스 영역에서도 마찬가지다. 상거래는 신뢰라는 바탕에서만 가능하기 때문이다. 예를 들어, 시장을 믿지 못하면 금융 시스템 전체가 휘청거린다. 신뢰에 금이 가자 2008년, 실제로 세계적 금융 위기가 발발하지 않았던가.

이처럼 신뢰는 삶의 모든 영역에서 가장 중요한 도구다. 신뢰 없이는 아무것도 이루어지지 않는다.

당신이 좋은 삶을 살거나 어떤 일에서든지 성공을 거두고 싶다면, 신뢰는 선택해도 되고 말아도 그만인 하나의 선택 사항일 수 없다. 비행기에서 내 옆자리에 앉았던 남자는 아무도 믿지 않기로 선택했다. 하지만 그런 전략은 그의 삶을 제한할 따름이었다. 그의 인간관계와 사업 실패 이야기를 들어 보면 이 점이 분명해진다. 그는 다른 사람을 믿지 못한 탓에 사실상 삶의 모든 영역이 어그러졌다.

과학적으로도 입증되었듯이, 우리는 다른 사람과 깊은 신뢰 관계 속에서 살도록 설계된 존재다.

강력한 '신뢰 욕구'의
명과 암

'거울 뉴런'(mirror neurons; 거울 신경세포)에 관해 들어 본 적이 있는가? 거울 뉴런은 우리가 다른 사람을 믿도록 설계되었음을 보여 주는 또 다른 증거다. 가장 기본적인 차원에서 '뉴런'(neurons; 신경세포)은 몸 속에서 커뮤니케이션 도구 역할을 한다. 즉 뉴런은 정보와 자극을 받고 이를 전달한다. 뉴런은 한 사람이 다른 사람의 행동을 관찰하고서 자연스럽게 따라 할 때 작용한다. 신경 과학의 발달과 인간의 뇌 속을 들여다보는 최첨단 진단 장비 덕에 우리는 거울 뉴런에 관해 많은 것을 알게 되었다. 우리가 어떤 기분을 느끼고 나서 우리 몸이 그 느낌을 (웃음이나 미세한 근육의 움직임 등) 신체적으로 표현하면, 우리가 대화하는 상대는 우리와 연결되어 우리와 똑같은 감정을 느끼고 우리의 반응을 따라 한다. 그럴 때 둘 사이에 더 깊은 연결이 형성된다.

이런 깊은 연결이 이루어지면 한 사람이 상대방의 감정을 느끼는데, 이것을 '공감'이라 부른다. 서로의 관계에서 큰 문제가 없고 상대방이 정서적으로 특별히 무감각한 사람이 아니라면 이런 공감 반응이 나타난다. 여기서 복잡한 과학 이야기를 늘어놓을 것까지는 없다. 인간이 서로 연결되도록 설계되었다는 사실을 뇌 과학이 뒷받침해 준다는 점만 알고 넘어가면 충분하다.

이 연결은 신뢰를 바탕으로 이루어진다. 따라서 인간은 다른 사람을 신뢰하도록 설계되었고, 다른 사람을 신뢰하지 못하면 인간의 많은 경험을 놓치게 된다고 말할 수 있다. 사랑, 성장, 신앙, 육체적 건강, 경제적 성공을 비롯한 많은 것이 다 신뢰 속에서 이루어진다. 반면 신뢰가 없으면 모든 것이 침체되거나 심지어 죽는다.

신뢰가 하나의 선택 사항이 아니라는 사실, 인간 삶의 모든 영역이 신뢰라는 바탕에서만 제대로 돌아간다는 사실을 이해할 때 비로소 신뢰 문제를 중요하게 다루기 시작할 수 있다. 그리고 우리가 신뢰를 주고받는 능력을 갖추고 있다는 사실을 깨달을 때 그 능력을 잘 발휘하여 좋은 결과를 얻기 위해 최선을 다하게 된다.

신뢰 관계는 잘 이루어지면 유익한 결과를 낳고, 그렇지 않으면 매우 큰 고통을 불러온다. 우리의 과제는 신뢰가 좋든 싫든 간에 신뢰를 매우 중요하게 다루어 좋은 결과를 이끌어 내는 것이다. 이것이 신뢰가 어떻게 작용하고 어떻게 하면 신뢰의 기술을 개선할 수 있을지 깊이 파헤치기 전에 우리가 서로를 신뢰하도록 설계되었다는 점부터 강조하는 이유다. 이 점을 보지 못하면 신뢰 때문에 큰 피해를 입을 수 있다.

우리 안에 깊이 뿌리내린 강한 신뢰 욕구는 우리에게 불리하게 작용할 수 있다. 다른 사람을 믿으려는 인간의 성향과 능력은 우리를 위험한 상황으로 이끌 수도 있다. 거의 모든 상호작용에서 우리는 자신을 열어 다른 사람에게 다가가 그들을 받아들이고 믿으려 한다. 우리는 그렇게 설계되어 있으며, 다른 사람도 마찬가지다. 하지만 우리는 경험상 다른 사람을 믿으면 상처받는 경우가 많다는 현실도 잘 안다. 옥시토신이 우리의 정신을 무시한 채 마음대로 작용할 때가 있다. 모든 약이 그렇듯 옥시토신은 치유하는 데 쓰일 수도, 파괴하는 데 쓰일 수도 있다.

인간의 뇌에서 '상뇌'(upper brain)라 불리는 영역은 판단력, 충동 통제, 결과에 대한 고려, 지혜, 가치관, 선택 같은 작업이 이루어지는 부위다. 상뇌는 누굴 믿을 수 있고 누굴 믿을 수 없는지를 파악하는 데 도움을 준다. 하지만 이성에게 푹 빠져서 상뇌가 제대로 작동하지 않는 경우, 이때 결속시키는 호르몬은 무의식적인 패턴을 가동시켜 우리로 하여금 믿을 만하지 않은 사람에게 끌리게 만든다. 구조상 인간은 결속되고 싶은 사람에게 강한 매력을 느낀다. 결속되고 싶은 사람에게 강한 매력을 느끼는 설계 구조가 강한 만큼 우리의 신뢰 욕구도 강력하다.

자신이 남을 너무 쉽게 믿는 성향인지 아닌지에 상관없이 모든 사람은 '신뢰 욕구'와 '객관적인 상뇌 작용'이 적절한 균형을 유지하도록 힘써야 한다. 상뇌가 누가 믿을 만하고 믿을 만하지 않은지를 파악하기 위한 가이드 역할을 해야 한다. 가슴과 머리가 하나의 팀을 이루어야 한다.

남녀 관계에서만 그런 게 아니다. 다른 상황에서도 우리는 상뇌가 제대로 작동하지 않은 채 상대방을 무조건 믿을 수 있다. 예를 들어, 어떤 비즈니스 계약을 너무도 성사시키고 싶을 때, 특정 그룹에 소속되기를 몹시 바랄 때, 어떤 인재를 반드시 고용하고 싶을 때 그럴 수 있다. 잘 알아보지도 않고 집을 덜컥 매입하거나, 현명하지 못한 투자를 하기도 하고, 신원 조회를 확실히 하지 않고 누군가를 고용하거나, 그냥 좋아 보인다는 이유로 사업상 거래를 하는 경우가 비일비재하다.

우리의 신뢰 욕구가 신뢰 호르몬의 급격한 분비와 만나면 원치 않는 결과로 이어질 수 있다. 이런 욕구와 호르몬은 물론 필요하고 중요하지만 우리 뇌의 두 부분이 함께 작용해야 한다.

사람은 다른 사람을 너무나 믿고 싶어 한다. 우리는 신뢰를 너무나 원한다. 그래서 내가 비행기에서 만난 그 남자처럼 신뢰가 깨진 뒤에 조심스러워지지 않는 한, 우리는 항상 신뢰 쪽으로 향하기 마련이다. 우리 안에 이토록 강한 신뢰 욕구가 있기 때문에 이 욕구를 지혜롭게 조절하는 게 정말로 중요하다. 이 책의 목적 중 하나는 신뢰 욕구들을 조절하기 위한 '객관적인 능력'을 기르도록 돕는 것이다.

명심하라. 신뢰는 긍정적일 수도 있고 부정적일 수도 있다. 신뢰의 기술을 제대로 발휘할수록 신뢰와 관련해 더 긍정적인 경험을 할 수 있다.

3.

'올바로 믿는 법'을

반드시
배워야 한다

　"음, 뭐라고 정확히 꼬집지는 못하겠어요. 분명 릭은 나쁜 사람은 아니에요. 아니, 좋은 사람이죠. 똑똑하고 누구보다 열심히 일해요. 정확히 뭐가 문제인지는 사실 저도 모르겠어요. 우리는 달라져야 할 것들에 관해 많은 이야기를 하고…… 그래서 가끔은 옳은 방향으로 가는 것 같기도 한데, 얼마 못 가 기분이 찜찜해져요."

　섀넌은 혼잣말에 가까운 투로 내게 문제점을 설명하려고 애썼다.

이번에는 남편 콜린이 나섰다. "릭을 영입한 건 경험이 풍부하고 학벌도 좋고, 재능이 누구보다 뛰어나서예요. 정말 놀랐거든요. 뭐, 지금도 여전히 놀랍고요. 그런데 릭과 대화하면 시작은 항상 흥미로운데…… 희안하게 이야기를 나눌수록 점점 흥미가 떨어져요. 이렇게밖에 설명할 수가 없어 답답하네요.

참, 하나 더 있어요. 릭이 회사에 대한 제 아내의 마음에 안 좋은 영향을 미치는 게 너무 힘들어요. 저와 아내가 이 회사를 함께 일구었어요. 무려 40년 동안 이 회사에 애정을 쏟아부었죠. 엄청난 성공도 거두었고요. 그래서 이제 편하게 즐길 만한 때도 됐다 싶었는데…… 요즘 릭 때문에 마음이 편치 않아요. 문제가 계속해서 꼬리에 꼬리를 무니 걱정입니다. 아내는 이제 회사에 나오고 싶어 하지 않아요. 그게 너무 마음 아파요. 이 회사는 우리에게 자식과도 같답니다. 가족이나 다름없어요.

이 상황을 해결하도록 릭에게 조언해 줄 수 있나요? 릭은 지식도 많고 능력과 재능이 정말 뛰어나요. 릭이 이 회사를 크게 키울 수 있다는 걸 잘 알면서도 뭔가…… 계속 찜찜해요. 이건 우리가 원하는 삶이 아니에요."

콜린과 섀넌은 기업을 매우 성공적으로 키웠다. 현재는 부부의 장성한 두 자녀도 그 회사에서 일하고 있었다. 콜린 부부는 회사를 자녀에게 물려줄 계획을 세웠고, 그때까지 회사를 잘 맡아 줄 CEO가 필요했다. CEO로 릭을 고용했다. 그가 회사를 한 10년 정도 맡았다가 콜린 부부의 자녀 중 한 명에게 넘겨주면 좋겠다고 생각했다. 하지만 내가 그들과 이야기를 나누어 보니 모든 것이 혼란스러워진 상황이었다.

게다가 몇몇 부사장단이 릭이 만들어 가는 문화와 지향하는 방향성에 불만이 많았다. 콜린과 섀넌은 릭에게 조언해 주고 그의 경영진이 좋은 팀을 이루도록 도와줄 사람으로 나를 고용했다. 그날이 우리의 첫 번째 상담 시간이었다. 나는 그다음 날 릭을 만나기 전에 콜린 부부의 이야기부터 듣고 싶었다.

계속해서 들어 보니 콜린 부부와 릭 사이의 틈이 갈수록 더 벌어지는 듯했다. 콜린 부부는 릭이나 릭의 회사 운영 방식이 마음에 들지 않는다는 말을 여러 차례 했다. 그렇다고 특별히 시끄러운 일이 벌어진 것도 아니었다. 릭이 횡령했다거나 부하 직원을 괴롭혔다거나 나쁜 결정을 내린 이력은 찾을 수 없었다. 심지어 릭이 내린 결정은 대부분 사업상 합리적이었다. 무언가 다른 일이 있는 게 틀림없었다. 우리가 흔히 생각하는 나쁜 행동과 상관없는 무언가······.

콜린 부부의 말을 듣다 보니 뭐가 문제인지 점점 더 선명해졌다. 나는 이렇게 말했다. "이렇게 한번 해 보시죠. 제가 릭에 관해 다섯 가지 질문을 하겠습니다. 잠시 각자 떨어져서 이 질문에 관해 생각해 보시길 바랍니다. 그러고 나서 각 질문에 1점에서 5점까지 릭에게 점수를 매겨 보세요. 다 마치면 다시 모이겠습니다."

"좋습니다. 무슨 질문인가요?" 콜린이 물었다.

"자, 앞에 놓인 종이에 적어 보세요."

나는 칠판에 다음 질문들을 썼다.

1. 회사와 관련해서 당신이 필요로 하는 것과 원하는 것, 회사에 관한 당신의 감정을 릭이 얼마나 깊이 이해하고 있다고 생각하는가?
2. 회사를 운영하는 릭의 동기가 무엇이라고 생각하는가? 회사를

당신이 원하는 방향으로 이끌어 가는 것인가, 아니면 릭 자신이 원하는 방향으로 이끌어 가는 것인가? 심지어 릭이 아예 회사를 차지하는 것인가?

3. 당신이 원하는 것을 이루어 낼 능력이 릭에게 얼마나 있다고 생각하는가?

4. 당신이 원하는 개인적 인격과 대인관계 특징을 릭이 당신과 릭의 부하 직원들에게 얼마나 보여 주고 있는가? 릭은 당신이 필요로 하고 원하는 기질을 얼마나 갖추고 있는가?

5. 릭이 앞으로 좋은 일을 기대하게 만들 만한 전적(前績)을 얼마나 보여 주었는가?

콜린과 섀넌은 이 질문들을 뚫어져라 쳐다보았다. 나는 그들의 눈빛을 보며 그들 내면에 지금 무슨 일이 일어나고 있음을 직감했다. 각자 다른 장소로 이동한 부부는 이 질문들을 깊이 고민하기 시작했다.

그들이 질문을 골똘히 생각하는 동안 나는 커피를 들고 회사 로비를 돌아다니면서 그 회사가 그동안 받은 다양한 상이며, 회사 사람들과 주요 행사가 담긴 사진들, 조그만 건물에서 고군분투했던 시절부터 지금까지 기업의 행복한 순간과 축하의 시간을 포착한 사진들을 차례차례 구경했다. 이 회사는 오랫동안 좋은 기업이었음이 분명했다. 그날 아침 설립자 부부에게서 들은 회사의 현주소가 회사의 역사를 모아놓은 갤러리와 너무도 다르다는 사실에 마음이 무거워졌다.

20분쯤 지났을까, 콜린 부부가 아름다운 유리 벽 너머 태평양이 내려다보이는 중역실로 돌아오는 게 보였다. 나도 그들을 따라 중역실로 들어갔다.

"자, 점수가 어떤지 한번 볼까요."

콜린 부부가 건넨 종이의 점수들은 뜻밖이었지만 또 한편으론 전혀 뜻밖이지 않았다. 점수는 모두 2점 전후였다.

나는 드디어 답을 찾았다. "뭐가 문제인지 이제 알겠군요."

"문제가 뭔가요?" 섀넌이 물었다.

"두 분은 릭을 믿지 않아요."

침묵이 흘렀다. 그들은 혼란스러운 표정을 짓더니 서로를 쳐다보았다. 잠시 후 두 사람의 시선이 내게로 향했다. 섀넌이 먼저 입을 열었다.

섀넌 정확한 지적이에요! 저는 릭을 믿지 않아요. 하지만 혼란스러워요. 우리가 릭에게 마음이 가지 않는 것이 '신뢰'의 문제라는 생각은 한 번도 해 본 적이 없거든요. 저는 릭이 거짓말이나 사기, 도둑질 같은 걸 하리라고는 전혀 생각하지 않아요. 누구보다도 릭은 도덕적이고 윤리적인 걸요. 그래서 신뢰의 문제는 아닌 듯하면서도…… 박사님 말씀이 맞는 것도 사실이에요. 저는 릭을 믿지 않아요.

콜린 저도 마찬가집니다. 릭은 아주 정직하고 올곧은 사람이에요. 그런데도 이상하게 저는 그를 믿지 않는 것 같아요. 어떻게 이럴 수 있죠? 좋은 성품을 지녔는데도 왜 신뢰가 가지 않는 거죠?

나(헨리) 얼마든지 그럴 수 있습니다. 신뢰는 정직이나 윤리보다 훨씬 더 포괄적인 개념이거든요. 상대방을 신뢰하려면 그가 우리에게 거짓말을 할지 말지를 아는 것 이상이 요구됩니다. 신뢰는 누군가가 내게 중요한 것, 내가 필요로 하는 것, 내가 소유한 것, 내가 원하는 것을 지켜 줄 거라고 확신하는 거예요. 뭐든 내가 중요한 것을 맡겼을 때 잘 지켜 줄 수 있는 사람을 우리는 믿는 거죠.

우리는 정서적으로, 육체적으로, 금전적으로, 영적으로 또한 비즈니스와 관련하여 우리에게 중요한 걸 다른 누군가에게 맡길 경우가 생깁니다. 그럴 때 그 상대방이 윤리적인 사람이더라도 그를 믿으려면 윤리 이상의 것도 봐야 해요. 그가 우리에게 중요한 것에 신경을 쓰고 그것을 잘 돌봐 주는지도 중요합니다. 모든 면에서 정직한 사람이라 해도 우리가 원하는 대로 해 주지 않는다면 우리에게는 믿을 만하지 않은 사람일 수 있는 거죠.

예를 들어, 정직한 남편이지만 아내는 그 남편이 자신의 정서적 필요를 채워 줄 거라 믿지 못하는 경우가 있잖아요. 정직한 상사지만 부하 직원들은 그 상사가 자신들을 위한다고 믿지 못할 수 있습니다. 문제를 들고 찾아갔을 때 상사가 잘 반응해 줄 거라 믿지 못할 수 있죠. 정직하지만 일을 잘하지 못하는 팀원도 있습니다. 관계와 상황마다 신뢰의 종류는 다를 수밖에 없어요. 누군가를 믿으려면 그 관계에 정직과 도덕성 말고도 다른 요인이 있어야 합니다.

두 분이 회사의 CEO로서 릭에게 원하는 것을 볼 때, 두 분은 릭이 두 분에게 필요한 것을 해 줄 거라 믿지 못하는 것 같습니다. 두 분에게 가장 필요한 건 회사에 대해 걱정할 필요가 사라지는 거니까요.

콜린 지금 사방에서 경고등이 얼마나 많이 떴는지 몰라요. 걱정이 이만저만이 아니랍니다. 릭이 착복할까 봐 걱정하지는 않는데, 이상하게 그가 회사를 운영한 뒤로 내내 회사 걱정을 떨칠 수가 없었어요. 몇 년 뒤에 회사가 어떻게 될지 늘 노심초사한답니다. 이토록 걱정되는 이유를 정확히 모르겠어요.

나 제가 도와드리죠. 제가 드린 질문들을 보세요. 첫 번째 질문을 보죠. 누군가가 두 분에게 필요한 것을 해 줄 거라 믿으려면 그 사람이 두 분에게 무엇이 필요한지를 '이해하기' 위해 진심으로 귀를 기울인다는 생각이 들어야 합니다. 그 사람이 두 분의 입장을 진심으로 공감한다는 확신이 있어야 하는 거죠. 두 분 모두 이 질문에서 릭에게 낮은 점수를 주었어요. 릭이 '두 분에게 무엇이 중요한지' 알려고 노력하지 않는다면 두 분을 이해할 수도 없겠죠. 그러니 두 분은 이유는 모르겠지만 막연히 불안할 수밖에 없는 겁니다. 걱정이 사라지지 않는 거죠.

콜린 정말 그래요. 귀를 기울이지 않는다는 말이 딱 어울리네요. 우리 회사의 DNA나 제게 중요한 것에 관해 깊은 이야기를 꺼내려고 하면 릭은 들으려 하지 않아요. 항상 자기 생각, 리더로서 자신의 DNA에 관한 이야기만 했죠. 릭은 자기가 다 안다고 말하면서 제 시각과 바람에 관해서는 전혀 듣지 않는 것 같았어요. 그래서 약간 무시당하는 기분이었습니다. 마치 투명인간이 된 것처럼요. 혹시 이런 상황을 말씀하신 게 맞나요?

나 바로 그렇습니다. 릭은 두 분에게 필요한 것과 회사에 관한 두 분의 바람을 듣기보다는 자신의 시각대로 두 분을 설득하려고만 하는 것 같군요. 그래서 릭이 두 분을 이해하지 못하는 것 같다고 느끼신 겁니다. 상대방이 나를 이해하지 못한다는 느낌이 들면 상대방을 믿을 수 없기 마련이죠. 나한테 뭐가 중요한지를 모르는 사람을 어떻게 믿겠습니까? 그래서 불안이 가시지 않는 겁니다. 제가 신뢰에 관해 이야기할 때 자주 언급하는 느낌이 있는데요. 바로 '신경 쓰지 않기'(careless)입니다. 때로는 신경 쓰지 않는 게 필요해요.

콜린 신경 쓰지 않는다고요? 어떻게 신경을 안 쓸 수가 있나요? 다른 것도 아니고 우리가 세운 회사 문제입니다. 신경을 안 쓸 수가 없다고요.

나 회사에 신경 쓰지 말라는 말이 아닙니다. 제 말은, 회사에 대해 계속 걱정하고 긴장하지 않아도 될 만큼 릭에 대한 신뢰가 깊어야 한다는 뜻이에요. 회사를 직접 돌볼 필요가 없다는 점에서 신경을 안 쓸 수 있다는 말입니다. 누군가를 믿으면 등을 조심하지 않아도 됩니다. 우리가 그 사람에게 맡긴 것에 대해 걱정할 필요가 전혀 없죠. 그 사람이 모든 걸 알아서 잘 돌봐 줄 테니 아무런 걱정도 없는 겁니다.

제가 말한 '신경 쓰지 않기'란 자신의 사업체를 아끼지 않는 것과 전혀 다른 문제예요. 오히려 회사를 너무 아끼기에 자신이 걱정할 필요도 없게끔 사업을 잘 관리해 줄 적임자에게 맡기는 거죠.

예를 들어, 지난 30분간 두 분은 통장에 있는 돈에 대해 얼마나 걱정했습니까? 전혀 걱정하지 않으셨죠? 두 분은 그 돈을 전혀 신경 쓰지 않았을 겁니다. 30분 동안 한 번도 잔고를 확인하지 않았을 겁니다. 왜 그럴까요? 은행이 그 돈을 잘 관리해 줄 거라 믿어서죠. 은행에서는 경보 장치와 경비에 관리자까지 온갖 방식으로 두 분 돈에 신경 쓰고 있습니다. 두 분이 아무 신경 쓰지 않게 말이죠. 이게 제가 말하는 '신경 쓰지 않기'입니다. '두 분이 믿는 사람'이 대신 신경을 써 주니 두 분이 직접 신경 쓰지 않아도 되는 거죠. 이게 바로 두 분이 CEO를 고용한 이유이기도 하고요. 걱정을 내려놓기 위해서죠.

콜린 일리 있는 말씀이네요.

섀넌 (콜린의 말이 끝나마마자 재빨리 덧붙였다.) 회사를 걱정하는 게 사실 너무 피곤해요. 아까 말한 것처럼 문제의 핵심은 신뢰네요. 릭을 믿을 수 있어야 하는데 그러지를 못하고 있으니, 원.

나 자, 이제 다섯 가지 질문 중 첫 번째 질문을 나누었습니다. 나머지 모든 질문을 살펴보고 나면 두 분이 이런 느낌이 드는 이유를 더 발견할 수 있을 겁니다. 그 과정에서 제가 생각하는 답이더 확실해질 것 같네요.

섀넌 (남편을 바라보며) 해법이 뭔지 이제야 좀 알 것 같아요.

콜린이 고개를 끄덕이는 걸 보니, 두 사람이 무슨 생각을 하는지 알 것 같았다. 섀넌의 말이 이어졌다.

섀넌 지금까지 문제가 뭔지 도무지 알 길이 없었어요. 우리의 느낌이면에 뭐가 있는지를 몰랐죠. 릭은 누구보다 열심히 일해요. 또 그 일을 너무나 잘하기도 하고요. 그래서 혼란스러웠어요. 릭은 너무 유능하고, 또 매력적이기까지 하거든요. 이제 문제를 정확히 알겠네요. 문제는 바로 '신뢰'였어요.

어떤 상황이 자주 반복됐는데 예를 들어, 릭은 '다른 사람은 좋다고 말하겠지만 우리에게는 그렇지 않은' 아이디어를 자주 내놓아요. 또 우리라면 협력하지 않을 유형의 회사들과 자꾸 협력 관계를 맺죠. 물론 다 좋은 회사들이에요. 단지 우리 스타일과 맞지 않는다는 게 문제죠. 릭의 조치는 겉으로는 좋아 보이지만 대부분 적절해 보이지 않았어요. 아, 지금까지는 한 번도 신뢰의 문제라 생각해 본 적이 없었는데…… 박사님 진단이 옳아요. 늘 걱정이 되고, 제가 직접 나서지 않고서는 그냥 온전히 맡기지를 못하겠더라고요.

나 '동기'나 '의도'에 관한 두 번째 질문에 대한 답은 말하지 않아도 알겠군요. 릭의 동기는 회사를 자신이 원하는 방향으로 이끌어 가는 거겠네요. 릭은 지금 두 분의 비전이 아닌 자기 비전대로 회사를 운영하고 있는 거죠?

콜린 맞습니다. 우리는 그렇게 느꼈어요. 이 회사는 '우리' 회사예요. 하지만 이 회사가 점점 처음 우리가 설립하고 꿈꾼 것과 다른 모습으로 변해 가는 것 같았어요. 지금 이야기하면서 생각해 보니, 이 회사는 점점 '릭의' 회사로 변해 가고 있었어요. 우리는 회사를 변화시키라고 그를 부른 게 아니라, 회사를 운영하라고 부른 건데……. 아무래도 우리 뜻보다 릭의 뜻대로 회사를 이끄는 게 그의 의도인 듯해요. 지금까지는 한 번도 그런 쪽으로 생각해 본 적이 없었어요.

그날 남은 시간 동안 콜린과 섀넌은 나와 더 이야기하면서 각자의 입장에서 자신들의 솔직한 심정을 털어놓았다. 나는 그들이 그 자리에서 내린 결정에 확신을 갖기를 바랐다. 결국 그들은 다음 날 릭과 함께 하려던 상담 모임 약속을 취소했다. 그 대신 릭의 해고를 논의하고자 변호사 및 인사팀 직원들과 약속을 잡았다. 문제가 분명해지자 나아갈 길도 분명해졌다.

신뢰할 만한 사람과 상황을 분별하려면

콜린과 섀넌은 다섯 가지 질문으로 자신을 깊이 들여다보았고, 막연했던 문제점이 확실해졌다. 하지만 무엇을 보고 무엇을 들어야 할지를 제대로 알고 있으면 릭과 같은 사람을 고용하기 '전'에 잘 분별하여 사람을 뽑을 수 있다.

콜린 부부 같은 상황에 이미 처했다 해도 신뢰성을 평가하기 위해 봐야 할 게 무엇인지를 알면 문제를 바로잡을 수 있는 경우가 많다. 이는 문제를 바로잡으려는 시도 자체가 성공할 가능성을 높인다. 그러나 이러한 시도에도 문제를 바로잡을 수 없다면 그때는 관계를 끝내야 할 시점이다.

관계에서 어떤 부분을 다루고 바로잡고 제거해야 할지 알려면 무엇을 조사할지부터 알아야 한다. 이것이 내가 던진 질문들의 목적이다. 이 질문들은 우리가 이 책 나머지 부분에서 살펴볼 역학에 관한 질문들이다. 이 역학을 종합하면 우리의 신뢰 욕구가 "믿어도 좋다"라고 말할 때 우리의 '생각하는 뇌'가 사용할 수 있는 신뢰 모델을 얻을 수 있다.

그러면 정말로 믿어도 될지, 믿지 말아야 할지, 혹은 상대방을 믿지 않으려는 게 정말 그럴 만한 합당한 이유가 있어서가 아니라 내 안의 두려움이나 내 문제에서 비롯한 것인지를 판단할 수 있다. 기본적인 개념은 이렇다. 무엇을 봐야 할지를 알면 신뢰를 쌓거나, 신뢰 때문에 생기는 문제들을 피하거나, 깨진 신뢰를 회복하기가 훨씬 쉬워진다.

무엇을 봐야 할지를 알면 고용과 인사 문제 말고도 많은 상황에서 도움이 된다.

* 누군가를 사귈지 말지 결정하려는 싱글 남녀.
* 배우자와의 관계에서 '진짜' 문제점을 파악하려는 사람.
* 판매상이나 공급업체, 직원과의 문제를 해결하려는 회사.
* 어린 자녀나 10대 자녀에게 적절한 바운더리를 정해 주려 하거나 행동 문제에 관해 자녀들과 대화하려는 부모.
* 고객 및 잠재 고객에게 신뢰를 얻기 위해 자사 제품이나 서비스, 인력, 메시지의 어떤 부분을 다루어야 할지 파악하려는 기업.
* 투자자의 신뢰를 얻으려는 기업가.
* 남편이 멀리 출타해 있는 동안에도 '신경이 곤두서지 않고' 단잠을 자고 싶은 아내.

* 팀원들에게 신뢰를 얻는 법을 알고 싶은 팀장.

* 환자 및 지역사회의 신뢰를 얻으려는 의료 기관.

* 지역사회의 신뢰를 얻으려는 교회.

* 고객을 더 잘 섬기거나 매출을 올리려는 판매원.

* 화난 고객을 열정적인 단골로 변화시키려는 고객 서비스 상담원.

* 기부자들의 신뢰를 얻으려는 비영리 조직.

이 목록에 해당되지는 않지만 머릿속에 무언가 떠오르는 상황이 있는가? 정확히 뭐가 잘못인지는 모르지만 무언가가 잘못되었다는 것만큼은 확실해서 혼란스러운가? 상대방을 믿어야 할지 말아야 할지를 판단하는 데 도움이 되는 다섯 가지 핵심은 내가 생각할 수 있는 모든 시나리오에 적용된다.

2부에서 이 핵심들을 깊이 파헤치기 전에 간단히 정리하고 넘어가자. 콜린과 섀넌이 확신하게끔 도움이 된 이 다섯 가지 핵심은 이 책의 전반적인 모델 역할을 한다.

1. 상대방이 '당신에게 필요한 게 무엇인지를 이해하고 공감하며 중요하게 여긴다'고 느껴진다면 당신은 그 사람을 신뢰할 수 있다. 사람이라면 누구나 자기중심적일 때가 있다. 상대방 역시 자신에게 필요한 것이 더 중요한 경우도 있고, 이기적이거나 파괴적인 동기를 품었을 수도 있다. 상대방이 당신에게 무엇이 중요하며, 무엇이 당신에게 상처를 주고, 무엇이 당신을 기분 좋게 만드는지 진정으로 이해하고 있다고 느끼기 전까지는 상대방에

대한 당신의 신뢰 수준은 낮을 수밖에 없다. 상대방이 당신과
당신에게 필요한 것이 무엇인지에 귀를 기울이고 정확히 이해하려
들지 않는다면 당신은 그 사람을 신뢰할 수 없다. '신경 쓰지 않고
맡기기'가 영 힘들 것이다.

2. 상대방의 동기가 그 사람 자신이 아니라 '당신을 위한 것'이라고
   느껴진다면 당신은 그 사람을 신뢰할 수 있다.   당신이 믿을 수
   있는 사람은 바로 '당신을 위하는 사람'이다. 누구나 자신에게
   중요한 것을 추구하고 지키기 마련이지만, 당신의 이익 역시
   추구할 사람을 당신은 믿는 것이다. 그런 사람은 결코 당신에게
   해를 끼치지 않는다. 때로 당신 의견에 반대할지 모르나 언제나
   당신이 잘되기를 진심으로 원한다. 나아가, 그 사람은 당신이 없을
   때도 자기가 손해 보는 한이 있을지언정 언제나 당신에게 유익한
   행동을 한다. 한마디로 그 사람은 당신을 '위한다.'

3. 상대방에게 당신이 맡긴 것을 잘 지키고 그것으로 성과를 만들어
   낼 '능력'이 있다고 판단된다면 당신은 그 사람을 신뢰할 수
   있다.   당신에게 무엇이 필요한지 이해하고 당신을 위한다 해도,
   당신과의 관계 속에서 당신에게 필요한 것을 해 줄 능력이 없는
   사람도 많다. 이 능력은 전문적인 기술일 수도 있고 개인적인
   능력일 수도 있다. 당신이 신경 쓰지 않고 맡길 수 있으려면
   상대방이 당신이 맡긴 것을 원하는 대로 적절히 관리해 줄 거라는
   확신이 들어야 한다. 그 사람에게 당신이 원하는 것을 해낼 능력이

있어야 한다. 약속을 지킬 능력이 있어야 한다.

4. 상대방이 당신이 맡긴 것을 잘 관리하기 위한 '인격' 혹은 개인적인
   기질을 지녔다면 당신은 그 사람을 신뢰할 수 있다. 인격은
   정직과 신의 같은 기본적인 품성으로 시작된다. 이런 품성 없이
   신뢰란 있을 수 없다. 이는 신뢰의 기본 요건이다. 하지만 특정한
   관계나 상황에서 누군가를 믿으려면 훨씬 필요한 것이 많다. 어떤
   상황에서는 연민이, 또 다른 상황에서는 용기나 끈기가 필요할 수
   있다. 어떤 영역에서는 열린 마음이 중요한 반면 다른 영역에서는
   특정한 정책이나 기준을 충실하게 따르는 태도가 중요할 수 있다.
   신뢰에 필요한 인격적 특성은 상황에 따라 다를 수 있지만 인격
   자체는 항상 필요하며, 개인적인 기질이 중요하다.

5. 상대방이 당신이 원하는 방식으로 성과를 낸 '전적'이 있다면
   당신은 그 사람을 믿을 수 있다. 당신의 뇌는 세상을 헤쳐 나가기
   위한 지도를 그린다. 계단을 내려가서 우회전했을 때 어제처럼
   주방이 그 자리에 있으면 당신의 믿음이 유지된다. 이와 비슷하게,
   전적이 지도를 만든다. 상대방이 한결같이 약속을 지키거나
   당신에게 필요한 것을 해 주면 신뢰는 점점 더 깊어진다. 반면에
   전적과 달리 계속해서 차질이 빚어지면 신뢰가 줄어들거나 깨지고
   만다. 당신은 바로 직전에 상대방을 믿었을 때 결과가 어땠는지에
   따라 그 사람을 계속해서 의지하거나 의지하지 않는다. 행동은
   좋은 쪽으로든 나쁜 쪽으로든 기대를 형성한다. 상대방의 행동에

따라 당신은 그 사람을 믿거나 믿지 않는다.

이제부터 신뢰의 다섯 가지 필수 요소인 이해, 동기, 능력, 인격, 전적을 자세히 탐구할 것이다. 우리의 인간관계와 우리 삶의 모든 영역에서 품성, 행동, 기술, 태도가 구체적으로 어떻게 나타나는지도 살펴볼 것이다. 이런 특징을 잘 이해할수록 다른 사람에게 있는 이와 같은 특징을 더 잘 파악하고, 우리도 이를 더 잘 발휘할 수 있다.

이런 지식을 습득하면 다른 사람을 믿을지 말지 판단할 때 확인해야 할 것들을 알 수 있다. 그러면 더 깊은 신뢰 관계가 가능해지고, 우리에게 해를 끼칠 사람과 상황도 지혜롭게 더 잘 피할 수 있게 된다.

TRUST

Part 2

뒤통수 맞지 않는
신뢰의 기술

'신뢰할 만한' 사람과 상황을 알아보는
다섯 가지 필수 요소

4.

○ 이해 ○

그가 나를 알고
내 입장에 공감하는가

　　당신이 미국 **FBI**(연방수사국) 인질 협상 전문가로서, 매우 긴박하게 현장으로 호출되었다고 해 보자. 인질범은 시카고 도심의 한 은행에 폭탄을 설치하고 고객 24명을 인질로 잡고서 거래를 요청했다. 경찰은 인질범과 접촉해 그가 원하는 요구 사항과 그것을 어떤 식으로 그에게 전달할지 상의할 사람을 보내겠다고 말했다. 그리고 그 협상가로 바로 당신이 뽑혔다. 자, 어떻게 하겠는가?

당신이 여느 사람과 다르지 않다면 이렇게 말할 것이다. "도대체 무슨 생각으로 이런 일을 벌인 겁니까? 이건 어리석은 짓이에요. 절대 좋게 끝나지 않을 거라고요. 여기서 빠져나갈 길은 없습니다. 당신은 결국 사살되고 말 거예요. 지금이라도 늦지 않았어요. 어서 무장을 해제하고 옳은 판단을 하십시오."

협상가로서 당신은 뭐가 옳은지를 '안다.' 당신은 어떠한 행동이 현명한지도 '안다.' 따라서 당신의 일은 인질범이 당신의 생각을 믿고, 당신의 논리에 귀를 기울이고, 당신의 해법을 받아들여 은행에서 바로 나오게 만드는 거라 생각한다. 당신은 인질범이 현명하게 행동하도록 설득할 것이다. '설득'이 최상의 전략이라고 생각하는 당신은 인질범이 정신을 차리게끔 하려 한다. 이 방법이 맞는가?

아니다. 신뢰의 작용 원리를 이해하는 사람이라면 절대 이런 식으로 생각하지 않는다. 만약 당신이 진짜 인질 협상 전문가로서 앞의 이야기를 읽었다면 머릿속에서 벌써 몇 번이나 폭발음을 들었을지 모른다. 왜일까? '말'로 신뢰를 얻을 수 없음을 잘 알기 때문이다. 상대방의 신뢰를 얻는 일은 내가 옳다는 점을 설득하는 데서 시작되지 않는다는 걸 잘 알기 때문이다. 아니, 상대방의 신뢰를 얻는 일은 애초에 설득에서 시작되지 않는다. 누군가를 믿게 되는 건 설득이나 논리, 사실은 내가 더 잘 안다는 점을 보여 주는 완벽한 지적(知的) 주장으로 시작되지 않는다. 신뢰는 우리가 옳거나 똑똑하거나 심지어 믿을 만하다는 점을 상대방에게 설득시키는 것에서 이루어지지 않는다.

신뢰를 얻는 길은 어디까지나 '상대방을 이해하고 있다'는 걸 보여 주는 데서 시작된다.

신뢰가 시작되는 지점

신뢰의 과정은 상대방의 말을 듣고 그 사람이 뭘 원하거나 느끼는지를 이해하면서 시작된다. 다시 말해, 상대방에게 무엇이 중요한지를 알아야 한다. 사람들은 누군가가 자신을 안다고 느낄 때 그 사람을 받아들인다. 신뢰는 상대방이 당신을 믿도록 설득하는 데서 시작되지 않는다. '당신이 상대방에 대해 안다'고 상대방이 느낄 때 비로소 신뢰가 싹튼다.

실제로 미국 FBI 인질 협상 전문가인 크리스 보스는 이렇게 말했다. "경영자와 학생들에게 이 기술을 가르치면서 항상 나의 옳음을 주장하는 것이 협상을 성공시키는 열쇠가 아니라는 점을 강조하려고 노력한다. 열쇠는 바로 올바른 마음가짐이다."[1] 보스가 말하는 마음가짐은 깊이 '공감'하는 마음가짐이다. 공감은 상대방을 이해하기 위해 귀를 기울이고, 우리가 이해하고 있음을 상대방에게 이해시키는 것이다.

우리가 상대방을 이해하고 있음을 상대방이 느끼게 될 때 놀라운 일이 벌어진다. 그 사람의 뇌가 바뀌기 시작한다. 뇌가 중립적 상태나 경계 상태, 혹은 적대 상태에서 '열린' 상태로 변한다. 우리를 향해 마음이 열리면서 신뢰의 첫 단계가 이루어진다. 이러한 상태는 신체적·화학적 과정이면서 동시에 심리적·정신적 과정이다.

뇌 과학에서는 상대방이 나를 이해한다고 느낄 때 즉 상대방이 나를 '미러링'(mirroring: 거울반응하기)한다고 느낄 때 마음을 열어 상대방을 믿는다고 한다. 거울은 우리 모습을 우리에게 반사한다. 이와 비슷하게, 사람 사이에서 이루어지는 가장 깊은 커뮤니케이션은 상대방의 모습을 거울처럼 반영하면서 이런 메시지를 던지는 것이다. "당신을 보고 있어요. 당신이 하는 말을 듣고 있어요. 당신이 어떤 사람인지를 알고 있어요." 그럴 때 상대방은 안전함을 느끼고 마음을 연다.

좋은 예는 엄마와 아기가 미러링의 춤을 추는 것이다. 엄마가 아기의 표현을 아기에게 거울처럼 반영해 보여 주면 연결의 토대가 마련된다. 옥시토신이 분비되기 시작하고 결속이 강해진다. 이것이 미러링의 춤이다. 미러링은 기본적으로 있는 그대로 말해 주는 것이다. 상대방이 하는 말을 그대로 따라 하는 것이다. 그럴 때 뇌는 기어를 변환한다. 두려워서 의심하는 뇌 혹은 닫힌 뇌는 가동을 멈추고, 상뇌가 가동한다. 상대방이 우리를 이해한다고 느끼면 두려움과 저항은 잠잠해지고 마음이 열린다. 더 잘 듣고, 더 잘 생각하고, 더 잘 추론하고, 더 좋은 판단력을 발휘하고, 더 생산적인 대화를 할 수 있게 된다. 이 모든 일이 상대방이 이해해 줄 때 시작된다. 거울 신경이 작용하면 커뮤니케이션과 연결로 이어진다.

이를 인질범 상황에 적용해 보자. 협상 전문가는 "어서 무장을 해제하고 옳은 행동을 하십시오"라고 말하는 대신, 다른 접근법을 취할 수 있다. "안녕하세요. 전 무슨 일이 벌어지는지 파악하기 위해 파견된 조사라고 해요. 이름을 물어봐도 될까요?"

"데이비드."

"데이비드 씨, 무슨 일이 있었나요? 어떤 일로 이렇게 한 건지 말해 줄 수 있을까요?"

이 접근법으로, 서서히 춤이 시작된다. 인질범은 자신이 어떤 사람이고 무슨 일을 겪어서 이런 상황까지 벌였는지 조금씩 털어놓기 시작한다. 그리고 그 과정에서 작은 신뢰의 문이 열린다. 대화의 여지가 생긴다. 대화 중에 협상 전문가는 인질범이 받아들일 만한 해법을 찾아 위기를 피한다. 미러링의 춤이 신뢰를 만들어 낸다. 이는 관계에 투자하는 접근법이다. 이 춤이 벌어지면 뇌가 기어를 바꾼다. 두려워서 의심하는 뇌 혹은 닫힌 뇌는 가동을 멈추고, 상뇌가 가동한다. 상대방이 우리를 이해한다고 느끼면 두려움과 저항은 잠잠해지고 마음이 열린다. 더 잘 듣고, 더 잘 생각하고, 더 잘 추론하고, 더 좋은 판단력을 발휘하고, 더 생산적인 대화를 할 수 있게 된다. 이 모든 일이 상대방이 이해해 줄 때 시작된다.

1장을 시작하며 소개했던 이야기로 다시 돌아가 보자. 이사회 의장의 인내심은 한계에 다다랐다. 그의 뇌는 신뢰의 가능성을 차단했다. 그는 관계적으로는 물론이고 실제로도 문을 박차고 나가려고 했다.

하지만 내가 CEO가 보인 무례한 태도에 기분이 어떠했냐고 묻자 그의 마음이 약간 열렸다. 누군가가 자신의 기분을 '알려고' 한다는 사실에 그의 마음이 약간 움직였다. 내 질문은 CEO와 달리 그가 겪은 일에 귀를 기울이는 사람이 있다는 뜻이었다. 나는 의장의 생각과 감정에 관심을 보였다. 내가 건넨 작은 질문은 "나는 당신을 알고 싶어요"라는 메시지를 보냈고, 그로 인해 그는 멈추었다. 그 질문이 그의 마음을 연 것이다.

그의 턱이 떨린 것이 그 첫 번째 증거다. 그가 말할 때 나는 단지 고개를 끄덕이며 몇 마디 말을 미러링했을 뿐이다. "CEO가 그렇게 했을 때 기분이 정말 안 좋았을 것 같습니다." 내가 이렇게 말하자 그는 속에 있는 이야기를 더 꺼내기 시작했다. 그러자 곁에서 듣던 CEO도 마침내 그의 기분을 알아차리고 자신이 의도치 않게 무슨 짓을 했는지를 깨달았다.

그 순간 CEO의 마음속에 인간적인 연민이 발동했다. 결국 그는 의장에게 다가가 미안하다고 사과했다. 그는 "그럴 생각은 전혀 없었습니다"라고 말했다. 그의 메시지는 이런 것이었다. "당신 상황을 알겠습니다. 저 때문에 어떤 기분을 느끼셨는지 깨달았어요." 이로써 신뢰가 싹틀 기반이 마련되었고, 두 사람은 화해에 이르렀다.

아시시의 성 프란체스코가 썼다고 알려진 기도문에 이런 내용이 있다. "이해받기보다는 이해하며."

이 말은 뇌 과학적 진실이다. 아무도 듣지 않는데 말해 봐야 아무 소용이 없다. 그리고 사람들은 상대방이 자신의 말을 들어주었을 때 상대방의 말을 듣기 시작한다. 대기업 리더들에서 인질범과 다섯 살배기 아이에 이르기까지, 모든 인간은 상대방이 먼저 나를 알고 이해해야 그 사람의 말을 받아들인다.

심리학자인 내 친구가 아내가 처가에 다녀오는 동안 일주일간 혼자서 아이들을 돌본 적이 있다. 하루는 아침에 다 같이 나가야 할 시간이라 친구는 여섯 살짜리 딸에게 나갈 준비를 하라고 말했다. 그런데 잠시 뒤에 딸 방에 가 보니 딸아이는 아무런 준비도 없이 계속 놀고만 있는 게 아닌가.

"밀리야, 이제 나가야 해. 어서 신발을 신고 차에 타야 한다고. 지금 출발하지 않으면 늦어." 친구는 엄한 목소리로 말하고 방을 나갔다. 그런데 몇 분 뒤에 돌아와 보니 딸은 여전히 아무런 준비도 하지 않고 있었다. 화가 난 친구는 언성을 높였다. "밀리야! 가야 한다고 아빠가 말했지. 그런데 왜 가만히 있는 거야? 어서 빨리 준비 안 해?"

딸은 토라져서 울기 시작했다. 친구는 화를 더 내다가 갑자기 깨달은 바가 있어 멈추었다.

친구는 나중에 내게 이렇게 말했다. "상대방이 내게 상담하러 온 내담자라면 내가 어떻게 했을지 생각해 봤어. 그 순간 깨달았지."

친구는 딸에게 다가가 안고서 딸의 어깨에 팔을 두르고 딸의 눈을 쳐다보며 말했다. "엄마 보고 싶지? 그렇지?"

그 순간 딸아이는 아빠 품에 안겨 울기 시작했다.

"아빠도 너처럼 엄마가 보고 싶어. 아빠도 너무 보고 싶어."

딸은 몇 분간 더 울더니 갑자기 벌떡 일어나면서 말했다. "맞다! 아빠! 우리 서둘러야 해요. 학교에 가야 한다고요!"

지금 무슨 일이 벌어진 것인가?

이사회 의장과 CEO가 서로를 믿고 다시 협력하게 만든 것과 같은 원리가 작용한 것이다. FBI 인질 협상 전문가가 인질극의 위기를 무사히 해결할 때 나타나는 것과 같은 원리가 작용한 것이다. 부부가 심각한 갈등을 해결하고 성공적인 결혼 생활을 이어 갈 때와 같은 원리가 작용한 것이다. 부모가 반은 아이요 반은 어른인 사춘기 자녀와의 관계를 잘 다룰 때 나타나는 것과 같은 원리가 작용한 것이다. 성공한 기업과 조직이 고객과 주주를 다룰 때 나타나는 것과 같은 원리가 작용한 것이다.

즉 상대방이 자신을 알아준다고 느끼는 순간, 신뢰가 시작되었다. '이 사람이 나를 아는구나. 이 사람이 내 기분을 알아. 내가 원하는 것과 내게 중요한 게 뭔지를 알아.' 이런 생각이 들 때 신뢰가 싹튼다.

이해하는 것은
단순히 듣는 것 이상이다

심리 치료 연구 초기에 칼 로저스는 환자의 경험에 귀를 기울이고 그를 미러링함으로써 자신이 그의 말을 듣고 있다는 느낌을 줄 때 좋은 결과를 얻을 수 있다는 사실을 증명해 보였다. 오늘날 이 사실은 심리 치료를 넘어, 부부 관계와 양육, 기업의 팀, 리더십, 의학, 판매, 고객 서비스를 비롯한 여러 영역에서 증명되었다.

일전에 내 친구 중 한 명이 차를 새로 구입했는데 차 문에 문제가 있었다. 친구는 대리점에 전화를 걸어 문제를 알렸다. 서비스 부서는 그 모델에 관한 잦은 고객 컴플레인으로 이 문제를 익히 알고 있었다. 대리점 측은 정비 기사를 집으로 보내겠다고 대답했다. 친구는 그런 응대에 놀랐지만, 더 놀라운 사실은 집으로 찾아온 정비 기사가 자신의 심정을 깊이 알아차렸다는 것이었다. 정비 기사는 자동차 문을 바라보며 내 친구에게 말했다. "너무 답답하셨죠? 정말 죄송합니다. 새 차를 사고 이런 일이 생겨 기분이 몹시 상하셨을 줄 압니다. 성심껏 수리해 드리겠습니다. 이런 일이 생긴 것에 다시 한번 사과드립니다."

내 친구는 자동차가 문제없이 수리되어 고마웠는데, 그보다 더 고마운 건 정비 기사가 자신의 심정을 알고 공감해 준 일이었다. 물론 자동차 문이 망가진 건 끔찍한 일까지는 아니다. 오히려 사소한 일에 가깝다. 하지만 내 친구의 경험은 아주 사소한 일에서 상대방이 이해해 줄 때 이해를 받는 기분이 얼마나 강력한지를 보여 주는 좋은 증거다. 누군가에게 내 입장을 이해받은 기분은 한참 간다. 내 친구가 그 회사를 얼마나 신뢰하게 되었을지 생각해 보라. 그리고 인생의 훨씬 더 중요한 문제들에서 상대방이 이해해 줄 때 생기는 신뢰를 떠올려 보라. 그럴 때 상황이 해결될 수 있다.

상대방이 이해받고 있다고 느끼게 하려면 단순한 듣기를 넘어서야 한다. 듣기는 시작일 뿐이다. 물론 듣기는 이해받는 기분이 들게 하고 강화시키는 중요한 대인 기술이다. 하지만 상대방이 진정으로 이해받고 있다고 느껴 신뢰가 싹트려면 우리가 상대방을 제대로 이해했음을 행동으로 입증해야 한다. 그럴 때 상대방은 '정말로 나를 이해하는군. 내게 무엇이 필요한지를 정말로 아네' 하고 인정한다.

경청해야 상대방을 제대로 알게 된다. 그러고 나서 그 지식에 따라 행동하면 상대방은 우리가 그를 안다는 점을 좀 더 분명히 느끼게 된다. 이 책 나머지 부분에서 우리가 상대방을 이해했음을 보여 주는 행동에 관해 자세히 살펴볼 것이다. 하지만 일단 여기서 요지는 다음과 같다.

○ 상대방이 무엇을 느끼고 생각하고 필요로 하고
  원하고 두려워하는지를 이해하지 못하면
  신뢰의 행동을 할 수 없다.

듣기도 전에 대답하는 사람은 미련함 그 자체이고 망신만 당한다.
잠언 18장 13절, 우리말성경

이 구절에 쓰인 "듣다"에 해당하는 히브리어는 "샤마"인데, 이 단어는 '이해하다'로 번역할 수도 있다(Strong's Concordance 8085).

상대방에게 필요하다고 생각되는 답을 주려는 시도는 그 답이 그들과 맞지 않고 그들의 진짜 바람과 필요를 반영하지 못하기에 실패할 때가 너무도 많다. 자신이 배우자를 진정으로 사랑한다고 굳게 믿었다가 어느 날 집에 와서 "이젠 안녕!"이란 메모를 보고 충격에 빠지는 사람이 얼마나 많은지 모른다. 그들은 자신이 배우자를 아끼고 사랑했다고 생각하기에 혼란에 빠진다. 하지만 그들의 사랑은 진정한 이해를 바탕으로 한 사랑이 아니었다. 진정한 이해만이 진실의 유일한 기초다.

콜린과 섀넌 이야기로 돌아가 보자. CEO 릭은 설립자인 콜린 부부가 회사에 대해 뭘 원하는지 제대로 듣고 진정으로 이해하지 못했다. 릭은 '자기'가 회사를 위해 무엇을 할 수 있는지를 말하는 데만 관심이 있었다. 나는 릭을 만나 본 적이 없었지만 그가 어떤 식으로 말할지 충분히 짐작할 수 있었다. 그런 사람을 수없이 만나 봤기 때문이다. 아마도 그는 우리가 무언가 중요한 이야기를 꺼낼라치면 즉시 자신의 의견이나 자신의 삶, 혹은 뭐든 자기 이야기만 늘어놓을 사람이다. 이거야말로 신뢰를 깨뜨리는 주된 요인 중 하나다.

○ 상대방을 깊은 수준에서 이해하지 못하면,
  우리는 우리 자신에게만 관심이 있다는 사실을
  부지불식간에 드러내게 된다.

릭은 분명 이 사실을 부인했을 것이다. 콜린과 섀넌의 말을 들어 보면 릭은 회사와 설립자 부부에게 분명 신경을 썼다. 하지만 어디까지나 '자기'가 원하는 방식으로였다. 그에게는 자기 뜻, 자기 의견, 자기 방식이 중요했다. 이런 식으로 하면 상대방은 이해받는다는 느낌을 받지 못한다. 오히려 더 외로워지고 더 마음이 닫힌다. 다시 말해, 신뢰와 정반대 결과가 나타난다.

릭은 진정으로 듣지 않고 상대방을 자기 식대로 설득하려다가 콜린과 섀넌의 신뢰를 잃고 말았다. 릭은 자신의 재능을 발휘하여 '그들의' 회사를 '그들의' 방식대로 경영하라고 고용되었다. 하지만 그는 '그들의' 회사의 정체성을 제대로 파악하지 못한 채, 자기를 고용한 회사가 아닌 전혀 다른 회사를 경영하고 있었다. 자기도 모르는 사이에 설립자들의 마음을 헤아리기보다 자기 위주로 회사를 이끌고 있었다. 이것이 그가 신뢰에 관해 저지른 첫 번째 실수였다.

매일 수많은 상사, 부모, 배우자, 의사, 정치인 등이 똑같은 실수를 저지른다. 상대방이 이런 실수를 할 때 이를 간파하는 능력은 누구를 믿을지 아는 데 꼭 필요한 요소다.

다음과 같은 사례를 생각해 보라.

* 직장 상사에게 회사 내 어떤 사안의 문제점과 원인을 설명하지만 그는 귀를 기울이지 않는다. 계속해서 자기 방식대로 해야 한다는 말만 되풀이한다.

* 배우자에게 당신이 어떤 상처를 받고 있는지 혹은 배우자와의 관계에서 당신이 어떤 기분이 드는지 털어놓지만 배우자는 당신의 말을 다 부정한다.

* 매력적인 상대와 데이트를 했는데, 데이트를 한 뒤에도 상대는 당신에 관해 아는 게 거의 없다. 그래서 당신은 외로움을 느낀다.

* 의사에게 내 증상을 설명하려고 하지만 의사는 서둘러 검사만

  진행한다. 그의 머릿속에는 답이 이미 정해진 것 같아 답답하다.

* 동업자가 자기가 맡은 역할을 제대로 하고 있지 않아 솔직히

  이야기했지만, 그는 당신이 두 사람 몫을 하느라 얼마나 힘든지에

  귀를 기울이지 않는다.

* 고객 서비스 센터에 전화를 걸어 문제점을 세 번이나 설명했지만

  상담원은 "이렇게 하시면 제대로 작동할 수밖에 없어요"라는

  답변만 되풀이한다.

* 힘든 일이 있어 친구에게 고민을 털어놓았더니 친구는 즉시 해결

  방안만 제시한다. "답은 아주 간단해. 내가 그런 일을 겪었을

  때는……:"

앞의 사례들을 다음 내용과 비교해 보라.

* 이렇게 말하는 직장 상사: "내 방식이 통하지 않아서 답답하겠군요.

  뭐가 문제인지 자세히 말해 보세요. 내 방식이 어떤 부분에서 잘

  맞지 않은지 말하고 나서 함께 좋은 방식을 찾아보죠."

* 이렇게 말하는 배우자: "내가 당신보다 일과 친구들을

  우선시한다고 느끼는군요. 그래서 많이 외로웠겠어요. 내가

  그들만큼 당신을 중시하지 않는 것 같아 많이 힘들었나요?"

* 이렇게 말하는 데이트 상대: "전에 살던 곳에서 상황이 힘들어져

  이곳으로 이사했다고 했죠? 어떤 일이 있었나요? 그곳에서의 삶이

  어땠나요? 멀리 이곳까지 이사할 정도면 정말 힘들었을 것 같아요."

* 이렇게 말하는 의사: "환자 분 말을 제가 잘 이해했는지 확인해

보죠. 통증이 서서히 시작되어 점점 심해지는 날이 있고, 또 때로는

갑자기 극심한 통증이 찾아와 한동안 지속된다는 말인가요?"

* 이렇게 말하는 동업자: "제가 제 몫을 제대로 하지 않아 당신의

업무가 과중하다는 말씀이군요."

* 이렇게 말하는 상담원. "설명서대로 완벽히 했는데도 제대로

작동되지 않아서 정말 답답했겠습니다. 함께 어떤 상황인지 파악해

볼까요?"

* 이렇게 말하는 친구: "그런 일이 있었어? 정말 힘들었겠다. 모든

노력이 헛수고가 됐으니 말이야."

첫 번째 목록과 두 번째 목록의 진술은 똑같이 짧지만 큰 차이가 있다. 핵심은 상대방 말에 귀를 기울여 줄 때 생산적인 결과로 이어진다는 것이다. 상대방에게 무엇이 필요한지, 진짜 문제가 무엇인지를 더 정확히 파악할 수 있기 때문이다. 때로는 그저 들어 주기만 해도 사람들이 만족해한다. 더 이상의 필요도 없을 때가 많다. 반면에 내 말을 상대방이 들어 주지 않을 때만큼 답답한 경우도 없다.

상대방을 알기 위해서도 그렇고, 서로 연결되기 위해서도 경청은 필수다. 서로를 알 때 비로소 결속이 시작되기 때문이다. 경청은 서로를 결속시켜 관계를 안정시키는 역할을 한다.

경청은 상대방에게 무엇이 필요하며 그 필요를 어떻게 채워 줄지를 알기 위해 필요한 기술이다. 상대방을 알면 그가 좋아하고 필요로 하며 원하는 게 무엇인지를 파악할 수 있다. 가장 중요하게는, 무엇이 그

에게 상처를 주는지를 알게 된다. 이 정보를 바탕으로 그의 필요를 채워 주고 그에게 상처를 주지 않는 방식으로 행동할 수 있다.

릭이 콜린과 섀넌의 말에 귀를 기울였다면, 그래서 회사의 기존 정체성이 유지되는 게 그들의 바람임을 이해했다면 회사의 가치와 DNA를 파악하기 위한 전 직원 모임을 제안하고, 앞으로 그 가치들을 어떻게 실천할지에 관해 그들의 의견을 구했을 것이다. 자신의 성과에 관한 피드백을 주기적으로 얻기 위한 모임도 요청했을 것이다. 지금까지 콜린과 섀넌이 제조업체 및 유통업체와 어떻게 상호작용했는지 알기 위해 그 업체들을 방문할 때 그들에게 같이 가자고 요청했을 것이다.

릭이 이런 식으로 콜린과 섀넌에게 다가갔다면 콜린 부부는 훨씬 더 이해받는다고 느꼈을 것이다. 그랬다면 깊은 신뢰가 싹텄을 가능성이 높다. 릭이 이런 접근법을 채택했다면 그 자체가 상대방을 이해하고 싶다는 뜻이다. 그렇다면 그는 콜린 부부를 깊이 이해하고 그 지식에 따라 행동했을 것이다.

위대한 기업, 구성원과 고객의 필요와 바람을 파악한다

이해는 대인 관계에서만 필요한 게 아니다. 회사와 조직도 고객과 구성원의 필요와 바람을 파악하기 위해 노력해야 한다. 예를 들어, 나는 출장을 다닐 때 특정한 호텔 체인을 선호한다. 이 호텔의 특징과 시설은 여느 호텔과 비슷하지만 특별한 점이 있다. 이 호텔은 값비싼 호텔 급은 아닌데, 나는 더 비싼 호텔보다 오히려 이 호텔을 더 선호한다. 왜일까? 이 호텔이 나를 안다고 느껴서다. 구체적으로 이 호텔이 어떤 방법을 사용했는지는 모른다. 수많은 고객 설문 조사였을까? 수많은 인터뷰? 호텔 CEO가 자기 호텔에서 1년에 100일 가까이 직접 묵기라도 했을까? 방법이야 모르겠지만 어쨌든 이 호텔은 고객으로서 나를 잘 알고 있다.

이 호텔이 특히 마음에 드는 건 작지만 눈에 띄는 차이 때문이다. 이 호텔은 내가 던진 중요한 질문들에 답했다. '침대 뒤에 숨겨진 콘센트를 사용하려면 침대 밑으로 기어들어 가야 하는가? 룸 안에서 실제로 일할 만한 작업 공간이 있는가? 회의를 할 공간이 있는가? 룸에는 어떤 커피가 얼마나 충분히 비치되어 있는가? 출장 중인 고객들에게 어떤 음식을 편리한 시간에 제공하는가? 프론트 데스크에 전화를 걸면 항상 직원이 바로바로 응답하는가? 다리미가 깨끗한가? 이전 투숙객 옷에서 나온 그을린 보푸라기가 옷장에 가득 묻어 있어 내 옷을 망칠 일은 없는가? 샴푸와 보디 워시 용기에 써 있는 글씨는 현미경 없이도 읽을 만한가? 샴푸와 보디 워시는 충분히 채워져 있는가? 베개가 너무 높지는 않은가?'

더 나열할 수 있지만 이쯤 하면 무슨 말인지 이해했으리라. 다른 호텔에서는 답답할 때가 많다. '이 호텔 CEO는 과연 실제로 이곳에서 묵어 본 적이 있을까? 사람들이 뭘 필요로 하는지 조금이라도 알고 있나? 값이 싸더라도 나를 알아주는 호텔에 가는 편이 낫겠다!'

위대한 기업들은 깊은 공감에서 나온 고객 관계를 기반으로 운영한다. 이 기업들은 고객을 이해한다. 이 기업들은 고객을 안다. 그렇게 고객을 이해하고 알기에 그만큼 고객을 행복하게 해 주고 잘 돌볼 수 있다. 그 결과, 고객은 다시 그 지역에 출장 갈 일이 생길 때 회사의 출장 부서에 "○○○호텔을 예약해 주세요"라고 말하게 된다. 그냥 믿기 때문이다. 그 호텔이 자신을 위한다고 믿기에 예약을 마친 뒤에는 더는 머물 숙소와 관련해 신경 쓰지 않는다. 다른 부분에 대해 더는 걱정하지 않는 것이다.

칙필레(Chick-fil-A)는 위대한 기업이다. 나는 이 회사와 오랫동안 협력하는 특권을 누렸다. 칙필레는 그 회사를 사랑하는 모든 고객에게 '신뢰'를 얻고 있다. 많은 이유가 있는데, 그중 하나는 고객들의 필요를 이해하고 그 필요에 따라 행동하고자 다각도로 노력하는 것이다. 칙필레가 고객을 생각하는 마음은 남다르다. 내가 좋아하는 한 사례를 소개하겠다.

당신은 육아로 고생하는 엄마다. 당신이 두 살, 다섯 살, 일곱 살배기 세 아이를 미니밴에 태우고 병원에서 집으로 돌아오는 길에 아이들 식사를 챙겨 주려고 칙필레에 들르려 한다. 그런데 하필 칙필레로 가는 길에 비가 억수같이 쏟아진다. 어떻게 해야 세 아이들과 함께 비를 맞지 않고 무사히 식당에 들어갈지 고민이다. 식당에 도착하기 전에 비가 그치기만을 기도한다.

하지만 빗줄기는 좀처럼 줄어들 기미가 보이지 않는다. 주차장에 차를 세우고 폭우가 내리는 차 안에서 잠시 고민한다. 드라이브스루로 음식을 포장해서 갈 수도 있지만 이왕이면 식당에서 식사를 마치고 싶다. 그때 갑자기 누군가가 차창을 두드린다. 지점장과 다른 직원 한 명이 커다란 골프 우산 두 개를 받쳐 들고 당신과 아이들을 식당 안까지

비 한 방울 맞지 않게 안내한다.

비현실적인가? 하지만 칙필레에서는 실제로 이런 일이 일어난다. 칙필레에서는 진정으로 이해받는 기분이 든다. 매장 직원들이 마치 우리의 삶과 필요를 정확히 아는 것처럼 느껴진다. 그래서 그들에 대한 신뢰가 우리 안에 깊이 뿌리내린다.

이 사례는 공감을 바탕으로 한 행동, 즉 상대방의 필요를 진정으로 이해함으로써 나오는 행동의 좋은 예다. 그뿐만 아니라, 이는 직원에서 폭우 속에서 고민하는 엄마에 이르기까지 '사람을 대하는 모든 행동'을 통해 신뢰를 얻는 기업 문화의 좋은 예다. 이런 기업은 고객 경험에 대해 많은 고민을 하고, 그렇게 해서 이해하게 된 고객의 필요를 어떻게 채워 줄지 철저히 연구한다. 이런 행동은 켄 블랜차드가 말하는 "열광하는 팬들"(raving fans)을 만들어 낸다.

칙필레의 철학은 이게 다가 아니다. 그렇지 않다면 공감은 기껏해야 하나의 기법이나 도구일 뿐이다. 하지만 칙필레는 고객을 진정으로 위한다. 칙필레의 기업 목적에는 "칙필레와 접촉하는 모든 이들에게 긍정적인 영향"을 미치는 것이 들어 있다. 칙필레는 회장부터 이제 막 입사한 신입 직원까지 모두가 다른 사람을 섬긴다는 가치에 따라 설립자 가문이 삼 대째 이어 온 기업이다. 칙필레는 "남들을 섬기는 일"을 원하는 사람들을 영입하려고 하며, 섬기기 위한 영역으로 요식업을 택했다. 진정성 있는 노력으로 고객을 이해하고 도우려 최선을 다하는 애씀과 수고는 회사 자체와 고객 모두에게 매우 생산적인 결과를 낳았다.

공감이 신뢰로 이어지려면 진정으로 공감해야 한다. 많은 고객 상담원이 하듯 대본대로 따라 하는 공감은 진짜 공감이 아니다. 상대방을 진정으로 위하는 마음이 있어야 한다. 하지만 상대방을 진정으로 위하면서도 그의 기분이나 필요를 제대로 이해하지 못할 수 있다. 상대방을 깊이 위하면서도 그의 경험을 진짜 알지는 못할 수 있다. 진정한 공감은 상대방의 입장에서 상대방의 경험을 이해하려는 노력에서 시작된다. 이는 모두 황금률의 원칙으로 표현된 성경적인 사랑의 가치에서 비롯한다.

> 남에게 대접을 받고자 하는 대로 너희도 남을 대접하라.
> 누가복음 6장 31절

당신이 바쁜 엄마라면 폭우 속에서 누군가가 어린 세 자녀를 챙겨 줬으면 하고 바랄 것이다. 그렇다면 당신이 대접받고자 하는 대로 한 엄마를 대접하라. 황금률의 원칙은 상대방의 상황, 필요, 바람, 고통을 이해하고 공감하는 것이다. 그리고 나서 내가 상대방이라면 어떤 도움을 원할지 알아내서 상대방에게 그 같은 도움을 주는 것이다.

폭우로 주차장에 발이 묶인 엄마들에 대해 누가 처음 고민하기 시작했는지는 모르겠다. 하지만 칙필레의 누군가가 그 엄마들의 심정을 고민한 것만은 분명하다. '내가 그 엄마들이 매일 겪는 어려움을 진정으로 이해한다면 그 엄마들을 위해 무엇을 해 줄 것인가? 내가 그 엄마들을 깊이 헤아린다면 이 매장 직원으로서 무엇을 해 줄 수 있을까?' 그리고 그 사람은 나름대로 고심 끝에 답을 찾았다.

새들백교회(Saddleback Church) 창립 이야기는 실로 아름답다. 릭 워렌 목사가 새들백교회를 세우기 전에 그의 사역 팀은 새들백 밸리

전역 집집마다 전화를 걸고 찾아가 한 가지 질문을 던졌다.

"교회에 다니시나요?"

상대방이 그렇다고 답하면 그들은 "잘하셨어요. 복된 하루 보내세요"라고 말했다. 반대로 상대방이 안 다닌다고 답하면 그들은 곧바로 후속 질문을 던졌다. "왜 안 다니시나요?"

그들은 그렇게 해서 얻은 답들, 즉 사람들이 교회에 가지 않는 진짜 이유들을 들고 한자리에 모였다. 그러고 나서 그런 이유가 하나도 없는 교회를 계획하기 시작했다. 그들은 사람들이 원하지 않는 것이나 좋아하지 않는 것, 상처를 받은 것, 사람들의 진짜 필요를 채워 주지 않는 것을 최대한 없앤 교회를 세웠다. 사람들이 진짜로 필요로 하고 원하는 게 무엇인지 이해하고 그 이해를 바탕으로 교회를 세웠다.

그로부터 40년이 지난 지금, 매주 10,000명에 달하는 사람이 새들백교회에 나오고 있다. 진정으로 귀를 기울이고 이해하면 이런 일이 벌어진다. 당신에게 만일 다음과 같은 일이 벌어진다면?

* 남편이 자신이 가정을 소홀히 한 탓에 아내와 자녀가 느꼈을 기분을 진정으로 이해한다면?
* 알코올중독자가 그를 사랑하는 사람과 동업자들의 애타는 심정에 진정으로 귀를 기울인다면?
* 비판적인 사람이 자신이 비판하거나 고함을 지를 때 배우자의 마음이 어떨지를 진정으로 이해한다면?
* 상사가 다른 직원 앞에서 혼나 창피를 당하는 부하 직원의 기분을 진심으로 헤아린다면?

* 의사가 '2시 30분에 예약된 진료를 받으려고 직장에 하루 휴가를
  내고서 병원에 2시 30분에 도착해 의사 얼굴 한번 보려고 3시
  55분까지 기다린' 환자의 심정을 진정으로 이해한다면?
* 항공사가 '인생에서 중요한 행사에 참여하려고 항공편을
  예약했는데 마지막 순간에 결항되어 당황한' 승객의 고충을
  진정으로 이해한다면?

　신뢰의 첫 번째 요소는 이해받는 것이다. 개인적인 관계에서든,
집단 내에서든, 비즈니스나 소비자 상황에서든 이해가 중요하다. 이해
는 정서적·심리적·육체적 요소이며 또한 의사소통의 요소다. 이해는
어릴 적부터 시작되어 평생 갈고 다듬어야 하는 기술이다. 타인과 그들
의 경험을 이해하는 우리의 능력은 갈수록 점점 자라야 한다.

　상대방이 우리를 진정 이해하는지 여부를 알아내는 것도 평생 갈
고 다듬어야 하는 기술이다. 우리는 다른 사람을 믿도록 설계되었는데,
그 상대가 우리를 속일 수 있기에 많은 지혜가 필요하다. 누군가를 만나
금세 죽이 맞고 잘 통한다 싶었는데, 알고 보니 속이 시커먼 사람이었던
경험이 있지 않은가. 상대방이 어떤 사람인지를 알려면 시간이 걸린다.
뒤에 가서 이를 진단하는 기술도 배울 것이다. 하지만 일단 당신을 진심
으로 이해하고 당신의 경험을 알아주는 것처럼 보이는 사람들을 눈여겨
보라. 안전하게 느껴지는 사람을 주목하라.

　상대방이 나를 이해해 주는지 아닌지를 파악하는 건 우리가 연
마해야 할 중요한 기술이다. 그러나 이해가 중요하긴 하지만 그것만으
로는 충분하지 않다. 아무리 우리를 잘 이해해 준다 해도 신뢰해서는 안

될 사람일 수 있다. 그러므로 신뢰의 또 다른 필수 요소들도 점검하는 것이 중요하다.

5.

○ **동기** ○

그가 다른 사람의
유익을
추구하는가

몇 해 전, 무릎에 극심한 통증이 찾아왔다. 평소에 운동을 심하게 하는 편이라 수시로 부상당하며 오토바이 사고도 나고 스키를 타다가 다치기도 해서 무릎이 항상 안 좋기는 했다. 그러다 상태가 갑자기 심해졌다. 수년 전에 수술을 한 번 받았던 터라 또 받고 싶지 않았다. 수술한 의사가 오래 버티지 못할 거라 조언했지만, 나는 희망을 놓지 않았다.

솔직히 말해서 무릎 인공 관절 수술이 싫었다. 그 수술을 받은 친구들이 하나같이 너무 힘들다고 하소연했기 때문이다. 심지어 친한 친구 한 명은 감염과 다른 합병증으로 세 번이나 재수술을 했다. 주위에 있는 친구 여럿이 인공 관절 수술을 받고 고생했기에 나 역시 한 의사가 "내부 절단"이라고 부른 이 수술을 가능한 한 받고 싶지 않았다. 그래서 미루고 또 미뤘다.

그러다 어느 날 산타모니카 피어 도로에서 넘어져 더는 걸을 수 없어 응급실로 실려 갔다. 수술할 수밖에 없는 상황이었고, 이제 좋은 의사를 찾아야만 했다.

나는 면밀하게 조사에 착수했다. 그중 가장 많은 이가 추천한 정형외과를 찾아갔다. 간호사는 나를 검사실로 안내했고, 잠시 후 의사가 들어와서는 자신을 소개한 뒤 "다리를 만져 보게 여기 누우세요"라고 말했다. 그는 다리를 이리저리 구부리면서 안정성 검사를 했다. 2-3분쯤 검사하더니 그는 이렇게 말했다. "환자 분 엑스레이 사진을 보니 어떤 상황인지 알겠네요. 무릎 인공 관절 수술을 해야 합니다. 다른 수술은 도움이 안 되고 무조건 이 수술을 받아야 해요. 그럼 어떻게 할 건지 결정하면 알려 주세요." 이렇게 말하고서 그는 검사실을 나가려 했다.

나는 다급하게 그를 불러 세웠다.

"선생님…… 궁금한 게 있습니다."

"네?"

"그게…… 이건 보통 일이 아니잖아요. 그래서 MRI(자기공명영상) 같은 검사가 더 필요하지 않나요? 몇 분 살펴본 걸로 다 알 수 있나요? 그 짧은 시간에 무릎 전체를 다 볼 수 있나요?"

"네, 충분해요. 통증 부위를 보여 주는 사진을 보고 진단합니다.

환자 분의 문제를 정확히 파악했어요. 무릎 인공 관절 수술이 필요해요. 다른 진단을 내리는 사람이 있다면 다 틀린 겁니다. 무릎 인공 관절 수술을 진행할 겁니다." 그는 그 말을 마치고 검사실을 나갔다. 내 걷기 인생의 앞날을 결정하는 데 단 몇 분밖에 걸리지 않았다.

검사실에 남아 있자니, 서로 반대되는 두 생각이 충돌했다.

'하는 수 없지. 인공 관절로 교체해야 해. 의사가 그러라잖아.'

하지만 다른 생각도 그 못지않게 확고했다. '별로 신뢰가 가지 않아. 훌륭한 의사라지만 나는 잘 모르겠어.'

그 의사는 내 무릎이 어떤 상태인지 이해했다고 했지만 나는 전혀 이해받는 느낌이 아니었다. 그를 신뢰하기에는 무언가 부족했다. 게다가 그 의사는 나를 돌보는 일보다 자신의 그다음 용무에 더 관심 있어 보였다.

나는 수술이 아닌 다른 치료 방법을 바랐기에 계속해서 병과 관련해 이것저것 찾아보았다. 더 조사해 보니 계속해서 눈에 띄는 다른 의사가 있어 한 대형 병원의 정형외과 과장을 찾아가게 되었다. 그는 만나자마자 무릎 인공 관절 수술 분야에서 자신이 이룬 업적을 늘어놓기 시작했다. 처음부터 끝까지 자기 커리어 이야기였다. 그리고 나와 함께 진료실에 있던 학생들에게 내내 '자신'이 하는 게 뭔지를 보여 주었다. 왠지 내가 의대생 실습에 사용되는 해부용 시신이 된 것만 같았다.

또한 그 의사는 학생들에게 내 다리를 마음대로 만져 보게 했다. 물론 그 자체는 아무 문제 없었다. 나도 한때는 의대생이었으니까. 하지만 환자인 내가 걷지 못하고 극심한 통증을 겪는 상황보다 자기 학생들을 가르치고 자신의 전문성을 과시하는 일을 더 우선시하는 게 느껴지는 태도였다.

진료는 다음과 같은 진단으로 짧게 끝났다. "무릎 인공 관절 수술을 해야 해요. 어떤 상황인지 정확히 이해했습니다. 환자 분에게 무엇이 필요한지는 확실합니다. 수술 가능한 날짜를 알려 주세요." 이 말을 마치고 의사는 학생들과 함께 검사 과정을 복습하는 일에 다시금 몰두하면서 걸어 나갔다.

병원을 나와 차를 타고 집으로 가는데, 이전 병원에서와 똑같은 불쾌함이 밀려왔다. 적당한 의사를 찾은 것 같지가 않았다.

두 의사 모두 의학적인 측면에서는 나를 '이해한' 게 분명했다. 하지만 둘 다 내게 필요한 감정적인 연결과 공감적인 이해가 부족했다. 둘 다 나를 도울 수 있는 전문적인 기술을 갖추고 있었지만, 무언가가 빠져 있었다. 그리고 나중에 깨달았는데, 단순히 감정적인 이해만 빠진 게 아니었다. 또 다른 무언가도 빠져 있었다.

병원을 나선 뒤에야 뭐가 빠졌는지를 발견했다. 바로 '나'였다. '내'가 빠져 있었다. 그들의 관심에서 환자인 '나'는 빠져 있었다. 그들은 내 상태와 내게 필요한 것을 이해했지만 그들의 관심은 온통 그들 자신에게만 쏠려 있는 듯했다. 나는 '신뢰' 버튼을 누를 수 없었다. 그들에게는 환자인 나를 돕는 일보다 그들 의료진의 관심사와 일정, 우선 사항이 더 중요해 보였다.

집으로 돌아온 나는 이 두 명의 탁월한 의사에 대해 환자들이 쓴 진료 후기를 모조리 찾아 읽었다. 후기 내용이 다 내가 느낀 심정과 비슷했다. 첫 번째 의사에 대해 환자들은 그를 의학적으로는 천재라고 인정했지만 그가 '자기' 일정과 용무 등에만 신경 쓰는 것처럼 느꼈다고 밝혔다. 환자들은 모든 것이 자신이 아닌 그 의사 위주로 돌아간다고 느꼈다. 환자들 시각에서 그곳은 마치 조립 공장과도 같았다.

두 번째 의사는 의사 자신과 자신이 진행하는 수업에만 관심이 있었다. 그는 (최소한 의학적인 측면에서) 내 필요를 '이해한' 것으로 보였다는 점에서 신뢰의 첫 번째 요소를 충족시켰다. 하지만 내가 환자가 아니라 플라스틱 모델인 것처럼 느껴졌다. 이 중차대한 결정이 환자인 내게 초점을 맞추고 이루어졌어야 했건만, 마치 내가 미래 의료진 수업을 위해 그곳에 있는 것 같았다. 그리고 후기들을 보면 수술 후에 필요할 때 그 의사와 연락하거나 답을 듣는 것은 아예 불가능했다. 수술 후 후속 조치가 전혀 없었다.

그러다 기적이 일어났다. 다른 주에 사는 심장 전문의 친구가 내 소식을 듣고 무릎 분야에서 유명한 정형외과 의사를 추천해 주었다. 그는 전국의 많은 무릎 수술 전문의를 다수 키워 낸 실력자였다. 오늘날 상용되는 여러 인공 관절을 설계했고, 심지어 PGA(미국남자골프투어)와 공동으로 연구를 진행하기도 했다(골프를 사랑하는 사람으로서 이 사실에 눈길이 갔다). 그의 이력은 대단했지만 앞서 만난 두 의사의 실망감이 여전히 남아 있어서 일단 그와 이야기부터 나누고 싶었다. 나는 친구에게 그 의사와의 통화를 부탁했다.

뜻밖에도 전화가 바로 왔다. 그 의사는 내 엑스레이 사진을 이메일로 보내 달라고 요청했다. 내 엑스레이 사진을 받은 그는 다시 전화를 걸어와 내 증상이 어떤지를 자세히 물었다. 우리가 만나려면 국토를 가로질러야 했기에 그는 내 무릎의 느낌과 통증에 대해 통화상으로나마 정확히 알고 싶어 했다. 그는 내게 몇 가지를 물은 뒤에 사진과 내 설명으로 볼 때 앞서 내가 만난 다른 의사들 소견이 옳아 보인다고 말했다. 내게는 새로운 무릎이 진짜로 필요했다. "무조건 수술하셔야 합니다." 그는 그렇게 말했다.

이즈음 그를 향한 신뢰가 싹텄다. 분명한 이유가 있었다. 이 의사는 실력이 뛰어났고 내 상황을 정확히 이해했다. 하지만 여기서 끝이 아니었다. 그는 자기 일정에 관해 말하거나 내가 든 보험에 관해 묻거나 자신을 과시하기보다는 그냥 환자인 '나'에 관해 묻기 시작했다. 그는 내 삶과 내게 걷는다는 게 얼마나 중요한지에 관심을 보였다. 심지어 그는 내 무릎 문제가 우리 가족에게 어떤 영향을 미치는지도 궁금해했다. 그는 골프, 취미, 일, 활동까지 내게 중요한 다른 것들도 알고 싶어 했다.

그는 얼마나 힘들겠냐며 내 심정을 헤아렸다. 내가 다시 골프도 치고 전처럼 활동적으로 살기를 진심으로 바란다고도 말했다. 그는 자기네 병원으로 와서 몇 주간 치료를 잘 받고 퇴원하면 삶의 질이 훨씬 좋아질 거라며 나를 안심시켰다. 그는 테리 브래드쇼가 그곳에서 무릎 수술을 받고 평소의 삶으로 완벽히 돌아간 경험을 밝힌 동영상도 보내주었다.

나를 대하는 이 의사의 태도는 이전 의사들과 차원이 달랐다. 이 의사의 동기는 달라 보였다. 그가 자신의 일을 사랑하고 있다는 게 피부에 와닿았다. 무릎 인공 관절 수술의 수준을 한 단계 더 끌어올리려는 열정도 느껴졌다. 하지만 거기서 끝이 아니었다. 그는 환자인 내 삶의 질을 끌어올리는 데 진정으로 관심이 있었다. 그는 내가 다시 활동적으로 생활하며 골프를 칠 수 있을 만큼 건강을 되찾기를, 가족과 도보 여행을 떠날 수 있는 몸이 되기를 바랐다. 그는 내 삶의 회복을 진심으로 원했다. 그가 나를 치료하려는 동기는 나를 '돕는' 것이었다.

확신을 얻은 나는 국토를 가로질러 그 의사를 찾아가기로 결정했다. 고맙게도 그곳에서 내 친구 부부는 나를 성심껏 돌봐 주었다. 병원은 기대 이상이었다. 수술 실력뿐만 아니라 후속 조치와 환자 간호에서도 남달랐다. 그 의사는 진짜배기였다. 그를 믿은 건 정말 잘한 선택이었다.

우리가 이 이야기에서 얻어야 할 교훈은 신뢰의 두 번째 필수 요소인 '동기' 혹은 '의도'에 관한 것이다.

상대가 나를 위한다면

우리는 신뢰의 첫 번째 필수 요소인 '이해'가 얼마나 중요한지를 살펴보았다. 나는 환자인 내게 필요한 게 무엇인지 이해하지 못하는 의사를 원하지 않았다. 하지만 내게 필요한 게 무엇인지 이해해도 나를 위하지 않고 자기만 생각하는 사람일 수도 있다. 진정한 신뢰는 상대방이 나를 이해하는지만이 아니라, 올바른 동기 곧 상대방이 내 유익을 추구하려는 자세를 갖추었는지에서 비롯한다.

나는 내가 사는 곳에서 멀리 떨어진 지역에 사는 그 의사가 나를 위한다는 걸 알았다. 그는 내가 잘되기를 바랐다. 그에게 나는 그저 돈이나 연구 프로젝트, 직업적인 명예를 얻기 위한 수단이 아니었다. 그는 내가 더 나은 삶을 얻기를 진정으로 원했다. 그는 의사로서 환자인 내 개인적인 유익과 행복을 추구했다. 그는 다른 사람의 삶의 질이 더 나아질 때 행복하다고 느꼈다. 그에게는 그 자체가 보상이었다.

동기나 의도는 다음과 같은 방식으로 표현할 수 있다.

* 그 사람은 옳은 이유로 그것을 추구하고 있어.

* 그 사람의 동기는 순수해.

* 그 사람은 나를 위하는 사람이야.

* 그 사람은 자신보다 나를 더 생각해.

* 그 사람은 자신만 생각하지 않아. 언제나 다른 사람을 생각하지.

* 그 사람은 언제나 사명이나 숭고한 명분을 생각해.

* 그 사람은 아이들을 위해서라면 뭐든 할 사람이라고.

* 그 사람은 자신의 커리어나 지위만을 생각하지 않아. 회사와
   직원을 먼저 생각하는 사람이지.

이외에도 많은 표현이 가능하다.

'왜'가 중요하다

어느 날 저녁 한 대학교 모임에서 강연을 한 뒤 여러 학생이 내게 찾아와 질문하거나 인사를 건넸다. 첫 번째 학생은 이렇게 말했다. "오늘 강연 정말 잘 들었습니다. 저도 박사님처럼 하고 싶어요."

"감사합니다. 어떤 일을 하고 싶으신가요?"

그 학생은 의대에 가서 정신과 의사가 되어 책을 쓰며 강연도 하

고 유명해지고 싶다고 했다. 그 말을 듣고 나는 이렇게 되물었다.

"그러고 싶은 이유가 있나요?"

그는 본인의 이름을 딴 병원이 있을 만큼 유명한 의사인 아버지와 할아버지의 업적을 나열했다. 지역사회와 의학계에서 아버지와 할아버지가 오른 지위도 언급했다. 그는 그들의 족적을 따라 그들처럼 되고 싶다고 말했다. 하지만 계속 듣다 보니 그의 말이 몹시 거슬리기 시작했다. 그 학생이 하는 말은 모두 자아에 관한 것으로, 그는 자신의 위치와 이미지만 생각했다.

그의 바람은 타인과는 전혀 무관했다. 그의 머릿속은 온통 자신뿐이었으며, 지역사회에서 높은 지위를 얻을 궁리만 했다. 그 이야기를 듣고 나서 이런 생각을 했던 기억이 난다. '자네가 어느 병원에서 일할지 알고 싶군. 내가 아끼는 사람을 절대 그곳에 보내지 않으려면 말이야.' 기분이 썩 좋지 않았다.

또 한 청년이 다가와 내 강연이 인상적이었다며 '나처럼 하고' 싶다고 말하길래 아까와 똑같이 "무슨 일을 하고 싶나요?"라고 물었다.

"의과대학교에 가서 정신과 의사가 되어 그 분야에서 일하고 책도 쓰고 싶습니다."

나는 속으로 생각했다. '또 시작이군.'

"좋습니다. 좀 더 자세히 말해 보세요." 나는 이번에도 철저히 자기중심적인 말을 듣겠거니 했다.

"저는 어릴 적부터 교회에 다녔고, 중학교 때부터 주일학교에서 보조 교사로 섬겼습니다. 그 일을 정말 좋아해서 나중에 중고등부 전도사가 되고 싶었어요. 아이들을 워낙 좋아하거든요. 그런데 고등학교에서 생물학을 배우면서 과학에 푹 빠졌습니다. 과학 수업이란 수업은 모조리 들으면서 의대에 가서 의사가 되고 싶다는 생각을 하게 되었어요. 그런데 그렇게 하면 제가 사랑하는 사람들을 직접 도울 수 없다는 생각이 들었습니다. 그 생각을 하니 마음이 너무 아팠지요. 그러다가 정신과 의사가 되면 둘 다 할 수 있다는 걸 깨달았습니다. 사역에서처럼 실질적인 문제를 다루면서 의학도 할 수 있잖아요. 바로 이거다 싶었죠! 제가 좋아하는 일을 하면서 아이들을 섬길 수도 있잖아요. 그래서 이 방향으로 가게 되었습니다."

깜짝 놀랐다. 그 순간 이렇게 소리를 지르고 싶었다. "혹시 학비가 없다면 내게 연락해요! 내가 다 내 줄 테니!"

그는 첫 번째 학생과 너무나 달랐다. 이 학생은 자신이 좋아하는 일을 추구하고자 했다. 그 일은 자신의 꿈을 이룰 뿐 아니라, 남을 섬기고 도울 수 있는 일이어야 했다. 그가 일하는 '의도' 혹은 '동기'는 사람들을 돕는 거였다. 그의 동기는 첫 번째 학생과 달리 순수했다. 그에게 신뢰가 가는 게 너무나 당연했다.

신뢰의 두 번째 필수 요소는 동기다. 누군가를 믿으려 할 때 우리는 이 동기에 관한 질문을 계속해서 던져야 한다. "그 사람은 이 일을 왜 하는가? 그는 누구를 진정으로 위하는가? 그는 여기서 무엇을 얻으려고 하는가? 그가 내 유익도 추구하고 있는가?" 이는 매우 중요한 질문들이다. 우리는 믿고 맡긴 일에 '신경을 쓰지 않기' 위해 끊임없이 이 질문을 던지고 답해야 한다.

사장이나 상사, 배우자, 친구, 교회, 조직이 실제로 우리를 위한다는 느낌이 들면 우리는 경계심을 푼다. 마음을 편하게 갖는다. 우리의 지갑 혹은 마음을 지키려고 바짝 긴장하지 않는다. '신경 쓰지 않기' 모드에 돌입해도 좋다고 생각한다. 상대방이 우리의 유익을 위한다는 확신이 들면 그제야 걱정을 내려놓는다.

부부 및 부모, 자식 관계를 연구하는 저명한 학자인 존 가트맨은 "배신 지수"라는 것을 제시했다. 이는 가정이 흔들리는 때를 판단하기 위한 지표다. 이 지표는 부부 관계에서 한 사람이 다른 사람을 얼마나 '위하는지'와 관련이 있다. 가트맨에 따르면, 다음과 같은 상황에서 가정은 배신 위험 상태에 들어선 것이다. "사람들이 더는 배우자의 유익을 추구하지 않고 자신의 이익만 챙긴다. 신뢰가 갑자기 사라질 뿐 아니라 배신이 신뢰의 자리를 대신한다. 협력자이자 친구가 적으로 변한다."[1] 여기서 요지는 신뢰하는 관계에서는 내가 눈앞에 없을 때나 무언가를 할 능력이 없을 때도 상대방이 나를 돌보고 내 유익을 추구하리라 믿을 수 있다는 것이다.

가트맨은 또 이렇게 이야기한다. 신뢰하는 부부 관계에서는 "배우자가 내가 어떻게 될지에 신경 쓰면서 행동할 거라고, 즉 내 유익을 추구할 거라고 믿을 수 있다. 배우자가 나를 위하고, 내 성과와 내 유익에 큰 관심이 있는 것처럼 행동한다. 서로가 서로를 위한다고 말할 수 있다."

부부 관계에서 두 사람이 각자 '내가 이걸 해 줄 때 배우자는 어떤 기분이 들까?' 묻는다면 얼마나 많은 문제를 피할 수 있을지 생각해 보라. 불륜이나 과소비가 없을 것이다. 자신의 취미나 커리어, 활동만 추구하거나 배우자와의 관계를 소홀히 하지 않을 것이다. 중독도 없을 것이다. "아빠는 제 경기에 온다고 항상 약속하고서 한 번도 오지 않았어요. 집에 오면 곧바로 소파에 누워요." 열 살짜리 아들의 이 말은 아빠의 자기중심적인 태도를 깨뜨릴 수 있다. 자기중심주의는 중독이 잘 자라나는 토양이다.

업무 팀의 모든 팀원이 각자 자신에게 '내가 한 일의 질(혹은 타이밍이나 주안점)이 다른 팀원에게 어떤 영향을 미칠까?'라고 묻는다면? 공통의 목표 아래 각자 맡은 일을 개별적으로 하는 업무 상황에서 이렇게 '타인을 생각하는 태도'는 성과를 위한 열쇠 중 하나다. 한 사람이 부리는 작은 게으름이 당사자에게는 별일 아닐지 몰라도 다른 누군가에게는 지독한 악몽일 수 있다. 우리가 자신만큼이나 상대방을 위할 때 상대방은 우리를 신뢰한다.

진정한 신뢰는 '도덕 규칙'이나 '의무 규정'을 초월한다. 진정한 신뢰는 그보다 더 강력한 사랑, 관심, 연민의 바탕에서 이루어진다. 우리는 "형제자매나 친구와 함께 나누어야 한다. 그렇게 하는 것이 옳다"와 같은 도덕 규칙을 배우면서 자랐다. 하지만 때로 이 규칙들을 어긴다. 도덕 규칙은 충분히 강력하지 못하다.

하지만 사랑은 강력하다. 알코올중독자는 술을 과하게 마시지 말아야 함을 알면서도 마신다. 하지만 자신의 폭주가 열 살배기 자식에게 가하는 고통을 알면 사랑이 '도덕 규칙'보다 금주에 훨씬 강력한 효과를 발휘한다. 도덕 규칙이 진정으로 효과가 있으려면 '사랑의 법'이 바탕을 이루고 있어야 한다. 앞서 보았듯이 먼저 우리는 상대방을 이해해야 한다. 그러고 나서 상대방에게 해가 아닌 유익을 끼치려는 의도를 품으면 신뢰가 싹튼다.

예수님은 성경 전체의 모든 법을 사랑의 법으로 정리할 수 있다고 말씀하셨다. "'네 마음을 다하고 네 생명을 다하고 네 뜻을 다해 주 네 하나님을 사랑하여라.' 이것이 가장 중요하고 으뜸 되는 계명이다. 그리고 둘째 계명도 이와 같다. '네 이웃을 네 몸처럼 사랑하여라.' 모든 율법과 예언자들의 말씀이 이 두 계명에서 나온 것이다"(마태복음 22장 37-40절, 우리말성경).

진정한 사랑은 먼저 아무런 해를 끼치지 않겠다는 동기와 의도를 품는다. 하지만 여기서 끝이 아니다. 진정한 사랑은 상대방의 유익을 추구한다. 자신만이 아니라 다른 사람을 위한다. 이렇게 하면 상대방은 우리가 그 사람을 위하는 줄 알고서 경계를 풀고 '신경 쓰지 않기' 모드에 돌입한다.

타인을 위하는 동기, 수익을 증대시키다

내가 일을 의뢰한 적이 있는 한 유명 건축가는 올해의 미국 건축가 상을 비롯해서 각종 상을 휩쓸었다. 그 건축가는 다른 사람을 위할 때 어떻게 신뢰가 싹트는지 잘 보여 주는 예다. 그는 회사를 세울 때 규모보다 수익성에 초점을 맞추었다. 가장 수익성 높은 건축 회사가 되는 게 단순히 '가장 큰' 건축 회사로 알려지는 것보다 더 나은 목표라고 생각했다. 그는 이 수익을 가져올 원동력과 기제가 무엇일지 분석하다가 당시 건축업계의 한 가지 공통된 문제점을 발견했다. 하도급자들이 신뢰 공동체를 이루지 않고 각자 자기 일만 하는 것이었다. 그 건축가는 이렇게 서로 단절된 접근법이 수익성을 크게 떨어뜨리는 요인임을 간파했다.

건설업에서는 '시간'이 생명이다. 토지를 매입해서 최종 건축물을 매도할 때까지의 기간이 길어질수록 비용이 엄청나게 늘어난다. 줄인 시간만큼 돈이 된다. 이에 그 건축가는 묘안을 궁리했다. '하도급자들이 자기가 맡은 일처럼 다른 하도급자들의 유익을 추구하기 시작한다면? 진입로에 콘크리트를 붓기 전에 진입로가 말라 있지 않으면 석고보드 업체가 자재를 집까지 운반하기가 힘들다는 점을 이해한다면? 하도급자들이 단순히 각자에게 필요한 일을 하기 전에 서로의 일정과 비용을 고려하기 시작한다면?'

그 건축가는 프로젝트 초기에 이런 질문을 품고서 모든 관련 업체와 만나기 시작했다. "어떻게 해야 당신에게 도움이 될까요? 당신의 업무 효율에 도움이 되는 방향으로 일하고 싶습니다." 이렇게 하면 각 하도급자가 자신의 일을 하려고 줄서서 기다릴 필요 없이 일정을 빠르게 소화할 수 있기 때문에 모두에게 도움이 된다.

결과는 실로 엄청났다. 하도급자들이 서로의 일정과 불편에 신경을 써 주니 모두의 수익이 증가했다. 하도급자들이 각자의 일을 빨리 끝내자 전체 프로젝트가 훨씬 빨리 마무리되었다. 그리고 그만큼 수익이 증가했다.

이처럼 하는 게 상식처럼 보일 수 있다. 하지만 당시 건설업계는 각 하도급자가 자기 일이 다른 사람 일에 어떤 영향을 미치는지 별로 생각하지 않고 그저 자기 이익과 일만 추구하는 분위기였다. 이 건축가는 이전과 다른 새로운 접근법으로 큰 신뢰를 얻었다. 그러자 더 좋은 가격에 더 많은 프로젝트를 수주할 수 있었다. 그가 서로의 유익을 추구하는 환경을 만든 덕분에 하도급자들은 그를 신뢰하게 되었다. 그는 자신의 유익만 추구하지 않았다. 그러자 건설 기간과 비용이 눈에 띄게 줄어들었다.

모든 회사가 회사 안에서나 밖에서나 일을 시작하기 전에 이렇게 묻는다면 어떨까? "지금 이 일이 다른 관련자들에게 어떤 영향을 미칠 것인가?" 자신만이 아닌 다른 사람의 유익을 추구하려는 동기를 품을 때 모두에게 유익하다.

보다 고차원적인 동기를 품을 때
신뢰가 극대화된다

1990년대 중반의 일이다. 연방 정부 단속 기관의 몇몇 관리와 항공업계의 경영진, 조종사 조합 리더들이 항공기 사고 문제를 다루기 위해 협력을 모색하는 시간을 가졌다. 잦은 항공기 사고를 해결하기 위함이었다. 각 업계 관리들은 다 함께 문제를 다룰 수 있도록 서로가 서로에게 안전사고를 자발적으로 털어놓을 수 있는 신뢰 문화가 필요하다고 판단했다. 항공사나 조종사들이 실수를 털어놓아도 처벌받을 걱정 없이 정보를 공유할 수 있어야 했다.

현실적으로 이는 보통 일이 아니었다. 처음에는 자신의 실수가 알려지면 처벌을 받거나 고소를 당하거나 커리어가 끝날지 모른다는 두려움에 회의적으로 나오는 이들이 많았다. 하지만 관리들은 계속해서 신뢰를 강조하고 처벌을 신경 쓰지 않아도 되는 분위기를 만들어 나갔다.

항공기 안전에 관한 글을 쓰는 앤디 패스처는 당시 상황을 이렇게 밝혔다. "그들의 접근법은 기본적인 면에서는 단순했다. 하지만 처음에는 그 접근법을 실천하기가 극도로 어려웠다. 참여자 사이에서 유례없는 높은 수준의 신뢰가 요구됐기 때문이다. 초기 단계에서 조종사와 항공사 대표들은 서로에게 또한 정부에 '초기 문제'와 '추락 직전 상황에 관한 정보'를 공개하는 데 마지못해 동의했다. 선의의 실수와 절차적인 위반이 처벌로 이어지지 않는다는 미국 연방 항공청의 약속에 따라 마지못해 이루어진 협력이었다." 말 그대로 이는 "유례없는 높은 수준의 신뢰"가 필요할 만큼 두려운 일이었다.

하지만 신뢰는 지켜졌고, 그 결과는 놀라웠다. 패스처에 따르면, "1996년 미국 항공사들의 치명적인 사고율은 약 200만 번의 비행당 한 번의 추락이었다. 그해에만 350명 이상이 국내 항공 사고로 목숨을 잃었다. 230명의 탑승자 전원 사망으로 세상을 떠들썩하게 만들었던 TWA 800편의 연료 탱크 폭발 사고도 그해에 일어난 일이다. 그로부터 10년 만에 치명적인 사고율이 80퍼센트 이상 줄었고, 백악관 위원회에서 정한 목표를 초과 달성했다." 패스처는 이 수치가 1억2천만 번의 비행당 한 번까지 줄어들었다고 보고한다. 다시 말해, "지난 12년 동안 미국 항공사들은 치명적인 추락 사고 없이 80억 명 이상의 승객을 실어 나르는 놀라운 업적을 달성했다."[2]

이 얼마나 놀라운 성과인가! 신뢰의 위력은 이처럼 엄청나다. 신뢰가 없었다면 이런 일은 일어나지 못했을 것이다. 그리고 이런 신뢰를 이끌어 낸 원동력이 바로 이번 장의 주제다. 그것은 바로 자기 이익보다 다른 사람 섬기는 일을 우선시하는 것이다. 이 경우에는 더 큰 목적 즉 승객들의 안전을 섬기는 것이었다.

　신뢰를 낳는 가장 강력한 요인 중 하나는 상대방의 동기가 그 사람의 이익을 초월한 더 큰 목적이나 가치에 있음을 아는 것이다. 최근 미국의 한 대기업 경영진을 위한 리트릿을 진행했다. 그 회사의 성과는 경쟁사들을 크게 따돌릴 정도로 탁월했다. 그 덕에 회사의 주가는 천정부지로 치솟았다. 그 회사의 경영진은 코로나19로 인한 최악의 상황을 무사히 이겨 냈고, 이제 다음 시즌 전략을 짤 차례였다.

　리트릿을 본격적으로 시작하기 전에 나는 이 경영진이 지난 몇 년간 성공을 견인한 자신들의 강점을 잘 이해하고 있는지 알고 싶었다. 어떤 일이 왜 일어났는지를 정확히 이해하고 있는지 말이다. 그런 의미로 간단한 숙제 하나를 내주었다. "몇 분간 이 회사 경영진의 최대 강점이 무엇인지 생각해 보고 종이에 쓰세요."

　잠시 후, 나는 그들이 쓴 답을 보고 깜짝 놀랐다. 이토록 하나로 연합된 경영진은 본 적이 없었다. 전원이 최대 강점으로 한 가지를 꼽았다. "공동의 목표에 대한 헌신." 마케팅 전략이나 혁신, 창의성, R&D(연구개발)를 꼽은 사람은 단 한 명도 없었다. 모두가 공동의 목표를 중심으로 한 연합을 최대 강점으로 꼽았다. 더 놀라운 사실은, 그들이 생각하는 공동의 목표란 바로 다른 사람을 섬기는 것이었다.

　회사 사람 모두가 더 큰 목적을 섬긴 덕에 서로 간에 신뢰가 싹텄다. 혼자만을 위한 행동이란 없었다. 자기 부서 목표만 추구하지도 않았다. 출세 제일주의는 존재하지 않았다. 모두가 더 큰 목표에 헌신했다.

　드높은 목표는 놀라운 수준의 협력을 이끌어 냈다. 자원과 인력, 정보, 역량 등을 아낌없이 나누는 모습이 나타났다. 이들은 진정으로 협력했다. 물론 때로 의견 차이는 있었지만 그것은 언제까지나 '자기 이익'이 아닌 '최상의 답'을 찾기 위한 과정에서 나타나는 의견 차이였다. 이들 역시 수익이나 성과에 신경 쓰지 않는 사람들이 아니었다. 분명 그런 것에도 신경을 썼지만 수익만 추구하지는 않았다. 초점은 오로지 다른 사람들과 회사 전체의 목표를 섬기는 데 있었다.

그 결과, 그 회사 직원들은 서로를 깊이 신뢰했다. 상대방의 행동에 의문을 품을 때도 있지만 불신과는 엄연히 달랐다. 이는 신뢰를 바탕으로 한 의문이었다. '왜 저런 행동을 했는지 궁금하군. 분명 좋은 의도로 했을 테지만 말이야.' 이런 신뢰는 온갖 정쟁과 분열을 잠재운다.

신뢰는 강력하다. 뇌 발달에서 가정과 경제 분야에 이르기까지 모든 영역에서 강력한 결과를 도출한다. 당신 행위의 동기가 당신만이 아니라 '상대방'을 위한 것일 때, 혹은 '상대방 역시 가치 있게 여기는 더 큰 목적'을 위한 것임을 상대방이 알 때 그 사람에게서 신뢰를 얻는다는 걸 기억하라.

6.

○ 능력 ○

그에게
이 일을 해낼
역량이 있는가

내가 무릎 수술 전문의를 찾던 이야기로 돌아가 보자. 나를 담당한 의사가 앞서 말한 신뢰의 요건 두 가지를 충족시키자 그를 향한 신뢰가 커졌다. 그는 나를 이해했고, 그의 동기는 나를 위하는 것이었다. 잠시 내 입장이 되어 보라. 당신을 진정으로 이해하고 진정으로 위해 주는 의사를 찾았다. 그렇다면 이제 그에게 무릎 수술을 당연히 맡길 것이다. 그렇지 않은가? 단, 대화가 계속해서 다음과 같이 이어지지 않는다면 말이다.

　"어서 수술 날짜를 잡으시죠. 환자 분을 몇 달씩 기다리게 하고 싶지는 않습니다. 일정이 바로바로 찬답니다." 이렇게 당신을 위해 주는 걸 보니 더더욱 신뢰가 간다. 당신이 일정을 확인하는 동안 의사가 계속해서 말한다. "무릎 수술을 어서 빨리 해 보고 싶습니다. 정말 놀라운 수술이거든요. 항상 해 보고 싶던 수술이에요. 저는 산부인과 의사랍니다. 그래서 무릎 수술을 해 볼 기회는 없었어요. 정말 재미있을 것 같아요. 기분 전환 겸 그 수술을 꼭 해 보고 싶어요."

　저런! 이해고 좋은 동기고 다 필요 없다. 믿음이 싹 사라진다. 최대한 빨리 도망치는 게 상책이다. 물론 이해와 좋은 동기는 신뢰하는 데 필수다. 하지만 진정으로 신뢰하려면 다른 요인도 필요하며, 이번 장에서 탐구할 요인은 특히 중요하다. 이번 장에서는 신뢰의 세 번째 필수 요소인 '능력'을 탐구할 것이다. 나한테 필요한 걸 해 줄 능력이 상대방에게 있어야 한다. 그래야 우리는 그 사람을 진짜 신뢰할 수 있다.

　산부인과 의사에게 더없는 이해와 좋은 동기가 있을 수는 있지만 내 무릎을 제대로 수술할 만한 능력은 없다. 무릎 수술 전문의를 찾을 때 수술 실력은 당연히 중요한 고려 사항이었다. 나는 내 필요를 채워 줄 의사를 찾았다. 내게 필요한 건 건강한 무릎이었다.

　내가 최종적으로 선택한 의사는 나를 잘 이해했으며, 나를 위하는 마음으로 나를 진단했고 치료하려 했다. 하지만 그 이상이 있어야 했다. 나는 "그 의사의 수술 실력이 얼마나 좋은가?"를 물어야 했다.

　그 의사의 실력을 조사하면서 몇 가지 중요한 자격 요건을 확인할 수 있었다. 그는 최근 미국고관절·슬관절외과의사협회(American

Association of Hip and Knee Surgeons) 회장으로 선출된 상태였고, 전 세계 수많은 곳에서 관련 주제로 강연했으며, 내가 사는 로스앤젤레스를 비롯한 전국 최고 병원의 여러 외과 의사를 키워 냈다. 나아가 그는 무릎 인공 관절에 관한 여러 특허권을 보유했으며, 그 관절들을 발명하기까지 했다. 또한 그는 PGA 골퍼들을 대상으로 무릎 관절 연구도 진행 중이었다. 게다가 매년 1,000번에 가까운 무릎 인공 관절 수술을 집도하고 있다. 이 정도면 이 수술에 달인이라 볼 수 있었다.

그는 충분히 자격을 갖추고도 남았다. 그야말로 내가 찾는 의사였다. 산부인과 의사 중에 나와 친한 사람이 몇 있지만 나는 그들보다 이 정형외과 의사를 나를 치료해 줄 의사로 최종 선택했다. 면밀한 조사 결과, 그가 내게 필요한 것을 해 줄 능력이 있다고 믿게 된 것이다.

신뢰의 필수 요소를 살피는 지금, 내가 말하고 싶은 건 '능력'이 '이해'와 '동기'를 뒷받침해야 한다는 것이다. 여러 면에서 탁월하고 유능한 사람이라도 '특정한' 면에서 우리가 신뢰할 수 없는 사람일 수도 있다.

비일비재하게 일어나는 사건들

한 회사의 설립자이자 이사회 의장에게서 연락을 받았다. "도움이 필요합니다. 우리 CEO에게 코칭이 필요해요. 만나서 이야기를 나눌 수 있을까요?"

안타깝게도 그가 전해 준 이야기는 익히 들어 본 익숙한 줄거리였다. 콜린과 섀넌처럼 이 설립자도 실망스러운 새 CEO 때문에 골머리를 잃고 있었다. 하지만 콜린과 섀넌의 CEO와 달리, 이 CEO는 이해하려는 마음과 좋은 동기를 비롯해 신뢰의 다른 특징들을 두루 갖추고 있었다. 하지만 중요한 것 하나가 빠져 있었으니, 바로 특정 역할에 필요한 '능력'이 없었다.

설립자는 임기를 시작한 지 벌써 1년 반이 지난 새로운 CEO가 일을 제대로 못 한다고 말했다. 그는 회사가 여러모로 정체된 것처럼 느꼈다. 회사의 에너지가 고갈되어 더 이상 '전진하지' 못하고 있다고 말했다. 회사는 거의 명맥만 유지할 따름이었다. 미래를 향해 진취적으로 나아가는 모습이란 찾아보기 힘들었다. 내부 설문 조사 결과를 봐도 직원들 사기와 열의가 떨어졌음이 분명했다.

상황을 조사하고 경영진 등을 인터뷰한 결과, 몇 가지 중요한 사실이 드러났다. 첫째, 모든 사람이 새로운 CEO(Chief executive officer; 기업 최고 경영자) 브래들리를 진심으로 좋아했다. 브래들리는 매력적인 사람이었다. 배려심이 깊고 똑똑하고 기존 분야에서의 능력도 탁월했다. 그는 이 직책을 받아들이기 전 수년 동안 이 회사의 COO(Chief Operating Officer; 최고 운영 책임자)로 일했다. COO로서 그는 항상 좋은 평가를 받았다. 그가 거둔 성과는 눈부셨다. 회사 운영을 개선하고, 공급망 문제들을 해결하고, R&D를 개혁했으며, 그 외에도 여러 중요한 목표를 달성했다. 이력이 실로 화려했다.

하지만 그가 CEO가 된 뒤로는 상황이 달라졌다. 무엇보다도 직원들이 그 회사의 에너지가 점점 고갈되고 있다고 느꼈다. 그들은 "열의 없는"이나 "활기 없는" 같은 단어로 자신들의 현재 상황을 표현했다. 회사가 정체되어 있다고 평가했다. 또한 몇몇 경영진은 브래들리가 자신들을 다소 지나치게 간섭한다고 여겼다. 그들은 브래들리에게 문제가 너무 많다고 봤다. 무엇보다도 자신들이 방향성 없이 그저 바쁘기만 한 것 같아 답답하다고 말했다. 그들에게서 "우리는 지금 어디로 향하는 건가요?"라는 물음을 쉽게 들을 수 있었다.

아무리 봐도 그 회사에는 CEO가 없었다. 브래들리는 CEO라기보다는 여전히 COO에 가까웠다. 브래들리가 CEO 자리에 앉은 과정이 궁금해서 설립자에게 물었다.

설립자는 이렇게 설명했다. "브래들리는 오랫동안 우리 회사에 몸담았습니다. 그는 운영 측면에서 누구보다도 회사를 잘 알았죠. 그의 성과는 실로 놀라웠습니다. 그는 많은 부분을 뜯어고쳤어요. 우리 회사가 더 나아지도록 그가 도왔다는 점에서는 이견이 있을 수 없습니다. 그가 손대는 일마다 훨씬 좋아졌거든요. 전임 CEO가 은퇴할 무렵, 브래들리가 가장 적임자로 보였습니다. 우리는 당연히 그를 CEO로 승진시켰죠."

"그렇군요. 그렇다면 그가 어디에서 'E'(Executive)를 얻었나요?"

"무슨 말씀인지요?"

"그는 COO였는데 당신이 그를 CEO로 만들었습니다. 그는 어디에서 'E'를 얻었나요?" 나는 다시 물었다.

"우리가 그를 CEO로 승진시켰습니다. 그게 다입니다."

"그가 CEO의 직책을 얻은 것은 압니다. 하지만 CEO의 직책에 필요한 능력은 COO와 많이 다릅니다. CEO에게 필요한 능력이 COO의 능력과 겹치기도 하지만, 둘은 분명 다르죠. CEO에게 필요한 능력에는 'O'만이 아니라 'E'도 포함되죠."

그는 계속해서 설명해 달라고 부탁했고, 우리는 두 직책의 차이점에 관해 장시간 이야기를 나누었다. 브래들리는 '운영' 분야에서 탁월한 능력을 보였다. 그는 모든 것이 이전보다 더 잘 운영되도록 만들었다. 이미 존재하는 것을 개선하는가 하면 모든 운영이 원활하게 이루어지도록 했다. 이는 COO로서 훌륭한 능력이었다.

하지만 CEO는 무엇보다 아직 존재하지 않는 것을 정의하고 미래를 보는 능력을 갖추어야 한다. 우리는 이를 보통 "비전"이라 부른다. CEO는 미래를 보고 나서 적절한 인재를 영입하고 적절한 문화를 구축해 전략을 짜서 조직을 그 미래로 이끄는 책임을 맡는다. 또한 CEO는 비즈니스라는 배경에서 외부 동맹을 구축하고, 필요한 에너지와 자원과 자금을 확보하는 책임도 맡는다. 비전과 전략의 장애물을 파악하고 다루는 일도 담당한다. 어느 방향으로 가야 할지를 판단하고 조직을 그 방향으로 이끌어야 한다. COO는 이런 요소를 잘 운영해 성과를 만들어 내는 일을 맡는다. 하지만 미래에 대한 짐은 주로 CEO의 어깨 위에 놓인다. CEO는 그 미래로 가기 위한 에너지를 이끌어 내야 한다.

브래들리는 CEO보다는 COO처럼 행동했고, 회사 전체가 이를 감지했다. 직원들은 미래 지향성과 혁신과 에너지가 부족한 것을 느꼈다. 목적과 열정을 일으킬 만큼의 큰 비전이 부재했다. 직원들은 그저 자신이 맡은 일만 했고, 브래들리가 원하는 것 역시 그게 전부였다.

이사회는 선택해야 했다. 한 가지 선택지는 적절한 조언과 훈련 지원으로 브래들리에게 CEO로서의 역량을 길러 주는 것이었다. 다른 선택지는 다른 CEO를 구하는 것이었다. 둘 중 어느 한쪽이 반드시 옳거나 그르다고 볼 수 없었다. 하지만 어떤 선택을 하든 많은 지혜가 필요했다(그들이 내린 선택이 모든 상황에서 옳다는 인상을 주지 않도록 여기서 결과는 밝히지 않도록 하겠다).

이 이야기에서 내가 말하고 싶은 핵심은, 이사회가 원하는 결과를 내놓을 능력이 없는 사람에게 회사를 맡겼다는 사실이다. 오랫동안 사람들은 브래들리가 자신들을 이해한다고 느꼈다. 그들은 브래들리의 '동기'가 순수하다고 믿었다. 그가 회사와 회사의 임무, 그 안에 속한 사람들을 위한다고 믿었다. 이렇게 그는 우리가 앞서 논한 신뢰의 필수 요소 두 가지를 갖추고 있었다. 하지만 그에게는 신뢰의 세 번째 요소가 부족했다. 바로, 그 일을 감당할 능력이 없었다.

이런 일은 항상 벌어진다. 우리는 '이미 여러 면에서 신뢰하는 사람'에게 다른 영역의 무언가를 맡기곤 한다. 그는 우리를 위하고, 정직하고, 근면 성실하고, 좋은 가치관을 지녔으며, 우리를 이해하고, 마음이 깨끗하고, 똑똑하고, 창의적인 사람이다. 이것 말고도 좋은 품성을 잔뜩 지녔다. 그래서 우리는 '신뢰' 버튼을 재까닥 누르고, 이렇게 좋은 사람에게 무언가를 맡긴다. 우리는 그 사람을 진심으로 좋아한다. 그는 이미 우리의 좋은 친구다. 그와 관련해서 매우 좋은 경험까지 했다. 이런 상황은 우리로 하여금 다른 분야에서도 그 사람을 믿게 만든다. 하지만 그 다른 분야에서 일을 처리할 역량이 그에게 없다면 특정 영역이나 상황에서 그를 믿는 것은 실수다.

다음 상황을 생각해 보라. 누군가가 아주 훌륭하고 정직하고 재미있는 사람과 사랑에 빠진다. 달콤한 데이트를 즐긴 끝에 두 사람은 '신뢰' 버튼을 눌러 드디어 결혼에 이른다. 하지만 결혼 생활에는 사랑과 정직과 재미 그 이상이 필요하다. 좋은 결혼 생활을 이어 가기 위해 반드시 필요한 '능력들'이 있다. '이 사람에게 원활하게 의사소통하고, 갈등을 잘 다루고, 스트레스 속에서도 회복력을 발휘하며, 미래의 자녀에게 좋은 아빠나 엄마가 되어 주고, 재정적으로 책임감 있게 살아갈 능력이 있는가?'

이런 '능력'이 없거나 모자라서 흔들리거나 파탄난 가정이 얼마나 많은가. 그런데도 좋은 배우자가 될 능력이 없는 사람이 결혼 서약을 잘 지키리라 믿고서 그에게 자신의 삶을 맡기는 일이 여전히 얼마나 자주 일어나는지 모른다.

이 시나리오도 생각해 보라. 서로의 만남을 즐거워하는 두 친구가 있다. 가치관도 같고, 둘 다 자신의 일에 최선을 다한다. 함께 앉아서 미래를 논하던 두 친구는 우정을 나눌 뿐만 아니라, 평생 일도 함께하면서 살면 좋겠다는 생각이 든다. 그래서 함께 사업을 시작한다.

하지만 안타깝게도 얼마 뒤 둘 중 한 명은 상대방에게 좋은 친구로서 필요한 능력은 있지만 사업 운영 능력은 없다는 사실을 발견한다. 그 친구는 사업가보다는 그냥 회사에 소속된 직원이 더 어울린다. 친구가 사업가로서 자신의 역할을 잘 감당하지 못하니 답답하기 짝이 없다. 그는 나쁜 사람은 아니지만 동업자로서는 좋지 않은 선택이다. 실제로 이런 상황을 본 적이 있다. 결국 수년 뒤 한 사람은 절친인 동업자에게 사업에 더는 관여하지 않는 조건으로 매년 100만 달러의 연봉을 제시했다.

이번에는 작은 사업체를 경영하는 한 가족을 보자. 자녀들 모두가 집안에서 시작한 사업에 재정적으로 공급을 받는다. 부모는 자녀 중한 명이 이 사업을 이어받았으면 하는데, 장성한 세 자녀 중 한 명인 조이만 회사 경영을 원한다. 그래서 자연스럽게 조이가 회사를 물려받는다. 왜일까? 그는 가족이기 때문이다. 부모는 아들이라서, 형제들은 형제라서 조이를 믿었다. 조이는 분명 좋은 사람이었고 회사 경영도 하고 싶어 했다. 하지만 이내 회사가 삐거덕거리기 시작한다.

조이는 '좋은 사람'이지만 회사를 경영할 능력은 없다. 직원들이 하나둘 나가고, 매출이 급감한다. 형제들은 몹시 분노한다. 부모가 회사를 경영할 때는 꼬박꼬박 자기들에게 들어오던 돈이 제때 들어오지 않기 때문이다. 그리하여 집을 사고 자녀를 공부시키는 데 차질을 빚는다.

부모는 집안의 미래를 한 아들에게 맡겼는데, 그 아들에게는 사업을 경영할 능력이 없었다. 일단 다른 곳에서 먼저 일을 해 보고, 부모 회사에 들어와 말단 직원부터 시작하여 필요한 능력을 차근차근 기를 수도 있었다. 하지만 이 부모는 능력을 중요하게 보지 않았다. 오로지 '관계'만을 생각했다. 이런 사안에서의 신뢰를 위해서는 능력이 필요하다. 좋은 관계만으로는 충분치 않다.

한 가지 상황을 더 생각해 보자. 이런 일은 워낙 자주 일어난다. 한 사람이 집을 리모델링하려는데, 마침 교회에서 리모델링 전문가를 만난다. 그는 믿을 수 있는 사람을 만나서 다행이라 생각한다. 교회에서 만났으니 무조건 믿을 만하다고 생각한 것이다. "믿을 만한 인테리어 업자 찾기가 참 어려운데, 이 사람은 같은 그리스도인이니 얼마나 좋아. 그래서 정말 안심이야. 이런 사람을 교회 안에서 만나다니, 얼마나 감사한지 모르겠어!"

하지만 겉으로는 아무리 괜찮아 보여도 그 사람 속이 어떤지는 좀 더 깊이 들여다봐야 한다. 아니면 성경을 읽어 봐야 한다. 성경에서는 온갖 부류가 신자 행세를 하지만 믿을 만하고 선한 사람 못지않게 냉혹한 악인도 많다고 가르치기 때문이다. 그런데도 우리는 가까운 관계라는 이유로 혹은 교회에 다닌다는 이유로 다 정직하고 유능하다는 고정관념에 따라 상대방을 믿는다. 작업 일정이 수시로 지연되고, 진행비가 턱없이 비싸고, 작업이 끝난 뒤에도 방바닥이 고르지 않은 문제가 발생한 뒤에야 '이 사람의 능력을 좀 더 철저히 검증할걸' 하고 후회한다.

다들 이런 경우를 주위에서 보거나 직접 겪어 봐서 알 것이다. 이 시나리오에서처럼 우리는 나름대로 합리적인 이유로 누군가를 믿는다. 하지만 우리가 원하는 결과에 필요한 특정한 능력이 있는지 자세히 살펴보지 않는다. 명심하라. 누군가를 정말 좋아하고 여러 면에서 신뢰하더라도 '특정' 면에서는 신뢰할 수 없는 경우가 있다. 그럴 때는 상대방에게 그 특정한 일을 맡기지 않는 편이 현명하다.

능력을 보일 '증거'를
요구해도 괜찮다

한 친구가 딸의 애인이 저녁 식사에 오기로 했는데 아무래도 결혼 승락을 구하러 오는 것 같다며, 내게 이렇게 물었다.

"그 청년에게 뭘 물어야 할까? 어떻게 해야 하지?"

"내가 너라면 이렇게 하겠어."

"말해 봐."

"만일 그 청년이 내 딸과 결혼하고 싶다고 허락해 달라고 하면, 나라면 이렇게 말할 거야. '우리 한 번 더 만나세. 다음번에는 지난 2년간의 소득 신고서와 신용 기록을 갖고 오게. 그걸 보고 나서 좀 더 이야기를 해 보세.'"

친구는 웃음을 터뜨리며 말했다. "농담이 아니라고. 너라면 정말 뭐라고 말할 것 같아?"

"농담? 농담 아니야."

"그건 좀 심하지 않아? 돈만 밝히는 사람으로 보이고 싶지 않아. 그건 실례지."

"돈이 많은지를 보자는 게 아니야. 원한다면 숫자는 지우라고 해. 내가 알고 싶은 건 최소한 그 청년에게 소득 신고서와 신용 기록이 있는가 하는 거야. 그에게 열심히 일해서 돈을 벌고 빚을 잘 갚을 만큼 삶을 관리할 능력이 있는지 보고 싶은 거지. 자기 삶도 관리할 수 없는 사람한테 어떻게 귀한 딸을 줄 수 있겠어. 그런 사람이 부부가 함께하는 삶을 제대로 관리할 수 있을까? 은행 잔고나 실제 소득 수준이 아니라, 믿을 만한 사람인지를 보자는 말이야."

친구와 나는 건강한 토론을 벌였다. 그가 사윗감 후보를 만난 자리에서 내가 말한 대로 했는지는 모르겠지만, 분명 그 친구가 처음 생각했던 것과는 다른 방식으로 접근했을 것이다. "이 젊은이가 좋은 사람인가?"라는 물음을 넘어 분명 이런 내용을 파악할 수 있을 만한 질문을 던졌으리라. "이 친구가 가정을 책임질 준비가 되었는가? 그에게 가정을 잘 꾸릴 만한 능력이 있는가?"

우리가 알거나 좋아하는 사람을 일단 믿게 되면 검증되지 않은 영역에서도 그 사람을 믿게 되는 경우가 많다. 다시 말하지만, 좋은 사람이라고 해서 모든 영역에서 그가 좋은 성과를 낼 거라고 믿을 수는 없다. 이런 일이 자주 일어나는 곳 중 하나는 교회나 비영리단체 조직 위원회다. 누군가가 자선 단체를 세우겠다는 비전을 제시하면 '신앙심이 좋은' 사람들이 찾아와 물심양면으로 돕는다. 이 사람들은 새로운 조직 위원회에 참여해 달라는 부탁을 받는다.

그런데 조직이 성장하여 위원회에 심도 있는 전문성이 필요해지면 문제가 발생한다. 이 사람들은 조직 위원회에서 섬겨 본 경험이 없고, 이 방면에 깊은 지식이 없다. 그들은 단지 조직을 물심양면으로 돕는 좋은 친구라는 이유만으로 위원회에 선택된 사람들이다. 이런 배경은 위원회에서 섬기기 위한 능력과 별로 상관이 없다.

그러다 조직이 재정적으로 혹은 법적으로 힘든 시기를 맞는다. 그때 설립자는 외부에서 조언을 구해야 한다. 현재 조직 위원회 사람들은 그럴 능력이 없기 때문이다. 그래서 위원회를 물갈이하려고 하면 위기가 찾아온다. 처음부터 신뢰에 관한 작업을 제대로 했다면 이런 일은 벌어지지 않았을 것이다. "예스"(Yes)라고만 하는 위원회는 탄생하지 않았을 것이다. 친구들은 설립자가 원하는 것이라면 무조건 "예스"라고 하는데, 이런 태도는 조직과 그 이해관계자들에게 해롭다.

의지할 만큼 강한 조직 위원회 없이 리더 혼자서 고군분투하는 상황이 벌어져서는 안 된다. 모든 리더에게는 필요한 지적을 해 주는 동시에 잘 섬겨 줄 만큼 능력이 있는 위원회가 필요하다. 나중에 필요해질 능력이 있는지 적절히 검증하지 않으면 앞에서와 같은 안타까운 상황이 벌어지기 쉽다.

이와 비슷하게, 앞서 이야기에서 가족들이 비록 작은 규모의 회사라 하더라도 장성한 자녀들에게 그 회사를 경영할 능력이 있는지 확인하고, 그럴 만한 역량이 없다면 훈련부터 시켰다면 좋았을 것이다. 그랬다면 많은 문제를 미리 피했으리라.

유산 상속에 관한 정말 멋진 말을 들은 적이 있다. 유산의 크기는 중요하지 않다. 그에 상관없이 같은 원칙이 적용된다. 그 사람은 이렇게 말했다. "내가 가진 것은 궁극적으로 내 것이 아닙니다. 모든 것은 하나님의 것입니다. 나는 그저 평생 동안 그것을 맡은 청지기일 뿐입니다. 그리고 훌륭한 청지기의 한 역할은 다음 청지기를 잘 고르는 것입니다. 그래서 내가 나이를 먹으면 우리 아이들이 돈을 어떻게 사용하는지 평가할 거라고 밝혔습니다. 그래서 돈을 잘 사용하는 능력을 갖춘 자식을 다음 청지기로 삼아 유산을 물려줄 거라고 했지요."

놀랍지 않은가. 이 사람의 탁월한 지혜에 박수를 보내고 싶다. 바로 이것이 예수님이 성경 속 달란트 비유에서 말씀하신 원칙이다(마태복음 25장 14-29절). 받은 것을 잘 관리한 청지기는 더 많이 받았지만, 잘 관리하지 못한 청지기는 기회를 잃었다. 그의 달란트는 달란트를 잘 관리하는 능력을 증명해 보인 이에게 넘어갔다. 그는 믿을 만한 청지기였다.

능력은 얼마든지
성장할 수 있다

"능력"(ability)이란 단어의 역사를 보면 원래 '적합한'이란 의미였음을 알 수 있다.[1] '적합한'은 신뢰의 이 세 번째 요소에 대한 의미와 완벽히 맞아떨어진다. "삶의 이 측면을 이 사람에게 믿고 맡기는 게 적합한

가? 이 사람이 이 일에 적합한가? 그가 내게 필요한 걸 해낼 수 있을 것인가?"

　　이런 개념이 완벽주의나 정죄 의식처럼 들린다고 생각하는 사람도 있을지 모르겠다. 다른 사람을 지나치게 냉혹하게 평가하라는 말처럼 들릴 수도 있다. 하지만 부부 관계나 가족 관계, 비즈니스, 우정 관계에서 위기를 실제로 겪어 본 사람이라면 그리 생각하지 않을 것이다. 이런 위기를 당한 사람은 '상대방이 믿기에 적합한 사람인지 조금만 더 검증할걸' 하며 후회하기 마련이다.

　　이는 전혀 오만한 자세가 아니다. 사실, 이를 우리 자신에게 적용하면 겸손으로 이어진다. 우리 가운데 자신이 친구의 뇌 수술을 맡기에 적합하다고 생각하는 사람이 몇 명이나 될까? 아무리 친구 사이라 해도 이런 면에서는 나를 믿을 수 없다. 그렇다고 해서 우리가 다른 면에서 믿을 만하지 않다는 뜻은 아니다. 단지 이 특정한 면에서는 우리가 자격이 없다는 뜻이다.

　　만일 내가 당신이라면, 내가 당신의 자동차를 고치거나 집을 지어 줄 수 있다고 믿지 않을 것이다. 이런 영역에서 나는 당신에게 신뢰받기에 전혀 적합하지 않다. 심리학적 도움 분야에서는 나를 믿어 주기를 바란다. 하지만 기계를 수리하는 분야나 건축 분야에서는 결코 나를 믿어서는 안 된다.

　　이 원칙은 다른 사람을 평가하는 데도 적용된다. 상대방이 당신에게 필요한 것을 해 줄 수 있는지 물을 때 그 질문을 부담스럽게 여기지 말라. 답이 "노"(No)라면 주저 없이 "노"(No)라고 말하라. 이것이 지혜로운 처사이며, 이렇게 해도 괜찮다.

능력에 따라 신뢰를 보류한다고 해서 그것으로 끝이 아니다. 현재는 믿을 만하지 못한 영역에서 성장할 수가 있기 때문이다. 브래들리도 그리될 수 있었다. 지금 당장은 능력이 없더라도 나중에는 능력을 갖출 수 있다. 우리가 중요한 것을 맡기고 싶은 좋은 사람들이 지금은 준비되어 있지 않지만, 적절한 훈련과 경험을 통해 얼마든지 준비될 수 있는 경우가 많다.

능력은 자랄 수 있다. 따라서 다리를 아예 불태워 버리지는 말라. 지금 특정한 능력이 없다고 해서 평생 자격이 없을 거라 단언하지 말라. 사람은 성장한다. 나중에는 필요한 능력을 갖출 수 있다. 당신 딸과 결혼하게 해 달라고 요청하는 사윗감 후보 역시 적절한 훈련을 통해 당신이 신뢰하기에 적합한 인물로 성장할 수 있다.

지금까지 신뢰의 세 필수 요소인 이해, 동기, 능력을 살펴보았다. 이제 네 번째 요소로 가 보자.

7.
○ 인격 ○

그가 이 일에 맞는 인격과 기질을 갖추었는가

무릎 수술 이야기를 좀 더 해 보겠다. 당신이 당신을 깊이 이해하고 공감해 주는 의사를 택했다고 해 보자. 게다가 그는 당신을 위해 주며, 당신의 유익을 추구한다. 그는 당신이 신체의 정상 기능을 어서 회복해서 온전하게 살게 되기를 진심으로 바란다. 그리고 그런 그가 탁월한 기술과 실력을 갖추었다는 사실도 증명되었다. 그런데 그가 느닷없이 당신에게 수술실에 들어와 수술 과정을 참관해 볼 생각이 없냐고 묻는다(물론 의사가 실제 자신의 환자에게 수술 참관을 제시하는 경우는 거의 없다. 하지만 이런 상황이 이루어졌다고 가정해 보자). '내 수술 과정을 알 수 있는 좋은 기회군.' 이런 생각으로 당신은 의사의 제안을 받아들인다.

곧 수술이 시작되고, 모든 과정이 원활하게 진행되는 듯 보인다. 그러다 일이 벌어진다. 갑자기 환자가 피를 많이 흘린다. 의사가 예상치 못한 상황임이 분명해 보인다. 수술 팀이 수술 위치를 바꾸고 이 도구 저 도구를 마구 바꿔 들며 분주하게 움직인다.

하지만 정말 충격적인 건 그다음 상황이다. 의사가 소리를 지르더니, "야! 환자가 피를 흘리잖아! 멍청하게 뭣들 하는 거야! 누가 뭐라도 좀 해 봐! 빨리 피를 멈추게 하지 않으면 너희들 다 피떡이 될 줄 알아!" 그러면서 계속 수술 팀에게 소리치며 상황을 진정시키기는커녕 오히려 더 혼란스럽게 만든다. 의사의 발작에 수술 팀 전체가 당황한 모습이 역력하다. 그들은 욕을 먹어 가면서 상황을 수습하려고 애를 쓴다.

이 의사가 진심으로 당신을 이해해 주고 좋은 동기와 능력을 갖추어서 믿을 만하다고 확신했건만, 순식간에 희망이 절망으로 바뀐다. 그의 의료 기술이 부족해서가 아니다. 바로 그의 인격 때문이다. 됨됨이, 곧 기질이 문제다. 당신은 바로 기업을 경영할 때 리더들이 말하는 이른바 "소프트 스킬"(soft skills)의 부족함을 목격한 셈이다.

"소프트 스킬"이란 사람, 관계, 일, 스트레스, 난관, 갈등, 두려움, 목표, 감정 등에 접근하는 방식을 결정하는 개인적인 특징의 집합이다. 지난 몇십 년 사이에 이런 기술 중 일부가 "정서 지능"(emotional intelligence)으로 불렸다. 정서 지능은 개인적인 기질을 말한다. 다른 사람과 자기 자신, 삶을 대하는 태도 말이다. 앞의 의사가 극심한 압박 상황에서 부족한 소프트 스킬을 드러내자마자 아마 당신은 더는 그를 믿을 만한 사람이라 보지 않았을 것이다.

인격에 대한 내 시각 점검하기

우리는 '인격' 하면 보통 거짓말하지 않는 사람, 속이지 않는 사람, 도둑질하지 않는 사람 등을 떠올린다. 다시 말해, 오로지 도덕이나 윤리의 관점에서만 인격을 생각하는 경향이 있다. 우리는 상대방이 제시하는 수치를 믿을 수 있다면 그가 좋은 인격의 소유자라고 생각한다. 이것이 우리가 "인테그리티"(integrity)란 단어를 사용할 때 주로 떠올리는 의미다. 흔히 정직하다고 믿을 수 있는 사람을 가리켜 이 표현을 쓴다. 한마디로 거짓이나 기만, 도둑질과 거리가 먼 사람이다. 우리는 이런 사람이 믿을 만하다고 여긴다.

하지만 '인테그리티', '인격', '믿을 만함'에는 이보다 훨씬 깊은 의미가 있다. 거짓말이나 기만, 도둑질은 하지 않지만 개인적인 기질의 다른 요소 때문에 삶의 여러 영역에서 신뢰할 수 없는 사람이 숱하다. 거짓말이나 기만, 도둑질과는 거리가 멀어도 다시는 함께 일하고 싶지 않은 상사나 친구, 심지어 가족이 있다. 그들에게 이와는 다른 '문제들'이 있기 때문이다. 그런 사람에게 일을 맡기면 문제를 일으키기 십상이라 마음 놓고 일을 맡기기가 힘들다. 아무리 똑똑하고 정직하고 능력이 있어도 성격이 까다롭다면 함께 일하기가 어렵다.

성경도, 심리학적 연구도 정직과 도덕성을 넘어서는 인격적인 특징이 필요하다고 주장한다. 성과를 낼 거라는 믿음을 주기 위해 필요한 인격적 특징이 있다는 것이다. 성경 인물 사도 베드로는 그 특징을 다음과 같이 정리했다.

> 그러므로 여러분은 더욱 힘써 믿음에 덕을, 덕에 지식을, 지식에 절제를, 절제에 인내를, 인내에 경건을, 경건에 형제 우애를, 형제 우애에 사랑을 공급하십시오. 이런 것들이 여러분에게 있고 또 풍성하면 여러분은 우리 주 예수 그리스도를 알기에 게으르거나 열매 없는 사람들이 되지 않을 것입니다. 그러나 이런 것들이 없는 사람은 앞을 볼 수 없는 눈먼 사람이며 자기 과거의 죄가 깨끗하게 된 사실을 잊어버린 사람입니다.
> 베드로후서 1장 5~9절, 우리말성경

이 성경 구절은 시중의 리더십 서적에서도 엿볼 수 있는 여러 소프트 스킬을 제시하고 있다.

덕 □ Virtue

"덕"은 선을 추구하고 높은 도덕적 인격을 지닌 사람의 품성이다. 우리가 인격 하면 흔히 생각하는 것이 덕이다. 정직은 물론 덕의 기초가 되는 성품 가운데 하나다. 하지만 메리엄-웹스터 사전에 따르면 덕은 정직을 넘어서는 품성이다. 덕에는 "어떤 것의 유익한 특성이나 힘", "용기", "장점", "행동할 능력", "순결"이 포함된다.[1]

지식 □ Knowledge

이 구절에서 "지식"에 대해 사용된 성경 원어 헬라어 단어는 삶에 적용된 지식을 의미한다. 우리는 지식이 있을 뿐 아니라, 그 지식을 '실제 삶'에 적용할 줄 알아야 한다.

절제 □ Self-Control

아무리 똑똑해도 절제력이 없어서 충동적이거나 화를 잘 내는 사람은 믿을 수 없다. 스스로를 통제할 수 없는 사람이 지혜롭게 행동하리라 믿을 수 없다. 절제하지 못해서 망가진 가정과 관계, 비즈니스, 사역이 얼마나 많은가. 절제력이 모자라 재정적으로, 정서적으로, 성적으로 무너진 경우는 셀 수 없을 정도다.

인내 □ Perseverance

우리가 누군가를 믿어야 하는 영역은 대개 상황이 힘들어질 가능성이 있는 영역들이다. 우리는 문제가 발생하여 힘든 시기에 누군가를 의존해야 한다. 그런 문제나 어려운 과제, 프로젝트, 난관, 갈등을 끝까지 인내로 다룰 수 없는 사람은 신뢰하기 어렵다. 가정이 오래가려면 힘든 시기를 견뎌 내는 인내가 필수다. 비즈니스에서도 장기적인 성공을 위해서는 힘든 시기를 뚫고 나가는 인내가 필수다. 상황이 힘들어도 끝까지 버티는 능력이 매우 중요하다.

경건 □ Godliness

경건은 "하나님의 것들에 대한 사람의 내적 반응이며 이는 경외로 표출된다."[2] 상대방이 아무리 영적인 신념을 말해도 공허한 종교성이 아닌 진정한 영성이 나타나야 그가 진짜배기임을 알 수 있다. 진정한 내적 경외와 깊이가 분명히 보일 때 우리는 그 사람을 신뢰한다.

형제 우애(친절) □ Brotherly Kindness

이 표현은 "서로 사랑하는 친구"나 "형제나 자매에 대한 애정"을 의미한다.[3] '정직한' 사람끼리 만난 부부가 갈등 가운데 서로에게 친절함을 잃는 경우가 얼마나 많은가. 업무 팀이나 친척 사이, 계약 관계에서도 그런 일을 자주 본다. 정직한 사람도 친절하지 않을 수 있다. 사실, 가장 친절하지 않은 사람은 자신은 엄격한 규칙과 도덕에 따라 정직하게 살면서 다른 사람을 정죄하는 사람이다. 하지만 친절함 없이는 신뢰가 싹트지 않는다. 친절함이 없으면 옥시토신이 분비되지 않는다. 믿지 못하겠다면 아기들에게 물어보라.

사랑 □ Love

이 구절에서 "사랑"으로 번역된 헬라어 단어 "아가페"에는 깊은 의미가 담겨 있다. 하지만 이 단어에 대한 전반적인 느낌은 상대방에 대한 관심과 배려하는 마음이다. 이는 상대방을 가장 아끼며 '특히나 좋아하는 마음'으로 대한다는 것이다. 누군가가 우리를 특히나 좋아하는 마음으로 진정 아껴 준다면 얼마나 기분이 좋고 신뢰할 만하겠는가. 그 사람에게 우리는 말 그대로 VIP다. 이런 대접을 받으면 옥시토신이 마구 분비될 수밖에 없다.

이 짤막한 성경 구절로 인격적 특징을 탐구하는 목적은 인격이 도덕성을 넘어서는 것임을 보여 주기 위해서다. 하지만 오해하지는 말라. 정직과 윤리적 행위는 물론이고, 거짓말이나 기만이나 도둑질하지 않음이 근본을 이루지 않는다면 애초에 인격이 없는 것이다. 바로 다음과 같이 말할 수 있다.

○ 거짓말이나 기만이나 도둑질이 있는 곳에는
신뢰가 조금도 있을 수 없다.

성경 잠언 25장 19절은 이렇게 말한다. "위기에 처한 때에 신실치 못한 자를 신뢰하는 것은 흔들거리는 이로 음식을 씹거나 위골된 발로 걷는 것과 같다"(현대인의성경). 사실 성경 베드로후서 1장 5-6절은 도덕적 기초인 "덕"에서 출발한다. 덕은 매우 '도덕적인' 인격을 의미하며, 이 구절이 덕에서 출발한 데는 이유가 있다. 정직과 도덕적 진실성이 인격의 기초임을 잊지 말라. 이런 것 없이는 신뢰를 논할 수조차 없다.

그래서 정직을 먼저 다루어야 한다. 나는 실수나 배신보다 '지속적인 거짓말'로 망가지는 가정을 더 많이 보았다. 실수는 용서할 수 있다. 하지만 지속적인 거짓말과 은폐는 신뢰의 싹을 잘라 버린다. 굳이 불륜이나 '배신'으로까지 이어지지 않아도 신뢰가 완전히 사라져 버린다. 정직, 투명성, 표리부동하지 않은 것, 책임감, 높은 도덕성 같은 인격의 기본적 특성이 없다면 신뢰는 애초에 불가능하다. 정직과 도덕성의 부재는 결코 그냥 넘어갈 문제가 아니다. 정직과 도덕성은 신뢰의 필수적 기초다. 상대방이 정직하지 않다면 애초에 그를 믿을지 말지 고민할 필요도 없다.

하지만 여기서 말하고 싶은 핵심은, 인격은 정직과 윤리적 행위 이상의 사안이라는 점이다. 상대방을 믿으려면 다른 기질적 특징도 중요하다. 이런 특징들이 없으면 신뢰하기 어려운 경우가 많다.

규모가 큰 어느 기독교 단체 회장이 내게 운영진을 위한 리더십 훈련을 부탁한 적이 있다. 첫 모임에서 나는 이렇게 말했다. "진심으로 여러분을 돕고 싶습니다. 전 이 단체 사역에 오랫동안 감탄해 왔어요. 저는 주로 비즈니스 분야에서 일하는데, 기독교 단체에서는 리더십의 영적인 측면도 편하게 이야기할 수 있으니 정말 기대됩니다."

그런데 내가 "리더십의 영적인 측면"을 말한 순간, 그 단체 회장은 화들짝 놀라며 힘주어 말했다. "잠깐만요! 여기서 영적인 이야기는 필요 없습니다. 이분들은 다 매우 경건해요. 영적으로 매우 성숙한 분들이죠. 우리에게 필요한 것은 어디까지나 '리더십' 훈련입니다. 영적인 훈련은 아니에요."

"저는 그 둘이 서로 밀접하게 관련되어 있다고 생각합니다만, 어쨌든 어떤 리더십 문제가 있는지 말해 보십시오."

회장은 리더들이 서로 잘 협력하지 않아서 힘들다고 토로했다. 그들 대부분이 각자 자기 부서, 자기 사람, 자기 목적, 자기 예산만을 챙긴다고 했다. 공동의 목표와 비전을 위해 정보와 자원, 때로는 인력과 재정을 서로 나누는 게 유익할 때마저 자기 것들만 챙겨 몹시 답답하다고 했다. 협력하는 게 훨씬 좋을 때조차 그들은 서로 경쟁뿐이었다.

이야기를 다 듣고 난 뒤 나는 이렇게 물었다. "이런 분들이 경건하고, 영적으로 성숙하다고요?"

"네, 맞습니다. 모두 영적으로 매우 성숙한 분들이죠."

그 말에 나는 이렇게 말했다. "죄송한 말이지만, 제가 보는 성경에서는 분명 사랑이 '자기의 유익을 구하지' 않는다고 말합니다(고린도전서 13장 5절). 리더들이 열매를 많이 맺으려면 서로에게 '우애'를 보여 줘야 한다고도 말하고요(베드로후서 1장 7절). 그런데 이 단체의 구성원들은 서로 자기의 유익만 구하지 좀처럼 서로에게 우애를 보여 주지 않는 듯합니다. 이번 훈련을 영적 훈련으로 부르든 리더십 훈련으로 부르든 상관없습니다. 하지만 회장님이 추구하시는 큰 사명을 이루려면 이 부분을 바로잡아야 해요. 회장님이 말한대로라면 이분들은 전혀 경건하거나 성숙하지 않습니다. 이 부분을 반드시 개선해야 할 것 같습니다."

물론 베드로후서 1장 5-9절에 나열된 인격적 특성들은 영적인 것 혹은 신앙적인 것이다. 하지만 일반 비즈니스 분야의 연구에서도 이 특성들의 중요성을 인정한다. 사역 단체에서든 일반 조직에서든 인격이 중요하다. 그리고 인격에는 단순히 정직과 도덕성 이상의 것이 포함된다. 이 회장은 단순히 정직과 도덕성만을 성숙함의 기준으로 여기고 있었다.

"정서 지능"(EQ; 혹은 감성지수)에 관해 생각해 보자. 정서 지능은 개인적인 영역과 직업적인 영역 모두에서 성공하기 위해 반드시 필요한 여러 개인적인 특징을 총칭하는 용어로 널리 사용되고 있다. 여기에는 앞서 베드로후서에서 소개한 특징들이 포함되며, 이 특징이 성공에 얼마나 중요한지를 보여 주는 연구 결과가 많이 나와 있다. 예를 들어, 하버드경영대학원(Harvard Business School)의 연구 결과는 성공에 정서 지능이 일반 지능과 여타 직업적인 기술보다 두 배나 중요하다는 사실

을 보어 준다.[4]

크게 볼 때 정서 지능은 자기 인식, 관계 관리, 자기 관리, 사회적 인식 등을 포함한다. 여기에서 스스로 일을 잘하고 다른 사람과도 잘 협력하기 위한 몇 가지 개인적인 특징과 능력이 나온다. "자신과 다른 사람의 감정을 어떻게 다루는가? 스스로를 얼마나 잘 통제하는가? 일이 잘못될 때 얼마나 잘 적응하는가? 긍정적인가, 부정적인가? 다른 사람과 잘 협력할 수 있는가?" 정서 지능은 이런 질문들과 관련이 있다.

이 책의 주제가 인격이나 성격, 정서 지능은 아니지만, 신뢰 문제를 다루기에 이것들이 중요하다. 핵심은, 신뢰는 여러 차원으로 이루어지는데, 그 차원 중 하나는 개인의 기질 혹은 인격이라는 것이다. 정서 지능 관련 연구는 특정 영역에서 누군가를 신뢰하는 데 정서 지능이 다른 영역만큼 중요하다는 점을 보여 준다. 정서 지능을 보면 상대방이 특정 영역에서 기술이나 직업적 능력 등을 얼마나 잘 발휘할 수 있을지를 가늠할 수 있다.

따라서 상대방이 아무리 재능이 많거나 똑똑하거나 매력적이어도 우리는 그가 '인간'으로서 어떠한지를 알아야 한다. 그가 자신과 다른 사람, 일을 어떤 식으로 다루는지를 이해해야 한다. 정서 지능에 따라 신뢰가 싹틀 수도 있고, 반대로 재난과 고통, 지저분한 드라마, 실패의 주인공이 될 수도 있다.

정직한 사람과의 관계에서 결국 실망했던 때를 떠올려 보라. 정직하지만 감정적으로 메마른 사람, 정직하지만 통제적인 사람, 정직하지만 완벽주의적인 사람, 정직하지만 다른 사람을 몰아붙이는 사람, 정직하지만 무절제한 사람, 정직하지만 공감이나 연민이 없는 사람, 정직

125

하지만 오만한 사람, 정직하지만 자기애가 너무 강한 사람⋯⋯.

우리는 우리가 원하는 것을 해낼 수 있는 기질과 성격을 지닌 사람을 그 영역에서 신뢰할 수 있다. 다른 많은 좋은 자질을 지녔다 해도 이 부분은 매우 중요하다.

아툴 가완디는 《체크! 체크리스트》(The Checklist Manifesto)라는 탁월한 책에서 의료 분야를 비롯한 여러 영역에서 체크리스트를 채택하게 된 과정을 흥미롭게 풀어낸다. 그가 이 책에서 논한 영역 중 하나는 수술실이다. 그는 수술실에서 무엇을 해야 할지 아는 사람들이 때로 무언가를 놓치거나 간과해, 능력과 상관없는 실수로 일으키는 문제들에 관해 이야기한다.

결론은, 간단한 체크리스트로 이런 실수를 제법 피할 수 있다는 것이다. 실제로 실험해 봤더니 놀라운 결과가 나왔다. 여덟 개 병원의 수술실에서 사소한 것 하나도 놓치지 않기 위해 체크리스트를 사용했더니 다음과 같은 결과가 나와 해당 수술 팀의 신뢰도를 크게 높였다.

* 합병증 발병률이 36퍼센트 줄었다.
* 사망률이 47퍼센트 줄었다.
* 감염이 거의 절반으로 줄었다.
* 고난이도 수술에서 심각한 합병증 발병이 435건에서 277건으로 줄었다. 덕분에 150명이 손상을 면하고, 27명이 죽음을 면했다.
* 수술 후 출혈 같은 문제로 재수술을 하는 환자가 1/4로 줄었다.

가완디는 인간의 실수를 극복하게 해 주는 체크리스트의 힘을 계속해서 보여 준다. 하지만 체크리스트를 무용지물로 만드는 한 가지 이유가 있었으니, 바로 체크리스트를 거부하는 일부 의사들의 성향이었다. 어떤 의사들은 체크리스트는 시간 낭비일 뿐이라고 반감을 표시했다. 또 다른 의사들은 병원에서 흔히 볼 수 있는 권위주의적 통제 문화를 버리지 못했다. 그래서 수술실에 있는 다른 의료진이 그 집도의의 실수를 보고도 두려워서 섣불리 말하지 못했다.

　의료계에는 전문가는 오만할 필요가 있다는 이상한 믿음이 있는데, 그런 오만한 의사들에게 체크리스트는 너무나 초보적인 것처럼 보인다. 의사의 이런 오만함 때문에 수술실에서 간호사를 비롯한 다른 사람들은 괜히 잘못을 지적했다가 상사인 집도의의 불호령이 떨어질까 두려워한다. 그래서 그들은 좀처럼 말을 꺼내거나 나서지 못한다. 일부 그런 의사들은 다른 사람들이 자신을 체크하는 것이 자신의 전문성을 무시하는 행위라고 생각한다. 이렇듯 태도가 중요하다.

　신뢰가 있으면 좋은 결과를 얻고 나쁜 결과를 피할 수 있다. 하지만 사람 목숨이 걸린 일을 하는 수술실에서도 오만, 분노, 짜증 같은 인격적 문제들이 신뢰의 구축을 방해하곤 한다. 신뢰는 그야말로 생명을 구하는 결과로 이끌 수 있다. 하지만 신뢰를 구축할 만한 기질의 사람들이 있을 때만 신뢰가 존재할 수 있다.

　의사가 환자를 이해하고, 환자가 좋아지기를 바라며, 필요한 전문성을 잘 갖추고 있어도 그 의사의 인격상의 문제로 수술실이 최상의 기능을 못 할 수 있다. 그런 의사는 환자에게 가장 좋은 결과를 만들어 낼 수 없다. 따라서 환자에게 신뢰받기 힘들어진다. 그만큼 인격이 중요하다.

상황마다 필요한 기질이 다르다

우리 처제는 마크와 약혼하고서 내게 결혼식 인도를 부탁했다. 나는 두 사람을 잘 알기에 그들을 좀 더 객관적으로 볼 수 있는 사람이 혼전 상담을 해야 한다고 생각했다. 그래서 그들에게 근처 교회의 목사를 찾아가 혼전 상담을 받을 것을 권했다. 그 목사는 그 부탁을 흔쾌히 받아들였고, 먼저 공감 능력을 비롯한 일련의 검사를 했다. 첫 모임에서 목사는 그들에게 이렇게 말했다. "약간 우려가 됩니다."

"왜 그러십니까?"

"두 분 다 공감 영역에서 최저점을 받았거든요. 둘 중 한 사람은 배려심이 있어야 하는데 말이죠."

그들은 처음에는 살짝 충격을 받았다고 한바탕 웃고 나서 사랑을 표현할 다른 방법에 관해 논하기 시작했다. 그리고 현재 두 사람의 관계는 지금까지 아주 좋다. 하지만 그날의 검사는 참으로 정확했다. 둘 다 매우 강한 성격의 소유자였다. 둘 다 사랑이 정말 많고 희생적이지만 이른바 '부드러운' 스타일은 아니었다.

마크는 네이비실(Navy SEAL; 미 해군 엘리트 특수부대)이었다. 그래서인지 부드러움과는 거리가 멀었다. 사랑과 희생정신은 있지만 부드럽지는 않았다. 한마디로, 마크는 '매우 예민하고 감정적으로 연약한 사람'을 맡길 만한 사람은 못 된다는 뜻이다. 그는 그런 사람을 보고 그의 네이비실 동료 대원에게 했던 것처럼 말할지도 모른다. "우리 모두는 작전 완수에 필요한 일을 합니다. 부상을 당할지도 모르지만 고통은 일시적이니 고통을 무시하고 작전에 집중해야 한다는 사실을 항상 기억해야 합니다. 끝까지 밀고 나가세요. 조금 힘들다고 포기하지 마세요."

이 말이 총알이 빗발치는 머나먼 전장에서 무사히 살아서 귀환하기 위해 부하들을 독려할 때는 아주 좋은 말이겠지만, 감정적으로 예민한 사람을 돌볼 때는 적합하지 않다.

나라면 감정적으로 예민한 환자를 누구에게 맡길까? 연민, 공감, 이해, 배려심 많은 이에게 맡길 것이다. 하지만 내가 누군가에게 공격을 당하거나 위험에 처하면 인자한 간호사가 아니라, 곧바로 마크에게 도움을 요청할 것이다. 그러면 마크는 당장 달려와 상대방을 때려눕힐 것이다. 그런 상황에서 나는 내 생명을 그에게 믿고 맡길 것이다.

이처럼 어떤 사람이 믿을 만한지는 상황에 따라 달라진다. 이 점을 기억하면 신뢰에 대해 너무 완벽주의적인 방식으로 접근하지 않을 수 있다. 우리는 기질의 모든 면에서 완벽한 사람을 필요로 하지 않는다. 사람은 누구나 장단점이 있다. 우리는 무언가를 잘하지 못하는 사람도 받아들이고 가치 있게 여겨야 한다. 중요한 질문은 이것이다. '그가 이 상황에서 내게 필요한 걸 해 줄 수 있는가?' 이 질문에 대한 답에 따라 그를 신뢰할 수도 신뢰하지 않을 수도 있다.

이 점을 이해하면 장단점에 상관없이 사람을 사랑하고 존중할 수 있다. 부부가 다름에도 불구하고 서로를 가치 있게 여기는 가정에서는 한 사람이 다른 사람의 단점을 웃어넘길 줄 안다. "농담이죠? 남편에게 파티 준비에 필요한 모든 재료를 사 오라고 하라고요? 말도 안 돼요. 남편은 너무 산만하고 뭔가를 잘 까먹어서 재료를 반도 제대로 사 오지 않을 거예요. 남편은 여기서 손님을 맞는 게 더 어울려요. 남편은 누구에게나 환영받는 기분을 선사할 줄 알거든요. 하지만 남편에게 장 보는 일은 믿고 맡길 수 없어요. 그건 내가 할게요." 아내가 이렇게 말하면 한바탕 웃음이 터진다.

회사 업무 팀에서도 똑같은 원리가 적용된다. 누군가가 무언가를 잘하는 능력을 발견하면 그 강점이 요구되는 일을 그 사람에게 믿고 맡길 수 있다. 그와 동시에 그의 장단점을 알면 '다른 기질이 요구되는 일'을 그에게 맡기지 않을 수 있다.

내 클라이언트였던 한 CEO는 엄청난 재능을 가진 CFO(Chief Financial Officer; 최고재무관리자)를 두고 있었다. 그 CFO의 재정 분석 능력은 실로 탁월했다. 그는 전략적 파트너이기도 한 CFO 중 한 명이었다. 그의 재정 분석 능력은 회사의 수익성을 극대화할 수 있을 만큼 대단했다. CEO에게 분명 큰 도움이 될 만한 인재지만, 이런 강점에도 불구하고 내 클라이언트는 결국 그를 해고했다. 왜일까?

바로 기질이 문제였다. 그는 CEO에게 바로잡아야 할 점을 있는 그대로 솔직하게 말하지 못했다. CEO가 잘못된 방향으로 가거나 잘못된 결정을 내리는 것을 보고도 용기 있게 말하지 못하는 것이다. 그는 윗사람의 비위를 맞추는 데 너무 신경 쓴 나머지 좀처럼 부정적인 의견을 말하지 못했다. 잘못된 점을 제 입으로 직접 말하지 못했다. 하지만 내 클라이언트에게는 그럴 수 있는 사람이 필요했다.

개인적인 인간관계에 도움이 되는 특성이 있는가 하면 기업 운영에 필요한 특성도 있다. 인간관계에서 신뢰를 방해하는 특성이 있는가 하면 기업 운영에 걸림돌이 되는 특성도 있다. 고려해야 할 인격적 특성에는 다음과 같은 것들이 있다.

* 방어적 태도 누군가에게 문제를 지적하거나 행동을 바꾸라고 말하기 어렵다면 어떤 상황이 벌어지는가? 상대방이 방어적이면 갈등을 해결하기가 매우 어렵고, 문제를 지적했다가는 험악한 상황이 벌어질 수 있다.

* 분노 가까운 사람 중에서 분노를 잘 터뜨리는 사람에게 개인적이거나 업무적인 무언가를 믿고 맡길 수 있을까? 대개는 그렇게 하지 않는 편이 현명하다. "노를 품는 자와 사귀지 말며 울분한 자와 동행하지 말지니"(잠언 22장 24절).

* 자기중심주의 어디서부터 시작해야 할지 답이 없다. 자기중심적인 사람은 항상 멋지고 완벽하고 이상적인 모습으로 보이고 싶어 한다. 그로 인해 최상의 시나리오에서도 이런 사람은 신뢰하기가 힘들다. 자신이 조금이라도 무시당한 기분이 든다 싶으면 험악한 분위기를 연출한다. 그리고 곧바로 보복한다. 항상 자신만 생각하는 사람과의 사이에서는 신뢰가 싹트기 힘들다.

* 변덕이 심한 성격, 불안정한 감정 언제 어떻게 돌변할지 모르는 사람을 믿기는 어렵다. 무언가가 조금만 잘못되어도 감정적으로 불안한 사람은 일을 다 망쳐 버린다. 이런 사람은 사람을 질리게 하고, 심지어 해야 할 일을 못 하게 만든다.

* 통제 성향 매우 유능한 사람은 많은 일을 효과적으로 이루려는

강한 욕구가 있다. 하지만 그런 욕구는 당신을 비롯해서 모든 것을 통제하려는 강한 성향과 짝을 이루는 경우가 많다. 다른 사람이 정한 경계를 존중하는 사람은 믿을 만한 반면 다른 사람의 공간을 침범하고 선택을 강요하는 사람은 그렇지 못하다.

* <u>지나친 의존성</u> 어른이 되어서도 우리 모두는 서로를 의지하지만, 개중에는 다른 사람을 지나치게 의지하는 사람이 있다. 그들은 좀처럼 성인다운 상호적인 관계를 맺지 못한다. 그들은 상담을 필요로 한다. 아직 다른 누군가가 그들을 의지할 수 있는 상태가 아니다.

* <u>무책임</u> 성경의 잠언 말씀처럼 무책임한 사람을 믿었다가는 큰코다친다. "게으른 자는 고용주에게 상한 이빨에 식초 같고 눈에 연기 같아서 대단히 귀찮은 존재이다"(잠언 10장 26절, 현대인의성경). 이런 사람을 의지하면 일을 다 망쳐 버린다.

* <u>병적 상호의존 혹은 경계의 부족</u> "노"라고 할 줄 모르는 사람을 의지하면 문제가 발생하기 쉽다. 그런 사람은 다른 사람이 자신의 자원과 시간을 이용하도록 허용한다. 그들은 자기 일이 지장을 받지 않고 다른 사람에게 맡긴 일이 제대로 이루어지도록 상대방에 대한 적절한 경계를 정하거나 고수하지 못한다.

* <u>험담이나 분열하는 행위</u> 잠언 17장 9절은 험담이 "친한 벗을

이간"한다고 가르친다. 또 잠언 11장 13절은 이렇게 말한다. "수다장이는 돌아다니면서 남의 비밀을 누설하나 마음이 신실한 자는 그런 것을 숨겨 둔다"(현대인의성경). 분열을 일으키거나 비밀을 지키지 못하는 사람들로 인해 우리의 개인적인 일이나 업무적인 일을 망치는 경우가 많다. 그들은 관계, 팀, 가족, 기업 문화를 망가뜨린다.

다시 말하지만, (거짓말이나 기만이나 도둑질이 아닌) 기질적 흠이 있는 사람은 무조건 믿을 만하지 않다는 뜻이 아니다. 우리 모두는 흠 많은 문제투성이다. 하지만 우리가 맡기려는 일에 맞는 기질이 분명 있다.

내가 도움을 주었던 한 회사는 족히 2년이 걸리리라 예상되는 매우 힘든 회생 프로젝트를 앞두고 있었다. 그 프로젝트의 책임자로 고려 중인 사람은 매우 똑똑하고 운영 능력이 매우 뛰어난 사람이었다. 문제해결과 시스템 관리 능력이 단연 돋보이는 사람이었다. 그는 회사에 큰 활력을 불어넣고 운영을 정상화할 능력이 있었다.

하지만 나는 "그 사람은 적임자가 아닙니다"라고 평가했다.

"왜 그런가요?"

"그는 재능과 능력이 정말 뛰어나지만 좋은 피드백을 받고 싶어하는 욕구가 지나칩니다. 그런데 이 상황에서는 그가 바라는 좋은 피드백을 항상 받을 수는 없어요. 길고 힘든 여정이 될 겁니다. 성공의 순간이나 뛰어난 수치를 자주 보기 힘든 시간이 길게 이어질 거예요. 그의 자존심이 그걸 견디지 못할 겁니다. 낙심하고 의욕을 상실할 겁니다. 게다가 그는 모든 것이 어떻게 되어야 한다는 식의 고정관념이 매우 강해요. 하지만 지금 이 회사는 많은 유연성과 적응력이 필요한 시기입니다. 그는 좋은 성과를 거두어 자신감을 느낄 수 있는 안정된 환경에서 더 능력을 발휘할 수 있어요."

일이 순조롭게 풀려서 좋은 성과를 거두어 다른 사람에게 좋은 인상을 줄 수 있는 상황이라면 그가 적임자일 수 있었다. 나는 그가 그런 상황에서 성과를 거두는 것을 많이 보았다. 하지만 이 일은 다른 사람 이목에 둔감한 사람이어야 했다. 흔들리지 않고 끝까지 프로젝트를 마무리할 사람이 요구되었고, 그는 그런 점에서 적임자가 아니었다. 지능과 능력은 뛰어나도 이 특정 일과 상황에 그는 적합하지 않았다. 그의 기질이 그 일과 맞지 않았기 때문이다.

'도덕성'에 '상황에 맞는 특정 기질'이 통합된 인격

자, 우리는 신뢰 관계에서 인격이 중요하다는 점을 살펴보았다. 인격이 단순히 도덕성이나 윤리를 의미하지 않는다는 점도 배웠다. 도덕과 윤리는 인격의 기초로서 중요하지만, 그것만으로는 충분하지 않다. 누군가를 특정 상황에서 믿을 수 있는 인격은 "인테그리티"(integrity)와 비슷하다.

"인테그리티"에 관한 좋은 정의는 "분열되지 않고 완전한 상태"다. [5] 도덕적 혹은 윤리적 특징을 지니고도 필요한 다른 특징들을 기질에 '통합하지'(integrated) 못해 '완전한'(complete) 혹은 '온전한'(whole) 인간이 못 될 수 있다. 상대방이 정직하다고 해서 특정 상황을 '온전히' 믿고 맡길 수 있는 건 아니다. 누군가에게 특정 상황을 진정으로 믿고 맡길 수 있으려면 그 상황에 필요한 다른 특징들이 그의 기질에 통합되어 있어야 한다(리더십과 관련한 인격의 온전함에 관해 더 알고 싶다면 내 책《인테그리티》를 보라).

다시 말하지만, 모든 면에서 완벽한 사람 혹은 계속해서 완벽한 사람을 찾는 게 아니다. 그런 사람을 찾다가는 평생 찾기만 하다 끝날 것이다. 하지만 특정한 일을 누군가를 믿고 맡기고서 특정한 성과를 기대하려면, 그에 앞서 그가 얼마나 정직하거나 뛰어난지 말고도 그 일에 필요한 다른 기질들을 다 갖추었는지를 확인해야 한다.

지금까지 신뢰성에는 이해와 동기, 능력, 인격이 필요하다는 점을 살펴보았다. 이제 신뢰의 마지막 필수 요소, 전적으로 넘어가자.

8.

○ 전적 ○

그가
이 일과 관련해
검증되었는가

아이폰과 GPS가 세상에 없던 시절이었다. 한번은 아내와 함께
루이지애나주 남부 시골 바이유에 사는 친구들을 만나러 간 적이 있다.
초행길이라 우리는 지리를 잘 몰랐다. 그래서 작은 주유소에 차를 대고
카운터에 앉은 여성 직원에게 길을 물었다. "혹시 이 식당으로 가는 길
을 아시나요?"

"그럼요." 그녀는 그렇게 말하고서 길을 알려 주었다. 그녀는 길

을 따라 조금 가다가 어느 지점에서 우회전을 하라고 말해 주었는데, 이 해가 잘 안 갔다. "풀밭에 누워 있는 커다란 개가 보이거든 우회전을 하세요."

'뭐라고? 풀밭에 누워 있는 커다란 개? 농담인가? 그 개가 나를 위한 도로 표지판이라고?'

"개가 보이면 우회전을 하라고요? 그 개가 거기 있을지 어떻게 아나요?" 나는 의심스러운 눈초리로 물었다. 나로서는 '벌떡 일어나서 고양이를 쫓는 바람에 나로 하여금 길을 잃게 만들지 않을' 고정된 도로 표지판이 필요했다.

하지만 여성은 확고했다. "녀석이 거기 풀밭에 누워 있을 거예요. 항상 거기 있거든요. 그냥 개가 보이면 우회전을 하면 돼요."

더는 할 말이 없었다. 우리는 주유소의 그 여성이 알려 준 대로 차를 몰았다. 가다 보니 정말로 저면 셰퍼드 한 마리가 풀밭에 누워 있었다. 보고도 믿기 힘들었다. 거기서 우회전을 하니 모임 장소가 정말 나타났다.

어찌 된 일인가? 그 여성은 어떻게 개가 그곳에 있을 거라고 그토록 확신할 수 있었을까? 신뢰의 가장 중요한 측면 중 하나이자 다섯 번째 필수 요소 때문이다. 그 개에는 전적이 있었다. 그 개는 수년 동안 매일 오후 그 시간에 항상 같은 자리에 있었다. 녀석이 그 곳에 없었던 적이 없다. 그래서 보다시피 녀석이 그 시각에 그 장소에 있으리라 믿을 수 있었다.

약속만으로는 안 된다

이번에도 내 무릎 인공 관절 수술 이야기를 이어 가 보겠다. 당신이 병원에 들어서는데 복도에 누인 시신 한 구가 보인다. 얼굴은 잿빛이고 몸은 미동도 없다. 깜짝 놀라 의사에게 묻는다. "아니, 저건 뭡니까?"

그때 의사가 이렇게 대답한다면? "아, 저분은 제가 어제 수술한 분입니다. 안타깝게도 수술이 잘되지 않았어요."

그 순간, 그가 당신을 이해하는지는 전혀 중요하지 않게 된다. 우리가 논한 신뢰의 다른 필수 요소들은 무의미해진다. 어제 무릎 수술을 하다가 환자가 사망했다. 그런 일이 자주 일어나지는 않겠지만 이는 아주 나쁜 신호다. 당신은 이제 이 의사를 믿을 수 없게 된다.

대개는 이전 행동이 다음번 행동을 가장 잘 보여 주는 지표다.

미래를 가장 확실하게 예측하는 방법은 과거를 보는 것이다.

누군가를 믿는다는 건 그 사람이 특정한 방식으로 행동해야 하는 상황, 즉 위험한 상황으로 우리가 들어가는 것이다. 그 사람이 그렇게 행동하지 않으면 우리는 감정적·관계적·재정적, 심지어 육체적으로 상처를 입게 된다. 그에게 우리가 원하는 대로 행동할 수 있는 능력이 있는지를 모르면, 특히 그가 전에 그렇게 행동한 적이 없다면, 그를 믿는 건 무모한 모험이다. 하지만 그가 전에도 그렇게 행동한 적이 있다는 전적을 알면 성공 확률은 크게 높아진다.

여기에는 분명한 이유가 있다. 우리가 논한 것들과 같은 중요한 특징과 능력은 처음 하는 행위, 혹은 '선택'이나 '의지'로 할 수 있는 행위가 아니다. 이는 지금까지 형편없는 성과를 내거나 아예 성과를 낸 적이 없는 사람이 "변할게. 이번에는 다른 모습을 보여 줄게"라고 약속할 수 없다는 뜻이다. 왜일까? 새로운 능력을 기르기 위해 큰 변화를 단행한 적이 없다면 그 사람은 이전에 실패했을 때와 똑같은 수준의 능력이나 특징을 지닌 똑같은 사람이기 때문이다. 지금 달라지기로 선택하는 것으로는 부족하다. 실제로 달라져야 한다.

가장 쉬운 예가 중독자다. 마약이나 섹스 중독자가 "이제 그만할게. 다시는 하지 않을게"라고 맹세하는 일이 얼마나 흔한가? 배우자나 가족은 그 약속을 믿을 것이다. 심지어 그 약속이 진심일 수 있다. 하지만 재활을 통해 중독을 끊을 능력을 얻고 나서 그 능력을 증명해 보이기 전까지는 아직 그 능력은 없는 것이다. 그래서 그를 믿을 수 없다.

물론 중독자는 달라질 수 있다. 나는 그런 변화를 아주 많이 봤다. 많은 사람이 믿을 수 있는 사람으로 변모했다. 하지만 그 사람이 그 능력을 얻기 위해 갖은 노력을 다한 '뒤에야' 신뢰가 가능하다. 그가 충분한 전적을 쌓아야 그에게 다시 상처 입을 것을 각오하고서라도 그를 믿을 수 있다.

뒤에서 더 논하겠지만, 여기서 강조하고 싶은 건 약속만으로는 상대방을 믿을 수는 없다는 것이다. 상대방에게 특정 능력이 필요하며, 그 능력(혹은 비슷한 능력)이 있는지를 알 수 있는 유일한 방법은 그 능력이 전에 증명된 적이 있는지를 보는 것이다. 예를 들어, 타이거 우즈가 프로 골퍼로 활동한 적이 없던 시절에도 나이키는 그를 믿고 막대한 자금을 투자했다. 그건 그가 PGA에서 통할 만한 능력을 전에 이미 보여 주었기 때문이다.

우리가 신뢰의 처음 네 가지 필수 요소에서 살핀 능력들이 이전에 할 수 없었는데 갑자기 새롭게 하게 되는 행동이 아니라는 점을 기억해야 한다. 거짓말쟁이가 갑자기 진실을 말하게 되지는 않는다. 경청하지 않는 사람이 갑자기 다른 사람의 말을 유심히 들으며 상대를 이해하고 있다는 느낌을 주지는 않는다. 이기적인 사람이 갑자기 다른 사람을 배려하게 되지는 않는다. 훈련이나 경험이 없는 사람이 갑자기 복합적인 프로젝트를 성공적으로 완수해 낼 수는 없다. 게으른 사람이 갑자기 분주하게 뛰어다니지는 않는다. 중독자가 갑자기 오랜 습관을 끊게 되지는 않는다.

물론 사람은 달라질 수 있다. 하지만 변화와 새로운 능력을 얻는 과정 없이 달라질 수는 없다. 그래서 믿을 만한 행동의 전적이 전혀 없음에도 단지 변하겠다는 약속만으로 그 사람을 믿는 건 그리 현명하지 못한 처사다.

그럼 이러한 새로운 능력은 어디에서 오는가? 그 사람을 믿기 전에 먼저 눈에 보이는 증거를 확인해야 한다. 우리가 지금껏 논한 신뢰의 네 가지 필수 요소는 거의 모든 사람이 이룰 수 있는 것들이다. 사람은 끊임없이 성장하고 달라진다. 하지만 이런 것을 실제로 해낼 수 있는지 알 수 있는 유일한 길은 그 사람이 이를 증명해 보이는 것이다. 우리가 희망과 신뢰를 품기 위해서는 객관적인 이유들이 필요하다.

앞서 네이비실 대원인 내 동서 마크에 관한 이야기를 한 적이 있다. 마크는 대단한 군인, 충실한 남편, 참 좋은 아버지, 형제, 친구, 지역 주민, 미국 국민이었다. 우리는 2008년 이라크의 전장에서 그를 잃었다. 그 사건은 그를 사랑하고 의지했던 모든 이에게 큰 충격이었다.

우리는 마크가 수많은 작전에서 돌아와 전해 주는 이야기들을 농담 삼아 "마크 스토리"라고 불렀다. 그 이야기들을 종합해 보자면, 그는 다음과 같은 것들을 확실히 해낼 수 있는 사람이었다. 산소 탱크를 포함한 완벽한 스쿠버 장비를 착용하고 30,000피트 상공을 나는 비행기에서 뛰어내려 해저로 하강한다. 그리고 나서 이틀간 잠을 못 잤기에 잠깐 낮잠을 자고 다른 장비로 갈아입은 뒤 다섯 명의 다른 네이비실 대원과 합류하여 야음을 틈타 적진으로 잠입한다. 그리고 적들을 다 무찌르고 나서야 기지로 돌아와 아침 식사를 한다. 네이비실 대원들에게 이 정도는 식은 죽 먹기다.

마크와 동료 대원들은 참으로 든든하고 믿을 만한 군인임에 틀림없다. 그런데 미 해군은 이 사실을 어떻게 확신할까? 그들의 전적을 통해서다. 네이비실 대원들은 작전에 투입되기 전에 다양한 전적을 쌓는다. 네이비실로 선발되는 과정은 강도와 난이도 면에서 그 비교군을 찾기 힘들 정도다. 엄청난 육체적·정신적 힘을 지닌 극소수만 이 과정을 이겨 내고 네이비실이 될 수 있다. 가장 뛰어난 지원자만 이 과정의 마지막 단계인 BUD/S 교육과 극도로 힘든 '지옥주'(Hell Week)에 이를 수 있다. 그리고 그중에서도 '최고 중의 최고'인 극소수만 지옥주 훈련을 견뎌 내고 네이비실 대원이 될 수 있다. 그런 사람에게만 네이비실의 임무를 믿고 맡길 수 있다.

자발적으로 참여하는 이 훈련을 실제로 마친 사람만이 진정한 네이비실 대원이 된다. 다시 말해, 네이비실 대원이 되려면 위험한 전장에 투입되어 위험천만한 작전을 수행하기 '전에' 전쟁에 필요한 모든 것을 수행할 수 있다는 사실을 증명해 보여야 한다. 해군은 단순히 추측하거나 기대하지 않는다. 이 네이비실 대원들은 전쟁이 요구하는 것들을 해

낼 수 있다는 점을 확실하게 보여 주는 전적을 소유하고 있다.

지원자는 거의 불가능에 가까울 만큼 힘든 훈련과 참기 어려운 고통을 견뎌 낸다. 그런 뒤에야 실제 작전에 투입될 준비가 된다. 네이비실 대원들은 그만큼 검증되고 증명된 군인들이다.

하지만 보통의 일상에서 상대방의 전적을 확인하지 않고 무턱대고 믿는 사람이 얼마나 많은가. 상대방의 지난 관계들을 제대로 알지도 못하고서 진지한 관계로 들어가는 경우가 얼마나 많은가. 전에 사업을 해 본 적도 없는 사람과 함께 무작정 사업을 시작하는 경우가 얼마나 많은가.

상대방의 전적을 확인하는 건 어찌 보면 당연하다. 그렇지 않은가? 하지만 우리 모두는 단지 다른 강점이나 호감만 보고서 능력이 증명되지 않은 사람을 덜컥 믿은 경험이 있다. 심지어 우리는 좋지 않은 전적을 지닌 사람을 그냥 용서하고 쉽게 다시 믿어 버린다. 그러다가 그가 다시 우리를 실망시키면 몇 배의 배신감으로 고생한다.

다행히 해군은 전적을 보지 않은 채 무조건 믿지 않는다. 그리고 내가 직접 경험해 본 바로는 공군도 마찬가지다. 한 전투기 조종사 훈련 시설에서 조종사들에게 리더십 훈련을 해 달라는 의뢰가 들어온 적이 있다. 탑건 조종사들은 최정예 조종사들이며, 공군은 결국 이들을 믿고 가장 중요한 임무를 맡기게 된다. 공군은 이 조종사들이 그 믿음에 부응할 줄 어떻게 알까? 답은 전적에 있다.

내가 그 리더십 훈련 제의를 받아들일 때는 나도 그런 전적 중 일부를 얻게 될 줄 미처 몰랐다. 전투기 조종사들에게 리더십 훈련을 할 때 그들이 하는 일을 진정으로 이해하기 위해 전투기 탑승 체험을 해 달라는 부탁을 받았다. 그 말에 속으로 쾌재를 불렀다. '신난다! 살면서 꼭 한 번은 전투기를 타고 싶었는데! 얼마나 재미있을까!'

이전까지 나는 전투기 탑승이 재미있는 놀이나 구경 따위와는 거리가 멀다는 사실을 꿈에도 몰랐다. 그날 나는 여러 번의 전투기 공중전 경험이 있는 조종사 뒷자리에 타 실제 비행을 하게 되었다. 전투 훈련 비행은 조종사들이 서로에게 총탄을 쏘고 상대방의 총탄을 피하는 훈련이다. 실제 탄약을 장전하지 않는다는 점만 빼고 모든 면이 실제 비행과 똑같다(공중에서 실제로 서로를 쏘는 건 아니며, '명중'은 전자상에서 기록된다). 따라서 비행만큼은 실제로 진행된다.

그리하여 나는 훈련받지 않은 맨몸으로 여덟 배의 중력(8G)을 가하는 횡전과 급강하 비행을 체험하게 되었다. 그뿐만 아니라, 실제로 전투기에 탑승하기 전날 하루 종일 피를 상체에 머물게 만드는 훈련도 받았다. 공기 주머니를 사용하여 다리와 복부를 수축시켜 피를 상체에 머물게 해 주는 반 중력 슈트도 착용해야 했다. 얼핏 상상한 신나는 놀이와는 한참 거리가 있었다. 나는 이렇게 강한 중력이 몸과 뇌에 어떤 영향을 미치는지를 온몸으로 맛보면서, 피를 상체에 머물게 만드는 법을 익혔다.

또 비행 중에 어떤 종류의 증상이 느껴질 때 내가 쓰고 있는 마스크의 산소 흐름을 조절하는 법도 배워야 했다. 10초 안에 이 흐름을 조절하지 않으면 뇌가 제대로 기능하지 않아 더는 아무 다이얼도 돌릴 수 없게 된다. 아침에 먹은 음식이 호흡기로 다시 빨려 들어가지 않도록 구토 장비를 작동하는 법도 배워야 했다. 전문 전투기 조종사가 아닌 심리학자로서는 보통 힘든 일이 아니었다.

그날의 체험은 정말 놀라웠다. 전투기와 조종사들이 할 수 있는 일은 실로 엄청나다. 하지만 중력 체험은 말할 수 없이 끔찍했다. 내가 몸소 체험한 최악의 육체적 일이었다. 한마디로 전투기 비행은 지나치게 가혹하면서도 멋진 경험이었다. 어떻게든 정신을 차리고서 내가 할 일을 생각하려고 애썼지만 소용없었다. 중력의 위력은 실로 어마어마했다.

그런데 내가 의식을 잃지 않으려 안간힘을 쓰는 동안 조종사는 극도로 복잡한 기계를 조작하고, 스크린에 뜨는 온갖 종류의 수치를 읽고, 팀 동료들과 소통하며, 동시에 적에게 발포하고, 공중에서 폭파되지 않기 위해 적의 총탄을 피하는 등 온갖 조작을 다 했다. 그는 나와 똑같은 중력을 온몸에 받으면서도 그 모든 조작을 완벽하게 해냈다!

이것이 바로 전적의 진정한 의미다. 새로운 훈련병이 전투기 조종사 훈련을 시작하면 내가 한 것과 같은 비행을 약 40번 정도 수행해야 스스로 비행기를 조종할 수 있게 된다. 그때부터 그는 하루에도 몇 번씩 전투 비행을 한다. 그리고 나면 공군은 그를 믿고 실제 전투에 투입할 수 있다는 사실을 '짐작하는' 것이 아니라, 분명히 '알게' 된다. 그 조종사는 이제 증명된 전적이 있기 때문이다.

여담으로, 나와 함께 비행한 조종사는 그전까지 다섯 명의 민간인을 태웠는데, 기절하거나 아침에 먹은 음식을 토하지 않은 사람은 내가 유일했다고 말했다. 이 정도면 좀 자랑할 만하지 않은가!

객관적 전적이 쌓이는 데는
시간이 걸린다

신뢰는 단순히 '켜기'와 '끄기' 기능이 있는 스위치가 아니다. 하지만 안타깝게도 많은 사람이 신뢰를 그런 식으로 본다. 누군가를 처음 만나면 당연히 신뢰가 없다. 혹은 아는 사람이라 해도 특정 영역에 대한 신뢰는 없을 수 있다. 그런데 우리는 개인적인 영역이나 직업적인 영역에서 그 사람을 전혀 믿지 않는 상태에서 갑자기 전적으로 믿는 상태로 확 넘어가곤 한다. 이를테면 서너 번 만나고서 결혼을 결심하거나, 새로 영입한 사람을 몇 달 만에 부장으로 승진시키는 경우가 그렇다. 이런 상황은 대개 좋지 않게 끝난다. 증명되지 않은 사람을 믿었기 때문이다.

신뢰는 저절로 주어지는 것이 아니라, 노력으로 얻어야 하는 것이다. 사람들은 자신이 신뢰받을 만한 가치가 있음을 우리에게 보여 주어야 하며, 이는 긴 시간에 이르는 점진적인 과정이다. 여기서는 단순히 성과가 아닌 시간이 관건이다. 하지만 안타깝게도 너무도 많은 이가 조급해한다. 전적이라는 객관적인 데이터보다, 겉으로 보이는 인상이나 자신의 판단력에 따라 사람을 믿는다.

여기서 시간이란 주로 우리가 그 사람을 개인적으로 경험하는 시간을 말하지만, 반드시 그런 시간이 필요한 것은 아니다. 상대방이 탁월한 전적이 있음에도 그 전적이 쌓이는 과정에 우리가 직접 참여하지는 않은 경우도 있다. 그래도 상관없다. 좋은 이력이나 평판이 이런 경우다. 우리가 톰 브래디에게 미식축구 경기를 믿고 맡기기 위해서 꼭 그와 같은 팀에서 뛸 필요는 없다. 하지만 그의 전적이 쌓이기까지 시간이 걸린다는 사실에는 변함이 없다. 우리가 전적을 쌓는 현장에 없었다 해도 여전히 시간이 관건이다.

새로운 관계를 시작하거나 기존에 관계를 맺은 사람에게 더 많은 것을 믿고 맡기려면 우리가 직접 두 눈으로 보지는 못했더라도 그를 신뢰할 만한 객관적인 성과의 전적이 있는지를 확인해야 한다.

안타깝게도 기업의 설립자가 전적을 확인하지도 않고 가족에게 덜컥 큰일을 맡겼다가 불상사의 사례가 되는 경우가 많다. 역할에 맞는 기술과 능력, 그리고 성과를 보여 주는 전적이 있는지를 확인하지도 않고 그냥 가족이라는 이유로 믿고 고위직에 앉히는 경우가 얼마나 많은가. 탁월한 기업들은 설립자의 가족이라 해도 몇 년간 다른 곳에서 일하게 하고 승진함으로써 자신을 증명해 보인 뒤에야 다시 불러들인다.

미리 주의할 것

전적은 너무도 중요하고 강력하다. 그렇다 보니 매우 똑똑한 사람을 신뢰에 관한 나쁜 결정으로 유도하기 위해 전적을 악용하기도 한다. 버니 매도프를 생각해 보라. 그의 전적, 아니 그의 전적에 대한 사람들의 믿음은 그가 일으킨 엄청난 스캔들을 가능케 했다.

많은 폰지 사기꾼들은 실제로 이자를 지급하면서 미리 전적을 쌓는다. 사람들은 이를 아무 의심 없이 믿는다. 왜냐하면 우리는 눈에 보이는 것을 믿게끔 설계되어 있기 때문이다. 하지만 그건 분명 사기다. 사람들이 사기꾼의 친구들에게 물어보면 친구들은 "두둑한 이자를 받고 있어요! 정말 좋아요!"라고 말한다. 투자를 고려하는 사람들은 사기꾼의 친구들 말을 그대로 믿는다. 비록 '기만'이기는 해도 친구들은 실제로 이자를 받고 있기 때문이다. 그 이자는 거짓이지만 이자를 '받았다는' 전적은 분명 존재한다.

전적은 중요하다. 그렇지 않다면 버니 매도프가 어떻게 더없이 똑똑한 사람들의 돈을 무려 650억 달러나 가로챌 수 있었겠는가. 다시 말하지만, 그 이유는 우리 인간이 전적을 신뢰하도록 설계되어 있기 때문이다. 우리 뇌는 현실을 헤쳐 나가게끔 지도를 그린다. 아침에 커피를 마시려고 주방으로 걸어갈 때 우리 뇌가 그린 지도에 의존한다. 아래층으로 내려가 왼쪽으로 돌아 다섯 발자국 걸어가 오른쪽으로 돈다. 주방이 거기에 있으리라 확신한다. 이 지도는 주방에 여러 번 다녀오면서 만들어졌으며, 잘 작동한 전적이 있다.

이것이 우리가 호텔에서 한밤중에 일어나 화장실에 가다가 벽에 부딪치는 이유다. 그건 지도가 없거나 우리 뇌가 집에서 가져온 지도에 따라 작동하고 있어서다. 우리는 정확한 지도를 필요로 한다. 하지만 상관없이 우리 뇌는 경험에 따라 지도를 만들고 나서 그 지도에 따라 우리의 몸을 움직인다. 뇌의 지도를 그대로 믿는 우리는 그 지도에 따라 행동한다.

우리는 전적을 믿도록 설계되어 있다. 우리 뇌는 주로 '가장 최근에' 일어난 일을 토대로 삶을 헤쳐 나가며, 폰지 사기의 전적을 제외하면, 전적을 유심히 보는 것이 도움이 된다. 물론 폰지 사기가 엄연히 존재한다. 따라서 전적이라 해도 의심하고 검증할 필요성은 있다. 하지만 언제나 전적을 찾고 요구하고 유심히 들여다봐야 한다.

우리는 타인의 머릿속에
지도를 만든다

다른 사람의 신뢰를 얻으려고 할 때 우리가 다른 사람 머릿속에 지도 혹은 전적을 형성하고 있다는 점을 늘 기억해야 한다. 남들은 그 지도에 따라 우리를 믿거나 믿지 않는다. 일상적인 사례를 들자면 다음과 같다.

누군가가 힘든 문제가 생겨서 상사에게 도움을 구한다고 해 보자. 상사를 찾아가 자신의 딜레마를 토로하니 상사가 유심히 경청하고서 귀중한 조언을 하고 도움을 준다. 이때는 '변화의 순간'이다. 혼란이나 낙심의 상태에서 분명함과 의욕의 상태로 바뀐다. 좋은 결과로 이어진다. 혹은 회사의 전략에 관해 약간 의구심이 생겨 상사를 찾아갔더니 상사가 친절하게 설명해 주어 자신의 임무에 온전히 집중할 수 있게 된다. 이 또한 한 상태에서 다른 상태로 변화된 것이다.

이제 그 팀원은 도움이 필요할 때면 상사와의 일대일 만남을 요청한다. 왜일까? 지난번에 좋은 결과를 얻었기 때문이다. 상사는 상호작용이 이루어질 때마다 점점 더 큰 신뢰를 얻는다. 각 상호작용은 '지난번 좋은 결과'라는 지도를 더욱 견고하게 완성시킨다.

우리가 지도를 만들고 있다는 점을 늘 기억하고 바로 직전에 어떤 상황이 벌어졌는지를 늘 돌아본다면 배우자나 직원, 가족, 고객, 교회나 공동체의 리더 등과 상호작용하는 모습이 어떻게 달라질까? 삶의 모든 영역에서 전적이 얼마나 중요한지를 알아야 한다.

나쁜 패턴이
자리 잡지 않도록

우리가 하는 모든 상호작용은 전적을 만들어 낸다. 우리는 모두 실수하고, 대부분의 실수는 극복할 수 있다. 장기간의 전적으로 볼 때 그 실수가 예외인 경우에는 특히 그렇다. 물론 개중에는 너무 큰 실수도 있고, 그런 경우는 얘기가 달라진다. 하지만 전반적으로 인간은 누구나 실수한다. 우리는 무언가를 빠뜨리고 잘못을 저지른다. 실수와 관련된 중요한 질문은 이것이다. 그 실수가 지도 전체의 흐름과 같은가? 아니면 그것이 지도 전체의 흐름과 다른 일시적인 예외에 불과한가?

브리타니가 당신 팀에서 매우 뛰어난 팀원이라고 해 보자. 혹은 당신의 개인적인 친구라고 해 보자. 그녀는 계속해서 약속을 지킨다. 그래서 풀밭 위 저면 셰퍼드처럼 그녀를 믿고 의지할 수 있다. 하루는 사람들과 특정한 시간, 특정한 장소에서 만나기로 약속했다. 그런데 다 정확한 시간에 왔는데 브리타니만 보이지 않는다. 15분쯤 지나자 사람들은 이런 말을 하기 시작한다. "누가 브리타니에게 전화 좀 해 봐. 어디 아프거나 차가 고장 났을지 몰라." 브리타니의 그 실수는 평소의 패턴과 다르다. 원래 그녀는 믿을 만하기에 그 일은 예외인 경우가 분명하다. 그녀는 훌륭한 전적을 지녔다. 그래서 아무도 화를 내지 않는다. 오히려 그녀를 걱정한다. 그녀는 믿음이 가는 사람인 것이다.

반면에 제이슨은 붙임성이 좋고 똑똑하다. 모두가 그를 좋아한다. 하지만 다들 그를 '까먹기 대장'으로 평가한다. 제시간에 나타나는 법이 거의 없다. 때로는 약속 장소에 아예 나타나지 않는다. 그가 늦으면 아무도 기다리지 않는다. 그가 그동안 다른 사람을 위해 만든 지도에 따르면, 그를 기다리지 않는 편이 현명하다.

지도는 이런 식으로 작용한다. 그리고 신뢰를 쌓는 일과 관련해서 지도의 힘을 과소평가해서는 안 된다. 우리 뇌는 지도를 만들도록 설계되어 있기 때문이다. 사실, 이 지도는 너무도 강력하다. 그래서 지도가 한번 만들어지면 고정관념을 극복하기가 매우 어렵다. 정해진 관념을 극복하려면 특별한 노력이 필요한데, 그 이야기는 뒤에 가서 하도록 하겠다. 여기서는 좋지 않은 지도를 고치려 하기보다는 애초에 좋은 지도를 만드는 것이 훨씬 낫다는 점만 알고 넘어가도 충분하다. 언제나 전적이 중요하다.

나는 늘 문제와 실수가 정상이라고 말한다. 모든 사람이 실수를 저지른다. 우리가 실수하고 나서 해야 하는 일은 실수를 다루고 바로잡는 것이다. 실수를 인정하고, 원인을 파악하고, 그런 일이 다시는 일어나지 않도록 해야 한다. 너무 큰 문제가 너무 일찍 나타나는 경우가 아니라면 문제가 우리 일을 망치지는 않는다.

하지만 문제를 다루지 않고 다시 문제가 발생할 경우 그건 더 이상 문제가 아니라, '패턴'이다. 고착화된 삶의 방식이다. 그리고 그런 패턴은 우리 삶을 망가뜨린다. 패턴은 배수관의 똑같은 부분에서 계속해서 물이 새서 흐르는 것과도 같다. 패턴은 반복되는 것이다. 패턴은 DNA의 변이와도 같다. DNA가 변이되면 새로운 정체성이 된다. 예를 들어, 나쁜 패턴이 자리를 잡으면 회사는 '어쩌다 한 번 마감일을 어긴 회사'가 아니라 '항상 마감일을 어기는 회사'가 된다. 둘은 완전히 다르다. 하나는 일시적 문제고, 다른 하나는 반복적인 패턴이다. 그리고 그 패턴이 정체성이 된다. 한 경기를 진 팀이 아니라, 늘 지는 팀이 된다.

자신의 패턴이든, 다른 누군가의 패턴이든 우리는 패턴을 유심히 봐야 한다. 브리타니와 제이슨 경우처럼 패턴은 행동을 예측 가능하게 해 주기 때문이다. 좋든 나쁘든 '지도'와 '패턴'과 '전적'은 믿을 만하다.

전적을 무시하고 싶은 유혹

사람들이 다른 사람을 믿는 것에 관해 어리석은 선택을 하는 이유 중 하나는 상대방의 전적을 봐주거나 눈감아 줘도 된다고 생각하기 때문이다. 뒤에 가서 이 주제를 자세히 살펴보겠지만, 여기서는 우리로 하여금 '좋은 전적을 가지지 않은 사람'을 '좋은 전적을 가진 사람'으로 믿게 하는 두 가지 경우를 간단히 짚고 넘어가자.

상대방이 "미안합니다" 하고 사과할 때

대체로 관계의 후반보다 관계의 초반에 전적의 중요성을 기억하기가 더 쉽다. 새로 만난 사람을 믿거나 기존에 알던 사람이라도 새로운 방식으로 믿을지 고민할 때는 대체로 조심스럽기 때문이다. 아직 신뢰에 영향을 줄 만한 일이 일어난 적이 없다. 상대방이 믿을 만한지 아직 추측만 할 뿐이다. 그래서 조심스러운 태도로 평가한다.

그런데 개인적인 관계나 직업적인 관계에서 이미 상대방을 믿었다가 실패한 일이 있다면? 혹은 신뢰가 깨지는 중이라면? 나쁜 전적이 분명히 존재하고 변화의 기미가 보이지 않으면 더는 신뢰하지 않기로 판단하기가 쉽다. 하지만 항상 이런 경우만 있는 것은 아니다. 때로는 나쁜 전적이 나타나서 그 사람을 질책하면서 해고하거나 이혼하겠다고 으름장을 놓으면 갑자기 그 사람이 '정신을 차릴' 수 있다. 그가 잘못을 뉘우치고 사과하면서 다시는 그러지 않겠노라 다짐할 수 있다. 그가 용서해 달라고, 한 번만 더 기회를 달라고 간청하는 것이다.

사랑하거나, 좋은 시절을 함께 보냈다거나, 애착한다거나, 심지어 필요에 의해 상대방의 실수를 용서하고 싶은 생각이 들기 마련이다. 변하겠다는 말을 진심으로 받아들이고 지난 잘못을 깨끗이 잊을 수 있다. 과거를 용서하고 미래에 대한 신뢰를 보내 줄 수 있다.

하지만 이렇게 하는 게 좋지 않은 경우가 많다. 물론 실수는 용서해 주고 관계를 회복할 수도 있다. 하지만 잘못이 너무 클 경우, 만회하기 위한 아무런 노력도 요구하지 않은 채 쉽게 다시 믿어 주는 건 좋은 결정이 아니다.

앞서 새로운 전적을 쌓기 위한 새로운 행동이 필요하다고 말했다. 다른 건 몰라도 여기서 한 가지만은 강조하고 싶다. "미안합니다"라는 말만으로는 신뢰 회복에 충분치 않다. 상대방이 그렇게 사과하면 신뢰 회복을 위한 대화의 장을 열 수는 있다. 하지만 곧바로 잘못을 용서하고서 그를 다시 믿는 것은 옳지 않다.

진정한 사과와 고백과 회개, 이는 모두 '용서'에 필수적이다. 하지만 이것들이 상대방을 믿기 위한 충분한 이유일 수는 없다. 앞서 말했듯이 신뢰는 변화를 위한 지속적인 노력으로써 얻어야 한다. 점진적인 성장과 성공의 전적이 나타나야 한다. 변했다는 증거가 있어야 한다.

아무리 "미안합니다"라는 말이 진심이라고 해도 곧바로 믿지는 말라. 상대방이 진정으로 마음에서 우러나와 사과할 수도 있다. 용서와 치유와 화해의 아름다운 과정이 펼쳐질 수도 있다. 하지만 곧바로 상대방을 신뢰하며 모든 것이 달라질 거라 믿어 주는 것은 지혜롭지 못한 처사일 수 있다. 신뢰는 성공의 전적을 쌓아 가면서 노력으로 얻어야 하는 것이다.

추천한 지인의 후광 효과

상대방의 전적을 유심히 보지 않게 되는 또 다른 상황은, 그가 다른 누군가와의 관계로 인한 후광 효과를 보는 경우다. 앞서 말했던 버니 매도프는 관계로 인한 신뢰의 좋은 사례다. 일부는 그의 기만적인 전적에 속아 그를 믿었지만, '이 사람, 저 사람이 다 그에게 투자하고 있다면 그는 믿을 만한 사람임이 분명해. 이건 분명 좋은 투자 기회야'라는 생각으로 그를 믿은 이도 있다. 하지만 이는 틀린 생각이었다.

노스웨스턴대학교(Northwestern University) 켈로그경영대학원(Kellogg School of Management)은 이 현상을 심도 있게 연구했다. 그리고 이런 결과를 내놓았다. "우리 연구로 볼 때 가족과 사업 파트너가 피해자든 공범자든 상관없이 매도프는 자동적인 신뢰 프로세스를 일부러 혹은 자신도 모르게 이용했던 것으로 보인다. 설령 그 자신은 믿을 만하지 않게 보였다 해도 가장 가까운 친척과 사업 파트너가 그에게 투자했다는 사실은 그가 믿을 만한 사람이라는 미묘하고도 무의식적인 신호를 사람들에게 보냈다. 여우는 자신의 굴 근처에서 먹이를 사냥하지 않고 도둑은 자기 집에서 멀리 떨어진 곳에서만 도둑질을 하니까 말이다. 나아가, 매도프의 이름이 계속해서 온갖 자선 사업과 연관되어 나타나는 식의 미묘한 신호도 사람들로 하여금 믿지 말아야 할 사람을 믿게 만드는 데 한몫했을 것이다."[1]

보고서에는 이런 내용도 있다. "간단히 말해, 우리의 연구 결과는 신뢰가 항상 평가를 동반한 점진적인 과정을 통해서만 형성되지는 않는다는 점을 보여 준다. 사회적·관계적 신호들이 재정과 경영에 관한 사람들의 중요한 결정에 미묘하지만 강한 영향을 미칠 수 있다. 이 과정의 무의식적인 특성을 이해하면 이 과정의 유익은 활용하고 부정적인 측면, 나아가 제2의 버니 매도프를 피하는 데 도움이 될 수 있다."[2]

우리는 다른 누군가의 추천이나 관계에 따라 사람들을 믿곤 한다. 물론 추천이나 관계는 매우 중요하다. 이런 점에서도 사람의 능력을 확인할 수 있기 때문이다. 단, 그를 추천하거나 그와 관계를 맺는 내 지인이 그의 진짜 전적을 알고 있는지가 중요하다. 우리가 그에게 맡기려는 분야를 내 지인이 그에게 믿고 맡겨 본 적은 없을 수 있다. 이 특정 분야에서 내 지인이 그 사람의 능력을 확인해 본 적이 없을 수 있다. 내 지인은 그냥 그를 알고 좋아하는 사람일 뿐이다. 그렇다면 그가 내 지인과 관계가 있다는 사실이 그를 믿을 만한 충분한 이유일 수는 없다.

이런 시나리오의 흔한 사례는 이와 같다. 당신에게 아직 결혼하지 않은 훌륭한 친구가 있다. 그 친구는 성공했고 성격도 좋다. 그래서 당신은 '둘이 정말 잘 어울려. 둘이 정말 잘 살 거야'라는 생각으로 그 친구에게, 또 다른 싱글 친구를 소개시켜 준다.

두 사람은 진지하게 사귀기 시작한다. 모든 것이 좋아 보인다. 문제가 발생하기 전까지는. 둘 중 한 사람, 친구로서는 정말 좋은 사람이었던 그 사람이 알고 보니 남녀 관계에서는 문제가 아주 많은 사람이었다. 통제적이고 질투심이 많고 집착이 심하고 심지어 폭력성까지 보인다. 친구 관계라는 배경에서는 볼 수 없던 행동이 남녀 관계에서는 심하게 나타난다. 이렇듯 전적에 관해서는 배경이 정말 중요하다.

누군가가 특정 영역에서 당신의 회사와 거래하려 한다. 모든 것이 좋아 보인다. 그는 당신이 알고 존경하는 누군가를 추천인으로 내세운다. 이에 당신의 마음이 움직인다. "이분을 알고 이분의 추천을 받을 정도면 대단한 인물이야. 연락해서 알아봐야겠어." 추천한 지인에게 전화를 걸자 그는 그 사람에 관해 입이 마르도록 칭찬한다. 문제는 당신의 지인이 그 사람과 사업을 해 본 경험은 없다는 것이다. 그 영역에서의 전적이 전혀 없다. 하지만 지인의 후광 효과로 그 사람에 대해 자세히 알아보지도 않고 섣불리 일을 진행할 수 있다. 때로 이것이 엄청난 실수요, 재앙의 시작이 될 수 있다. 어느 한 배경에서 좋다고 반드시 다른 배경에서도 좋은 건 아니다.

과거의 흐름이
미래로 이어지다

"한 번 속으면 상대방 잘못, 두 번 속으면 내 잘못"이라는 말이 있다. 항상 그런 건 아니지만 꽤 일리 있는 말이다. 물론 누구나 속을 수 있다. 나쁜 사람이 착한 사람을 괴롭히는 일은 계속해서 벌어진다. 때로는 만반의 대비를 하고도 당할 수 있다.

하지만 상대방에게서 나쁜 패턴을 보거나 신뢰가 깨지는 경험을 했다면 조심해야 한다. 전적을 무시하는 건 어리석은 짓이다. 성경은 이렇게 말한다. "현명한 사람은 위험을 미리 보고 피하지만 우둔한 사람은 그대로 가다가 고난을 당한다"(잠언 27장 12절, 우리말성경). 위험을 보면 다시 믿기 전에 조심하는 편이 현명하다.

상대방에 대한 경험이 전혀 없다 해도 객관적인 전적을 부지런히 찾으면 위험이나 성공의 가능성을 볼 수 있다. 미래를 가장 정확히 예측할 수 있는 방법은 과거를 보는 것이다. 특별한 계기가 있지 않는 이상, 과거의 흐름이 그대로 미래까지 이어진다.

다시 말하지만, 누군가에게 그가 한 번도 해 본 적이 없는 새로운 일을 믿고 맡겨서는 안 된다는 뜻이 아니다. 만약 그렇다면 기업의 승진자나 처음으로 CEO가 된 사람이나 투자를 받는 창업자란 있을 수 없다. 또 재혼이 아닌 이상, 누구에게나 결혼은 처음이다. 전에 결혼한 적이 없다 해도 아무런 문제가 되지 않는다. 처음 결혼하는 사람은 결혼에 대한 전적이 없다. 하지만 행복한 결혼 생활을 가능하게 하는 자질과 능력에 대한 전적은 얼마든지 확인할 수 있다. 인생의 모든 상황에서 최대한 전적을 확인하면 그렇지 않을 때보다 훨씬 더 안전하다.

완벽한 사람을 찾으라는 게 아니다

자, 지금까지 우리는 신뢰의 다섯 가지 필수 요소를 살펴보았다.

○ 이해, 동기, 능력, 인격, 전적.

신뢰는 여러 요소를 고려해서 결정해야 할 문제다. 한두 가지 요소만 보인다고 해서 자동적으로 '신뢰' 버튼을 눌러서는 곤란하다. 큰 위험이 있는 인생의 중요한 영역에서 누군가를 신뢰하려면 다섯 가지 요소가 모두 필요하다.

아울러 우리는 완벽한 사람을 찾는 게 아님을 살펴보았다. 우리는 사람들의 강점을 보고 믿어야 한다. 인생의 모든 영역에서 신뢰의 모든 필수 요소를 완벽하게 갖춘 사람은 세상에 존재하지 않는다. 하나의 특정 영역에서 특정한 사람을 믿을 수 있지만 다른 영역에서는 잘 믿을 수 없다. 그래도 괜찮다. 내 모든 친구가 내 무릎을 수술해 줄 정형외과 전문의가 되기를 바라지 않는다. 그들이 잘하지 못하는 것에 대해 그들을 의지하지 않는 한, 그들은 여전히 내 좋은 친구나 사업 파트너로 남을 것이다.

신뢰의 각 요소에 대해 긴 기간 동안의 전적을 살펴 검증해야 한다. 사람들은 원하는 것을 얻기 위해 무언가를 일시적으로 꾸며 댈 수 있다. 하지만 그들이 원하는 것을 다 얻어 낼 때까지 오랫동안 거짓을 유지하기는 어렵다.

지금까지 2부에서 누군가를 믿으려 할 때 따져 봐야 할 '신뢰의 다섯 가지 기본 요소'를 살펴보았다. 그런데 이것 말고도 반드시 따져 봐야 할 또 다른 측면이 있다. 이제 그 이야기를 시작해 보자.

TRUST

Part 3

신뢰,
'서로' 주고받는 모험

내 안의 숨은 '신뢰 걸림돌' 치우기

9.

망가진
신뢰 근육을

회복하고
키우라

존과 숀은 아주 친한 친구이자 동료로서 함께 회사를 창업했다. 대부분의 스타트업 기업이 그렇듯 처음에는 힘들었지만 그들은 참고 견뎠다. 자금이 바닥나고 시설을 사용할 수 없게 되고 직원들이 말썽을 피웠지만 그들은 벼랑 끝까지 가는 상황을 모조리 돌파해 나갔다. 그리고 창업 4년째, 마침내 상황이 좋아지기 시작했다. 탄탄한 브랜드 이미지가 구축되었고 강력한 고객 기반을 확보했다. 덕분에 그들이 생각했던 것보다 훨씬 많은 돈을 벌어 들였다. 바라던 대로 성공을 거머쥐었다.

성공과 함께 기회가 찾아왔다. 여러 외부 법인이 접근해서 회사를 인수하겠다고 제안했다. 존과 숀은 처음에는 회사 매각에 전혀 관심이 없었다. 하지만 시간이 지날수록 관심이 커졌고, 마침내 진지하게 매각을 고민하기에 이르렀다. 벤처 투자와 사모펀드 업체들이 매우 강한 인수 의사를 내비쳤다. 존과 숀은 거래에 관심을 보였고, 진지한 대화가 오갔다.

마침내, 실리콘밸리의 한 회사와의 사이에서 탐색 단계를 넘어 거래 조건에 관한 구체적인 협상이 시작되었다. 이 회사는 많은 기업을 상장시켜 큰 성공을 거둔 경험이 있었다. 이 회사는 업계에서 신망이 두터웠다. 숀과 존의 조언자, 가족, 친구들은 이 회사와 계약하지 않는 건 어리석은 일이라고 입을 모아 말했다. 존은 점점 매각 쪽으로 마음이 기울었고, 결국 회사를 매각하기로 결정했다.

그런데 이야기를 나눌수록 숀은 불안해졌다. 거래 자체나 조건, 상대 쪽 사람들은 아무런 문제가 없었다. 모든 것이 좋아 보였다. 그런데도 숀은 매각 진행을 주저했다. 그러다 보니 존과의 사이마저 점점 벌어지기 시작했다. 한 사람은 매각을 바랐지만, 다른 사람은 그렇지 않았다. 존은 숀을 설득하려고 애썼지만, 협상 완료 시점이 가까울수록 숀은 더욱 마음을 닫았다.

그즈음 나는 숀과 대화를 나누었다. 내 눈에는 기회가 보였다. 숀과 존이 회사를 매각해야 하는 이유가 분명히 보였다. 비즈니스 측면에서 볼 때 무조건 회사를 매각해야만 했다. 숀이 왜 매각을 진행하지 않으려는지 이해할 수 없었다. 숀은 회사를 운영하느라 심신이 지칠 대로 지친 상태였다. 회사를 매각하면 숨을 돌릴 수 있었다. 그리고 다른 어떤 경우보다 회사를 매각하는 게 가장 큰돈을 벌 수 있는 길이었고, 회사를 매각하고 나면 숀은 지난 4년간 사업에만 쏟았던 시간과 관심을 아내와 어린 자녀들에게 쏟을 수 있었다. 그것이 그간의 노력에 대한 막대한 보상 같았다.

나는 이렇게 물었다. "이렇게 하지 않으려는 이유가 뭔가요?"

"그냥 내키질 않아요. 이유는 저도 모르겠지만 그냥 싫어요."

숀은 그렇게 대답했다.

그때부터 나는 숀이 회사를 매각하기 싫어하는 이유들을 파헤치기 시작했다. 그러자 비즈니스 측면보다 심리적 원인이 더 크다는 사실이 점점 분명해졌다.

친구인 존과 늘 붙어서 일하는 삶을 그만두기 싫은 걸까? 직원들과 긴밀히 협력하며 쌓은 친밀함을 잃을까 두려운 걸까? 힘든 시기를 지나며 회사를 '진짜 회사'로 키우면서 느꼈던 열정과 흥분을 잃기 싫은 걸까? 단순히 늘 해 오던 방식대로 계속해서 살고 싶은 걸까? 아니면 단순히 과거를 그리워하는 걸까?

숀의 감정을 탐구하다 보니, 그가 두 가지 문제와 씨름하고 있음이 드러났다. 첫 번째 문제는 통제권을 잃는 것이었고, 두 번째는 외부 이사회의 눈치를 봐야 하는 것이었다. 우리는 이 문제들에 관해 토론하기 시작했고, 그는 좋은 질문들을 던졌다. 그가 제기한 문제들은 해결 가능했다. 그와 존은 계속해서 경영진으로 회사 운영에 참여할 것이었다. 단지 감당할 수 있을 만큼의 수준으로 역할을 축소할 뿐이었다. 나는 그렇게 하면 다른 영역에서 숀의 삶이 훨씬 좋아지리라 판단했다. 하지만 숀은 여전히 내키지 않는 모습이었다.

마침내 숀의 목소리가 떨리기 시작했다. 나는 그에게 기분이 어떠냐고 물었다. 망설이던 그는 간신히 입을 열었다. "그냥 싫어요. 그들에게 보고해야 하는 자체가 싫어요. 우리 회사가 아니라 그들 회사인 것처럼 그들이 나에게 이래라저래라 하는 것도 싫고요. 이건 내 삶이에요. 그들의 삶이 아니라고요!" 그의 감정이 격해졌다.

우리는 잠시 조용히 앉아 있었다. 한참 뒤 나는 이렇게 물었다. "전에도 이런 감정을 느낀 적이 있나요? 무슨 생각이 떠오르나요?"

숀은 조용히 앉아 있다가 조용히 흐느끼기 시작했다. 나는 무슨 일이냐고 물었다. "다른 사람의 세상 속에서 살고 싶지 않아요. 내 집이 아닌 남의 집에서 살고 싶지 않아요."

"집이요?"

"네, 그들이 모든 것을 정하고 나는 아무런 선택권도 발언권도 없는 상황 말이에요. 그렇게 할 수는 없어요. 그럴 수는 없어요."

"지금의 감정이 익숙한가요? 전에도 이런 감정을 느껴 본 적이 있나요?"

"아버지가 그랬어요. 또다시 그런 식의 통제 아래서 살 수는 없어요. 절대 그렇게 하지 않을 거예요. 회사를 내주면 남이 내 삶을 어떻게 살고 어떤 선택을 하라고 일일이 지시할 거예요. 이건 그들 게 아니라 내 회사예요. 내 회사고 내 삶이라고요."

"아하, 정말 그렇게 되면 기분이 좋지 않을 것 같아요. 아버지와 함께 살던 시절이 어땠는지 들려주세요."

그가 털어놓은 이야기는 실로 안타까웠다. 그는 독재자 같은 아버지와 함께 살던 어린 시절 이야기를 조심스레 꺼냈다. 그 삶은 누구도 원할 만한 삶이 아니었다. 여기서 자세히 이야기할 수는 없지만, 아버지는 그의 삶을 일일이 간섭하고 통제했다. 그 정도가 상상을 초월했다. 그에게 회사를 매각한다는 건 마치 그런 삶으로 되돌아가는 것처럼 다가왔다. 권위주의적인 통제를 받는 삶, 일일이 간섭받는 삶, 인간답지 못한 삶, 아버지와 함께 살던 시절로 돌아가는 걸 의미했다. 그는 그런 삶으로 절대 돌아가고 싶지 않았다.

손과 나, 존, 몇몇 투자자는 몇 번 더 만나 손의 상황에 관한 대화를 나누었다. 우리는 손의 핵심적인 문제를 이야기했다. 그는 인수 업체가 약속을 지키리라고 못 믿었다. 그는 통제권과 지금까지의 삶을 완전히 잃을까 봐 걱정했다. 우리는 이것이 분명한 경계를 정한 상태에서 이루어지는 비즈니스 계약 관계이며, 인수 업체가 다른 스타트업 기업과의 사이에서 좋은 전적이 있음을 지적했다. 우리는 손이 원하는 것들이 완벽히 보장되고 그의 삶이 많은 면에서 훨씬 부해질 것임을 자세히 설명했다. 사실, 이 계약으로 그는 원하는 것보다 훨씬 많은 자유를 얻을 수 있었다.

하지만 결국 합의에 이르지 못했다. 손은 상대방이 조금이라도 자신보다 우위에 있는 것처럼 느껴지는 관계를 받아들이지 못했다. 그는 더 큰 조직에 보고하는 관계에 도저히 합의할 수 없었다. 그는 누군가를 자신보다 위에 두는 관계 자체를 받아들일 수 없었다.

결국 거래는 무산되었다. 그리고 존과의 관계도 그냥 알고만 지내는 사이로 전락했다. 통제를 두려워하고 아무도 신뢰하지 못하는 손의 태도는 점점 사업에 악영향을 미쳤다. 결국 그는 그 회사에서 손을 떼고 따로 자신만의 회사를 세웠다.

과연 좋은 결정이었을까? 손 말고는 아무도 그렇게 생각하지 않았다. 하지만 그는 자신이 원하는 것을 얻었다. "누구도 내 위에 서는 것을 받아들이지 않을 것이다. 그러느니 나 혼자서 할 것이다. 외로워지더라도 말이다."

모험하기로 선택하라

앞서 우리는 신뢰의 모델을 개괄적으로 살펴보았다. 신뢰라는 모험을 하기에 충분히 안전한 환경을 조성하여 신뢰의 유익을 얻게 해주는 다섯 가지 필수 요소도 살펴보았다.

하지만 위험은 '항상' 존재한다. 신뢰 자체가 상처받을 위험을 무릅쓰고서 자신을 여는 것이기에 그렇다. 앞서 살폈듯이, 삶의 모든 좋은 것은 '남'을 믿을 때 찾아온다. 여기서 남이란 부부 관계에서처럼 개인일 수도 있고, 기업 이사회나 투자자 조직처럼 그룹일 수도 있다. 신뢰는 우리에게 필요한 것을 얻는 수단이다.

다섯 가지 필수 요소로 이루어진 우리의 신뢰 모델은 누군가를 믿는 결정을 잘 내리도록 도와준다. 하지만 신뢰와 관련해서 또 다른 이슈가 있다. 다른 사람이나 조직이 아무리 믿을 만하게 보여도 신뢰의 단계를 밟기로 '나 자신'이 선택해야 하며, 이 선택에는 항상 위험이 따른다. 물론 이 신뢰 모델을 통해 이 위험을 최소화하는 법을 알아낼 수는 있다. 하지만 위험이 전혀 없다는 보장은 없다.

그리고 신뢰는 언제든 '두' 당사자 사이에서 이루어진다. '나'와 '내가 믿는 사람' 사이에서 이루어진다. 신뢰는 관계다. 상대방을 현명하게 판단하고, 최대한 정확한 정보를 바탕으로 상대방에 대한 선택을 할 수 있다. 이에 다른 사람이나 다른 그룹을 조사할 수 있다. 그리고 상대방이 실제로 믿을 만할 수 있다. 하지만 언제나 두 당사자가 존재한다. 이 관계에서 내가 한 축을 차지한다. 신뢰는 상대방과 그 사람의 신뢰성에 관한 것만이 아니다. 신뢰는 언제나 양쪽 모두에 관한 것이다. 즉 신뢰는 '나'와 '남' 사이에서 이루어지는 것이다.

'그 사람'이 아니라
'내'가 문제라면?

신뢰는 두 당사자 사이에서 이루어지기 때문에 우리 자신의 신뢰 능력을 살펴볼 필요성이 있다. "나는 얼마나 신뢰를 잘하는가? 신뢰가 깨진 데 나한테 조금이라도 책임은 없는가? 내 신뢰 능력이 문제인가?" 상대방은 믿을 만한데 내가 그를 믿지 못할 수 있다. 이는 문제가 항상 상대편에게만 있는 것은 아니기 때문이다.

때로는 우리 자신이 신뢰를 방해할 수 있다. 다른 사람이 아닌 우리 자신이 문제일 수 있다. 나는 이런 상황에 대해 "망가진 신뢰 근육"이라는 표현을 사용한다. 신뢰 근육이 망가지는 이유를 조사하고 이해하는 작업이 중요하다. 상대방에게 신뢰의 필수 요소가 있는지를 유심히 살피는 것만큼이나 우리 자신에게 신뢰 문제가 없는지 돌아봐야 한다.

상대방은 믿을 만한데 내 신뢰 능력이 부족하면 인생의 많은 것을 놓칠 수밖에 없다. 남들이 믿을 만하지 않아서가 아니라 자신의 신뢰 문제 때문에 다른 사람을 잘 믿지 못해서 신뢰 관계가 형성되지 못할 수 있다. 분명 신뢰 문제가 있는 사람들이 있다. 그들의 신뢰 근육은 회복과 치유가 필요하다. 심지어 애초에 그 근육이 형성조차 안 된 사람도 있다.

자신의 신뢰 문제가 인생을 망칠 수 있다. 숀은 다른 사람을 믿지 못한 탓에 수백만 달러의 돈과 자신이 추구해 왔던 삶, 존과의 관계를 잃었다. 매일 수많은 사람이 개인이나 조직을 믿지 못해 관계와 비즈니스를 망치고 있다. 여기에 많은 것이 걸려 있다.

신뢰하는 능력을 회복하지 않으면 부부 관계, 가족, 우정, 팀의 협력, 거래, 소그룹 참여처럼 많은 중요한 것을 놓칠 수 있다. 명심하라. 신뢰는 삶의 중요한 열쇠다. 온전한 삶을 얻기 위해서는 믿을 만한 사람들을 찾을 뿐 아니라, 그들과의 관계 속으로 잘 들어갈 수 있어야 한다.

내 신뢰 근육 상태 파악하기

숀 이야기에서 보았듯이, 때로는 우리가 현재 다루고 있는 문제가 현재에 대한 문제가 아닐 수 있다. 우리가 과거의 짐을 현재의 상황에 짊어지고 온 것일 수 있다. 신뢰 문제가 이와 같다.

많은 사람이 이런 관념을 거부한다. 그들은 과거는 과거일 뿐이라고 생각한다. 과거는 이미 지나간 시간이라 생각한다. 어떤 면에서는 맞는 말이다. 타임머신이 발명되지 않는 한, 우리는 과거로 돌아갈 수 없다. 하지만 사실 우리는 과거로 돌아갈 필요조차 없다. 우리는 계속해서 과거를 현재로 가져오고 있다. 좋은 과거와 나쁜 과거가 모두 우리 앞에 있다. 숀의 경우, 아버지와의 관계에서 해결되지 않고 묵은 채로 남아 있던 신뢰 문제가 전혀 과거에만 머물지 않았다. 그 문제가 여전히 지금 눈앞에서 그의 삶을 망가뜨리고 있었다.

과거의 문제는 일부 사람들이 생각하는 것과 달리 과거 일만이 아니다. 만일 당신이 차를 몰다가 앞차의 범퍼를 받는 바람에 차축이 구부러진다고 상상해 보자. 작년 어느 날 일어난 사고다. 하지만 집에 차가 두 대 있어서 망가진 차는 집에 두고 다른 차를 몰고 다닌다. 1년 뒤, 친구가 차를 빌려 달라고 하길래 당신은 차축이 구부러진 차를 몰고 다니기로 한다. '생각만큼 망가지지 않았을지도 몰라. 며칠 동안은 몰고 다닐 수 있겠지.'

차를 운전하고 가는데 몇 킬로미터도 가지 않아서 차가 너무 심하게 흔들거린다. 뾰족한 수가 없어서 차를 카센터로 가져간다. 정비 기사가 증상을 묻더니 점검하고 나서 이렇게 말한다. "차축이 구부러졌네요. 정상적으로 운행하려면 수리를 하셔야 합니다. 어떻게 된 거죠?"

"아, 1년 전쯤 앞차를 박고 나서 수리를 안 했어요. 그 대신 다른 차를 타고 다녔죠. 그런데 오늘은 이 차를 사용해야 해서 몰고 나왔습니다."

"아, 그렇다면 그건 과거 일이니까 이젠 중요하지 않습니다. 과거사는 따질 필요가 없어요. 사람들은 문제 있는 차에 대해 항상 과거를 탓하지요. 제겐 변명으로밖에 들리지 않습니다. 오늘은 오늘이에요. 그러니 작년에 일어난 일일랑 잊어버리고 편하게 차를 모세요. 어떤가요? 제가 꼭 정신과 의사 같지 않나요?"

필시 당신은 정비 기사가 미쳤다고 생각할 것이다. 당신은 과거가 현재에 여전히 영향을 미치고 있음을 '안다.' 차축이 1년 전에 구부러졌는지 어제 구부러졌는지는 중요하지 않다. 망가진 건 분명한 사실이다. 차축은 구부러졌고, 수리하기 전까지 그 차는 안전하게 운행할 수 없다.

사람에 대해서도 비슷한 원리가 작용한다. 어린 시절의 경험이 전 생애에 두고두고 지대한 영향을 미친다. 그 시기는 자동차가 공장에서 제조되는 시기와도 같다. 아기는 안정된 애착을 이룰 능력이 전혀 없이 세상으로 나온다. 그 능력은 두려움 없이 다른 사람을 믿고 의지하기 위한 가장 기본적인 능력이다. 아기는 다른 사람을 믿고 안정감을 느낄 '가능성'이 있지만 그 가능성을 '능력'으로 개발해야 한다. 결속과 애착이 이루어지는 어린 시절의 '공장'에서 다른 사람을 잘 믿는 능력이 만들어진다. 이 능력은 자동차 부품처럼 우리가 평생 안에 품고 살아가는 것이다.

사람은 믿을 만한 '타인'을 믿고 그에 대한 안정된 애착을 유지할 능력을 기를 수 있다. 나는 이 능력을 "신뢰 근육"이라고 부른다. 이 능력은 자동차의 축처럼 우리 안에서 신뢰를 가능하게 만든다. 이는 우리의 신뢰 기관이다. 이 기관이 잘 작동하면 우리는 신뢰를 잘 할 수 있다. 어린 시절의 안정된 관계를 통해 건강한 신뢰의 능력을 기른 사람은 나중에도 다른 관계에서 잘 신뢰할 수 있다.

세상 모든 연구는 성경의 시편 22편 9절 말씀을 뒷받침한다. "그러나 주님은 나를 모태에서 이끌어 내신 분, 어머니의 젖을 빨 때부터 주님을 의지하게〔신뢰하게〕 하신 분이십니다"(새번역 성경). 우리는 신뢰하는 법을 아주, 아주 어린 시절에 배운다.

반복되는 묵은 문제, 오늘 치유할 수 있다

하지만 상처를 입게 된다면? 차축이 구부러진다면? 망가진다면? 애초에 차축이 장착되지 않았다면? 신뢰 근육이 망가져 있거나 애초에 없다면? 이런 사람은 신뢰를 제대로 할 능력을 갖추고 있지 못하다. 신뢰 근육이 손상되거나 아예 없는 사람이 그 근육을 사용하려는 것은 망가진 자동차를 몰고 관계나 비즈니스 거래 같은 정상적인 도로를 달리려고 하는 것과도 같다. 그 차는 덜덜거리며 제대로 작동하지 않는다. 심지어 도랑에 빠질 수도 있다. 다시 말해, 신뢰 근육에 문제가 있는 사람은 인생에서 자신이 원하는 곳으로 갈 수 없다. 숀의 경우가 그러했다. 그에게 유익했던 거래는 결국 무산되었다.

심리학자들이 해결되지 않은 과거의 문제를 다루라고 하는 건 오랜 세월 동안 수리하지 않고 망가진 채로 있는 부품을 고쳐 다시 제대로 작동하게 만들라는 말과도 같다. 그것을 수리하기 전까지는 관계나 상황 속에서 신뢰 문제가 계속해서 발생할 수밖에 없다. 남을 믿지 못해 안 좋은 결과가 나타나는 패턴이 반복될 수밖에 없다. 그리고 그 결과의 영향은 주변 사람에게까지 미친다.

숀이 그러했다. 숀은 현재라는 시간에서 묵은 문제와 계속해서 씨름하고 있었고, 그로 인해 자신이 망가졌을 뿐만 아니라 남들에게도 피해를 입혔다.

　　과거에서 비롯한 신뢰 문제는 감기와도 같다. 감기는 어제, 혹은 그보다 더 전에 걸렸을 수 있다. 하지만 과거의 그 시점으로 돌아가 감기를 피하거나 치료할 수는 없다. 마찬가지로, 과거로 돌아가서 신뢰 문제를 바로잡을 수는 없다. 하지만 다행히 감기와 마찬가지로, 우리는 과거로 돌아갈 필요가 없다. 그냥 과거에 일어난 일을 다루고 바로잡으면 된다.

　　신뢰 근육은 복구할 수 있다. 우리 삶에서 계속 반복되는 묵은 문제를 현재라는 시간에 치유할 수 있다. 숀이 자신을 열었다면 아버지의 학대로 입은 상처를 극복할 수 있었을 것이다. 권위와 책임성에 관한 문제를 계속해서 안고 살아갈 필요가 없었을 것이다. 그보다 윗자리에 있는 다른 사람들이 다 그의 아버지와 같지 않음을 깨달을 수도 있었다. 자신이 과거로 인해 현재를 얼마나 잘못 해석해 왔는지를 깨닫고 새로운 반응과 다른 기술을 길러 삶의 변화를 맛볼 수도 있었다. 문제의 뿌리는 과거에 있지만 좋은 사람들의 도움을 받으면 현재라는 시간에 이런 일이 일어났을 것이다.

　　자신이 어떻게 과거의 경험 때문에 현재를 망치고 왜곡시키는지 깨닫지 못하는 것이 배우고 성장하지 못하는 결정적 원인이다. 어느 시점에서 다음과 같은 점을 배워야 한다. "맞아. 1월에는 몹시 추웠지. 그래서 그때는 그 외투가 필요했어. 하지만 지금은 6월이야. 그 옷을 벗는 것이 현명해."

　　신뢰에 대한 방어적 행동을 과거에 배웠는가? 그 행동은 더는 필요하지 않다. 과거를 지나 성장하는 법을 배워야 한다. 새로운 기술이 필요하다. 새로운 신뢰의 능력이 필요하다. 안정된 새 관계 속에서 이 능력을 얻고 기를 수 있다.

훌륭한 새 상사가 한 부하 직원과 믿을 만한 관계를 쌓음으로써 그리 훌륭하지 못한 예전 상사에게 받은 상처를 치유해 주는 경우가 얼마나 많은가. 처음에는 쉽지 않을 수 있지만, 그 직원은 새로운 치유의 관계 덕분에 과거를 극복하고 현재 속에서 다르게 반응하는 법을 천천히 배워 간다. 훌륭한 스승이나 코치, 상사, 멘토 같은 이들은 우리의 삶에서 놀라운 치유를 일으킬 수 있다. 우리가 마음을 열면 그들을 통해 우리의 신뢰 능력이 회복될 수 있다.

하지만 신뢰를 더 잘하기 전에 즉 우리의 신뢰 근육을 키우기 전에, 신뢰를 방해하는 문제부터 이해해야 한다. 성장기는 물론 성인이 된 이후에 얻은 정서적·관계적 상처는 우리의 신뢰 능력을 손상시킨다. 손의 경우처럼 어떤 문제들이 심지어 믿을 만한 사람도 믿을 만하지 않다고 믿게 만드는지를 알아야 한다. 그런 문제들은 신뢰를 방해하는 내적이고도 개인적인 걸림돌이다. 다음 두 장에 걸쳐서 가장 흔한 걸림돌 몇 가지를 살펴보자.

10.

타인에게
나를 여는 게

두렵다면

신뢰는 기본적으로 상대방에게 자신을 여는 것이다. 그렇다면 어떤 식으로든 상처를 받을 가능성이 있다. 인생의 다른 영역에서와 마찬가지로, 과거에 '이미' 상처받은 적이 있다면 다시 상처받지 않으려고 누군가가 아픈 부분에 너무 가까이 다가오는 걸 두려워하기 쉽다. 나는 무릎 수술을 받은 뒤에 다른 사람이 내 다리에 부딪히지 않도록 극도로 조심했다. 다리에 충격이 가해지면 참을 수 없는 고통이 밀려오기에 누구와도 너무 가깝지 않도록 떨어져 있었다. 이와 비슷하게, 주말에 해변에서 놀다가 피부가 타서 벗겨지면 월요일에 사무실에서 누군가가 다가와 반갑다고 어깨를 두드릴까 봐 사람들과 거리를 두게 된다. 이미 충분히 상처가 났는데 또다시 상처를 덧내고 싶지 않기 때문이다.

이번 장과 다음 장에서 사람들이 안고 살아가는 가장 흔한 두려움과 문제 몇 가지를 살펴볼 것이다. 이는 다른 사람을 쉽게 믿지 못하게 만드는 장애물이 될 수 있다.

누군가를 의지하는 것에 대한 두려움

신뢰는 기본적으로 '의지하는 것'이다. 우리는 상대방이 약속을 지키거나 기대에 부응하리라 믿고서 의지한다. 상대방이 약속을 지키지 않거나 어떤 식으로든 우리에게 상처를 입히지 않고 우리에게 좋은 무언가를 주겠거니 기대하면서 그 사람에게 우리 자신을 연다.

우리는 보통 어린 시절의 관계와 환경에서 신뢰에 관한 첫 교훈을 얻는다. 성경 속 시편 기자의 말처럼 갓 태어난 인간으로서 우리는 가장 먼저 "내 어머니의 젖"이나 젖병에 의지하는 법을 배운다(시편 22편 9절). 아기들은 자신의 필요가 충족되는 경험을 통해 서서히 안정감을 얻는다. 먼저, 아기의 배고픈 울음 소리에 누군가가 먹을 것으로 반응해 준다. 둘째, 아기들의 불안에 누군가가 정서적인 지지와 돌봄으로 반응해 준다.

셋째, 아기들이 아파할 때 누군가가 그 아픔을 없애 준다. 아기들이 울음이나 찡그림 같은 신호로 요구 사항을 표현할 때 주변 사람이 반응하면 아기들은 그 과정에서 자연스레 다른 사람을 의지하는 법을 배워 간다. 욕구를 표현해도 괜찮다는 걸 배운다. 필요와 반응의 순환이 반복되면 아기들은 점점 더 단단해지며 커 나간다. 이때 신뢰 근육도 함께 자란다.

하지만 어린 시절의 경험이 다 똑같지는 않다. 저마다 경험이 다 다르기에 어떤 이들은 남들보다 더 안정되어 있다. 이런 경험의 차이가 갖가지 애착 유형으로 이어진다. 여러 학자가 이런 애착 유형에 다양한 명칭을 붙였지만 나는 다음과 같은 명칭을 사용한다.

안정된 애착 유형

내가 앞에서 기술한 바람직한 시나리오의 애착 유형이 바로 '안정된 애착 유형'이다. 이 애착 유형의 사람들은 애착 능력이 안정되게 자리를 잡았기에 나중에 커서 다른 사람에게도 잘 애착할 수 있다. 그들은 무언가가 필요할 때 남들이 그 필요를 제공해 주리라 믿고서 주저함 없이 남들에게 편히 다가간다. 이들은 안정된 신뢰 관계를 누리고, 다른 사람을 아주 잘 의지한다.

반면에 어린 시절에 필요한 걸 잘 공급받지 못한 사람은 다른 교훈을 얻는다. "아무도 의지할 수 없다. 외부 세상은 내게 아무것도 해 주지 않아." 그들은 다른 사람에게 아무것도 기대하지 않고 혼자만의 힘으로 살아가려 한다. 어쩔 수 없이 다른 사람을 의지할 때는 몹시 두려워하면서 의지하기에 다른 사람과 진정한 신뢰 관계를 쌓지 못한다. 이들의 삶은 망가진 관계로 가득하다. 다른 사람에게 좀처럼 마음을 열지 않고 두려움을 바탕으로 사람을 대하기 때문이다.

불안해하는 애착 유형

불안해하는 애착 유형을 보이는 사람들은 버림받을까 두려워한다. 두려운 나머지 사랑을 구걸하거나 집착하는 모습을 보인다. 다른 사람이 자신을 충분히 아끼거나 자신에게 잘 반응하지 않거나 자신을 거부한다고 느끼기에 계속해서 남들이 자신을 안심시켜 주기를 바란다. 불안한 시선으로 상황을 왜곡해서 바라보는 탓에 제대로 된 신뢰 관계를 쌓지 못한다. 상대방이 자신의 문자 메시지나 이메일에 곧바로 답장해 주지 않거나 자신을 늘 응원해 주지 않으면, 그런 행동을 두려움의 렌즈를 통해서 바라본다. 그리고 그로 인해 그릇된 행동을 하기에 다른 사람과의 연결이 잘 이루어질 리 없다.

나는 상대방이 빨리 반응하지 않을 때 비즈니스 협상에서 실패하는 경우를 자주 보았다. 반응을 기다리는 쪽이 불안해진 나머지 협상에서 불리한 입장에 놓이는 것이다.

이와 비슷하게, 남녀가 가까워지면서 관계가 완전히 깨지는 경우를 심심치 않게 보았다. 내면에 두려움이 가득한 사람이 상대에게서 버림받을까 봐 오해, 집착, 분노 같은 부적절한 행동을 보인다. 더 심하게는, 아무런 이유도 없이 갑자기 관계를 끝내 버린다. 이를 흔히 "헌신 공포증"(commitment phobia)이라고 부른다.

누구보다도 열렬히 사랑했던 한 커플이 기억난다. 두 사람의 미래는 정말 밝아 보였다. 남자가 프러포즈를 하기 전까지는 말이다. 여자가 프러포즈를 받아들이자 남자는 다시는 그녀에게 전화하지 않았다.

결국 친구들이 개입하여 여자에게 상황을 설명해야 했다. 남자는 여자가 결혼해서 자신에게 끝까지 헌신하지 않을까 봐 두려워했다. 버림받을지 모른다는 무의식적인 두려움으로 남자는 먼저 여자를 버렸다. 남자는 근사한 프러포즈와 함께 결혼 반지를 건네고 그날 밤 집으로 돌아간 뒤로 여자에게 한 번도 전화하지 않았다. 그는 기업의 고위급 중역이었다. 신뢰 근육이 망가진 사람들이 하는 행동은 정말 상상을 초월한다.

회피하는 애착 유형

이런 식으로 반응하는 사람들은 누군가에게 가까이 다가가 그를 믿는 것을 두려워한다. 그에 대한 방어기제로 거리를 둔다. 누군가에게 가까이 다가가면 숨 막힐 정도의 두려움을 느끼기에 너무 위험해질 만큼 가까이 다가가지 않도록 조심한다.

이들이 주변에 거리를 두며 살아가니 다른 사람은 이들을 감정적으로 메마른 사람, 가까이 다가갈 수 없는 사람으로 여긴다. 또한 다른 사람 입장에서는 자신의 필요를 채워 주지 않기 때문에 이들이 자신을 무시한다고 느낀다.

두려워서 피하는 애착 유형

두려워서 피하는 애착 유형도 있다. 이 범주에 속한 사람들은 다른 사람과의 신뢰 관계를 원하는 동시에 그런 관계를 피한다. 그들이 이런 식으로 행동하니 다른 사람은 혼란스러울 수밖에 없다. 다른 사람과의 신뢰와 친밀함을 갈망하면서 동시에 남들에게서 거리를 두니까 말이다. 이는 대개 다른 이상 행위와 관련이 있으며, 상대방이 이 문제를 다루기가 어려울 수 있다.

　　이런 유형이 혼란스러운 건 관계 초기에는 매력적인 사람처럼 보이는 경우가 많기 때문이다. 사교적이고, 다른 사람과 연결되기를 원하는 것처럼 보일 수 있다. 그러다 부담스럽다고 느끼는 순간, 남들에게 거리를 둔다. 그러면 주변 사람들은 혼란스러워 머리를 긁적인다. '뭐가 문제지? 내가 무슨 잘못이라도 했나?' 개인적인 관계와 비즈니스 관계 모두에서 정말 믿을 만한 사람을 믿지 못하고 피하게 되면, 많은 것을 잃고 여기저기 혼란과 고통과 분란을 일으킬 수 있다.

　　지금까지 살펴본 각각의 애착 유형과 관련해 흥미로운 점은 신뢰의 다섯 가지 필수 요소가 '이해'로 시작한다는 것이다. 우리는 '나한테 무엇이 필요한지, 나는 누구며 무엇이 내게 상처를 주는지, 무엇이 내게 도움이 되는지, 무엇이 내게 중요한지'를 진정으로 이해하는 것처럼 보이는 사람을 믿는다. 이해는 신뢰의 가장 기초적인 요소다.

　　신뢰를 기르는 아기의 능력에 가장 중요한 건 바로 보호자의 이해다. 즉 보호자가 아기가 보내는 신호를 읽고서 적절히 반응하는 능력이 중요하다. 예를 들어, 부모와 같은 보호자는 아기의 무슨 신호가 "배고파"와 "피곤해"를 의미하는지 알아야 한다. 아기는 "불안하니까 안아서 위로해 줘"라는 의미의 자신의 울음 소리를 알아차리고 반응해 줄 보호자를 필요로 한다.

　　좋은 부모나 보호자는 아기를, 나중에는 유아를 '안다.' 이들은 아기가 말로 표현하지 못해도 아기에게 무엇이 필요한지를 안다. 이들은 아기를 이해한다. 태어날 때부터 죽을 때까지 우리 인간에게 가장 필요한 건 우리를 알고 이해해 주는 사람이다. 주변의 좋은 배우자, 친구, 사업 파트너, 가족은 이런 서로의 필요를 '알고' 적절히 반응해 준다. 우리 인간의 기본적인 필요는 변하지 않는다. 평생 우리 인간은 이해를 필요로 한다.

하지만 누군가가 우리가 보내는 신호나 두려움을 보고도 우리를 알아주지 못할 때 의심을 비롯한 여러 형태의 망가짐이 우리의 신뢰 근육을 손상시킨다. 이것이 이해받는 느낌이 모든 '신뢰'의 기초인 이유다. 성장기에 이해받는 느낌을 받지 못하고 자란 사람은 자신에게 필요한 걸 다른 사람이 이해하지 못할 거라고 가정한다. 그들은 신뢰 근육이 약해서 신뢰 관계를 두려워한다. 이런 사람은 다른 사람을 잘 의지하지 못한다. 남을 의지하면 실망하거나 필요가 충족되지 못하거나 버림받는 상황으로 이어진다는 것을 경험으로 배웠기 때문이다.

그들은 모든 상황을 다시 상처받을지 모르는 상황으로 본다. 더 심한 경우에는 모든 사람의 행동을 믿을 만하지 못하다고 보는 확증 편향을 지닌다. 누군가가 즉시 혹은 자신이 원하는 방식으로 반응하지 않을 때 그들은 즉시 이런 생각을 한다. '그럴 줄 알았어. 역시 아무도 믿을 수 없어. 철저히 나 혼자 살아가야 해.' 참으로 슬픈 일이다. 하지만 신뢰 근육이 복구되기 전까지는 이 사람은 계속해서 이렇게 살 수밖에 없다. 계속해서 차축이 구부러진 채 도로를 달리는 것처럼 말이다.

누군가를 의지하지 못해 남녀 관계가 깨지는 경우는 너무도 흔한 일이다. 잘 지내는 남녀 관계에는 좋은 측면이 많다. 진정한 의존이 싹트기 전까지는 말이다. 그때 신뢰 근육이 손상된 사람은 상대방이 자신이 원하는 사람이 아니라고 결론을 내린다. 그러고는 떠나 버린다. 하지만 사실상 상대방에게는 아무런 문제가 없다. 그 사람이 상대방에게 이별을 통보하는 것은 단순히 방어기제다. 신뢰 근육이 손상된 사람은 신뢰 관계에서 벗어나기 위해 상대방에게서 잘못된 점을 찾기 마련이다. 비즈니스 관계에서도 동일한 기제가 흔하게 발동한다. 한 사람이 회사나 팀, 동업자, 상사, 고객에게서 잘못된 점을 찾는다. 남을 믿지 않기 위해 어떤 문제라도 찾아내는 것이다.

통제받는 것에 대한 두려움

우리는 손 이야기에서 통제받는 것에 대한 두려움이 어떻게 작용하며 얼마나 강력한지를 살펴보았다. 그 사람이 왜 그런지를 이해하려면 성장기의 신뢰 근육 형성 과정을 살펴봐야 한다. 기본적으로 여기서 문제는 자유의 문제다. 특별히, 인간관계에서 자유인으로 살아가는 능력에 관한 문제다. 이는 인간의 정상적인 발달 과정이다. 인간으로서 우리의 첫 번째 임무는 아기로서 다른 사람과 정서적으로 연결되는 것이다. 앞서 살펴보았듯이 아기는 이런 연결을 배운다.

그다음에는 어떤 일이 벌어지는가? 유아기가 시작된다. 그리고 유아들은 다음과 같은 강력하고도 분명한 메시지를 내보낸다.

"당신은 나를 통제할 수 없어!"

다른 사람을 의지하는 법을 배운 뒤 우리가 삶에서 배우는 다음번 일은 다른 사람을 의지하는 동시에 그들에게서 자유로워지는 것이다. 이 발달 단계에서 우리가 내보내는 메시지는 이렇다. "내가 당신이 필요하고 당신과 연결되어 있다고 해서 당신에게 나에 대한 전적인 통제권을 주는 것은 아니다!" 우리는 사람들과 연결되고 그들과의 신뢰 관계 속에서 내 욕구가 충족되기를 원한다. 하지만 누군가에게 연결되었다고 해서 내 자유와 자치를 모두 포기하고 싶어 하지는 않는다.

결혼 관계를 생각해 보라. 결혼 관계는 넘쳐 나는 연결과 상호 의존을 수반한다. 하지만 둘 중 누구도 상대방에게 통제받는 기분을 느껴서는 안 된다. 각자 자신의 선택을 하고, 자신의 공간을 갖고, 자신의 관심사를 추구하는 식으로 자유를 누리고 있다고 느낄 수 있어야만 한다. 두 사람이 서로 연결되어 있다는 것이 한 사람이 다른 사람을 통제하여 다른 사람에게는 아무런 선택권도 없다는 걸 의미하지는 않는다. 통제받고 자유를 잃는 것에 대한 두려움은 신뢰의 '큰' 걸림돌이 될 수 있다.

많은 사람이 관계와 자유를 둘 다 가질 수는 없고 둘 중 하나만 가질 수 있다고 생각한다.

숀은 통제받는 것에 대한 두려움에 사로잡혀 있었다. 숀의 상황은 비즈니스 환경에서 일어났지만, 자유를 잃을지 모른다는 두려움으로 남을 믿지 못하는 태도는 개인적인 인간관계의 실패로도 이어진다. 아주 멋진 여성을 계속해서 바꿔 가며 사귄 청년을 상담했던 적이 있다. 관계가 좀 가까워질라치면 그는 서둘러 관계를 정리했다. 그로 인해 그 청년은 헌신 공포증 환자라는 평을 얻었다. 그의 전적을 알았던 주변 사람들은 여성들에게 그를 멀리하라고 조언했다. 주변 사람들은 그가 멋진 여성과 가까이 사귀다가 말도 안 되는 이유로 결별을 통보하는 걸 가까이서 수없이 지켜보았다.

그 청년은 친밀함이나 감정 교류를 두려워하지 않는 건 분명했다. '연결' 부분에서는 누구보다도 잘했고, 기꺼이 자신을 열어 보일 줄 아는 사람이었다. 하지만 서로에 관해 결정해야 할 시점, 예를 들어 서로 얼마나 많은 시간을 함께 보낼지에 관해 이야기를 나누어야 할 때가 되면 갑자기 등을 돌렸다. 다시 말해, 어느 정도 희생하고 자유를 포기해야 할 때가 되면 그는 관계를 끝내 버렸다. 여성이 오후에 만나서 데이트를 하자고 하는데 그는 이미 그 시간에 친구들과 골프를 치거나 개인적인 관심사를 추구하기로 계획을 세워 놓은 상태일 수 있다. 그러면 갑자기 감정적인 문을 닫고 관계를 끝내려고 했다.

그 청년은 협상과 타협이 가능하다는 생각 자체를 하지 않았다. 서로가 각자의 자유를 즐기면서도 서로에게 헌신할 수 있다는 생각을 못 했다. '우리'의 시간을 가지면서도 '나'의 시간을 가질 수 있음을 몰랐다. 여성과 깊은 관계로 연결되는 건 곧 구속이라 판단했다. 그리고 구속되는 느낌을 받는 순간, 그의 사랑은 순식간에 식어 버렸다.

한번은 그가 또 한 번의 결별을 하기 전, 그를 만나서 이야기할 기회가 내게 있었다. "왜 이 여성과 헤어지려고 하나요? 지난번에는 이번에야말로 진정한 짝을 찾은 것 같다고 했잖아요."

"그랬다고 생각했죠. 아니, 정말로 그랬어요. 정말 멋진 여자예요. 하지만 저를 통제하려 했거든요." 그는 한숨을 푹푹 쉬었다.

"통제요?"

"네, 예를 들면 제가 주말에 친구들과 낚시를 가려고 하는데 주말에 저랑 함께 하고 싶은 일이 있었다며 슬프다고 하지 뭐예요."

"그래서 그녀가 가지 말라고 하던가요? 당신이 간다니까 난리를 치던가요?"

"그건 아니에요. 그냥 슬프다고만 했어요. 하지만 전 그게 무슨 뜻인지 알아요. 한두 번 겪은 게 아니거든요. 제가 원하는 걸 하려고 하면 여자들은 항상 마치 제가 자기를 괴롭히는 것처럼 굴죠. 항상 자기와 같이 있어야 하는 것처럼요. 그다음은 빤해요. 죄책감을 느끼게 하죠. 자기를 아끼는 줄 알았는데 어떻게 그럴 수 있냐는 식으로 나온다니까요. 그런 여성과는 함께하고 싶지 않아요. 통제받는 건 정말 견딜 수 없거든요."

"제가 볼 때는 전혀 통제 같지 않은데요. 그냥 당신과 함께할 수 없으니까 실망한 것처럼 보일 뿐이에요. 당신이 그립다는 뜻으로 받아들여지네요. 제가 볼 때는 지극히 정상이에요. 아니, 제 눈에는 애교로 보이는데요. 아무것도 못 하게 만들려는 게 아니잖아요. 함께 시간을 보내지 못해 슬퍼하고 당신을 그리워하는 걸 왜 통제라고 말하죠?"

그러자 그가 반박했다. "그건 통제가 맞아요. 여자들은 항상 슬프다는 말로 절 곤란하게 해서 가지 못하게 만들어요. 차라리 그냥 대놓고 화를 내는 게 낫죠. 결국 똑같은 거예요. 물론 그녀를 좋아해요. 하지만 저만의 공간도 필요해요."

"그렇게 두렵나요? 어린아이도 아니고, 그냥 '미안해요, 다음 주말에는 꼭 함께해요'라고 말하고서 친구들과의 시간을 즐기면 되잖아요. 통제받는다는 건 혼자만의 생각이에요."

나는 계속해서 말했다. "그리고 정 마음에 걸리면 직접 물어보면 되잖아요. '내가 친구 하나 없이 당신과만 시간을 보내기를 바라는 건가요? 내가 친구들과 낚시하러 간다고 해서 슬프다는 말을 듣고 그런 게 아닌가 하는 생각이 들어서요. 정말 그런 건가요?' 이렇게 확실히 물어볼 수 있잖아요. 상대방이 당신을 통제하려는 게 아님을 믿지 못해서 좋은 관계를 무작정 끊는 것보다 그렇게 직접 물어보는 편이 훨씬 낫지 않을까요? 확인해 보지 그래요? 그녀가 자유를 원하는 당신의 마음을 얼마나 이해하고 배려해 줄 수 있는지 한번 알아봐요"(보다시피 여기서 신뢰의 두 가지 필수 요소가 나타난다. 그를 이해해 주는 것과 그의 유익을 바라는 동기).

이렇게 공방이 오가다 보니 그 청년은 내가 조언으로 자신을 통제하려 든다는 느낌마저 받는 듯했다. 그는 내가 그 관계를 유지하도록 강요하는 것처럼 느끼기 시작했다. 하지만 이 문제에 대해 결론을 내려야 했다. 그의 '햇볕에 탄 상처'가 얼마나 심한지를 분명히 보여 줄 절호의 기회였다. 그는 자신에게서 무언가를 원하는 사람은 누구든지 자신을 통제하고 자신의 선택권을 묵살하려는 사람으로 보고 있었다.

다행히 우리는 이 실타래를 풀 수 있었다. 그는 자신이 원하면 언제라도 내게든 여자 친구에게든 "노"라고 말할 수 있는 성인임을 인지하기 시작했다. 그는 자신에게 언제나 자유가 있다는 사실을 깨달았다. 단지, 그 자유를 누릴 만한 마음의 자유가 없었을 뿐이었다. 내면의 목소리에 통제받고 있던 그는 외부의 모든 목소리를 자신을 죄수로 만들려는 목소리로 들었다.

그를 통제해 온 내면의 목소리는 이렇게 말했다. '또 시작이군.' 하지만 그런 감정은 과거에서 온 것이다. 어린 시절, 그의 가족, 특히 그의 어머니는 툭하면 죄책감을 자극하여 그를 통제하려고 했다. 그가 부모가 원하는 대로 하지 않고 자신의 선택을 하려고 하면 가족들은 죄책감을 주입했다.

"좋아, 마음대로 해. 우리가 아닌 친구들을 선택해. 하지만 우리가 널 이렇게 아끼는데 집에서 조금만 더 많은 시간을 보낼 수 있잖아."

"네 아버지에게 야구가 얼마나 중요한지 알잖아. 그런데 어떻게 야구를 그만두고 골프를 하겠다는 말이 나오니? 아버지가 널 얼마나 사랑하시는지 알잖아? 그런데 어떻게 아버지 마음을 이리도 아프게 할 수 있니?"

통제받는 것에 대한 그의 두려움은 그의 신뢰 근육을 마비시켰다. 자신이 자유롭다는 확신이 어린 시절의 발달 공장에서 잘 정립되지 않았다. 그리하여 상대방과 진정한 연합을 이루어야 하는 시간이 올 때마다 그의 내적 목소리는 그가 더는 자유로울 수 없고 다른 사람의 바람이나 뜻대로 움직이지 않을 때는 죄책감에 시달릴 거라고 속삭였다. '둘 다 가질 수는 없어.' 그런 목소리가 머릿속에 울려 퍼졌다. 우리는 그의 머릿속에서 그 목소리를 잠재우기 위한 작업을 해야 했다.

다행히 그의 내면에서 죄책감 없이 자신이 원하는 걸 선택하는 능력이 점차 강해졌다. 그는 만나는 모든 사람을 '통제하는 어머니'로 보는 그릇된 기제를 깨뜨리기 시작했다. 그는 통제받는다고 느낄 때마다 솔직히 털어놓고 건전한 대화를 나누기 시작했다.

그는 자신의 자유와 뜻을 주장하면서도 상대방과의 대화를 유지하는 능력을 점점 길렀다. 더는 상대방 뜻에 따라 줄 때마다 자신의 자유를 잃고 자신의 뜻이 무시당했다는 기분을 느끼지 않게 되었다. 그러자 놀라운 일이 벌어졌다. 그는 함께 있어 달라는 여자의 요청을 구속이 아닌 사랑의 표현으로 보기 시작했다. 그로부터 1년이 채 지나지 않아 그는 그 여성을 깊이 사랑해 약혼했다. 얼마 전에 보니, 그는 수년이 지난 지금도 여전히 행복한 결혼 생활을 누리고 있었다. 망가진 그의 신뢰 근육이 완전히 회복된 것이다.

그가 자신의 자유를 구속한다고 생각하고 통제적인 사람으로 여겨 믿지 못했던 여성 대부분은 사실 지극히 정상이었다. 그가 얼마든지 좋은 관계를 맺고 심지어 결혼까지 할 만한 여성들이었다. 그 여성들은 믿을 만하지 않은 사람이 전혀 아니었다. 신뢰 문제는 바로 이 청년에게 있었고, 그의 신뢰 문제의 핵심은 '통제'였다.

명심하라. 우리가 누군가를 믿지 못할 때 매번 그 원인이 '그 대상이 믿을 만하지 않기 때문'인 건 아니다. 때로 문제는 바로 '상대를 믿지 못하는 나'에게 있다. 그런 경우에는 회복의 시간이 필요하다. 과거, 심지어 인생 초기에 손상된 신뢰 근육을 치유해야 우리는 믿을 만한 사람을 믿게 될 수 있다. 신뢰는 서로가 주고받는 것이다.

11.
완벽주의나
트라우마 등

특수 장벽
허물기

이전 장에서 탐구한 두려움 외에도 신뢰를 방해하는 또 다른 걸림돌이 있다. 이 책은 우리 내면의 심리적으로 망가진 모든 부분에 관한 치유법을 다루는 책은 아니다. 따라서 이번 장에서는 두려움에 관해 이전 장만큼 깊이 파헤치지는 않을 것이다. 이전 장에서는 두려움이 신뢰의 능력에 어떤 영향을 미치고, 믿을 만한 사람들이 어떻게 해서 신뢰 문제가 있는 사람들의 신뢰를 얻기 힘든지를 보여 주고자 두 가지 두려움을 좀 더 깊이 파헤쳤다. 이런 문제들이 누군가를 믿는 데 어떤 걸림돌이 되는지를 이해하는 게 정말 중요하다. 이번 장에서는 신뢰를 방해할 수 있는 또 다른 두려움들에 관해 살펴보겠다.

'완벽주의'와 '자기애'로 인한 두려움

인간은 완벽하지 않다. 이 현실을 편하게 받아들이는 사람이 가장 잘 살아간다. 나도, 내가 믿는 사람도 다 완벽하지 않다는 사실을 깨달으면 '불완전한' 사람의 장점을 볼 수 있다. 그런 의미에서 나는 사람들에게 늘 이런 말을 한다. "아무 문제도 없는 완벽한 사람을 찾지 말라. 당신을 미치게 하는 문제를 갖고 있지 않거나, 당신의 문제로 당신과 너무 심하게 부딪히지 않는 사람을 찾으라."

성장기에 관해 다시 생각해 보자. 어떤 이들은 자신이 흠 없이 완벽해져야 남들이 자신을 사랑하거나 받아 줄 거라는 관념을 어린 시절에 얻는다. 지난날의 관계에서 그런 관념을 얻은 이들도 있다. 어떤 이들은 완벽한 외모를 추구하는가 하면 다른 이들은 완벽한 학문적 성과를 추구한다. 또 어떤 이들은 스포츠에서 완벽한 실력을 추구하고, 사회적 삶에서 완벽주의를 추구하는 이들도 있다. 예를 들자면 끝이 없다.

완벽주의나 자기애에 빠진 사람에게 양육이나 교육을 받으면 신뢰 근육이 완전히 망가질 수 있다. 그런 사람 머릿속에는 늘 이런 생각이 있다. '당신과 가까워져서 당신이 내 진면목을 알면, 혹은 내가 실패하거나 실수하면, 당신은 틀림없이 나를 거부할 거야. 나를 사랑하지도

않겠지. 분명 나를 창피하게 여길 거야.'

최근 한 경영 팀을 위한 프로그램을 진행한 적이 있다. 그 경영 팀의 한 일원이 나머지 일원 일곱 명과의 팀워크를 완전히 망가뜨렸다. 그녀가 내놓은 아이디어를 다른 팀원들이 환호하며 받아들이지 않을 때마다 그녀는 사람들이 자신을 가치 있게 여기지 않거나 자신을 '가스라이팅'하거나 '유해한 업무 환경'을 조성한다는 식으로 비난했다. 현실은 그와 달랐다. 팀원들은 그녀를 가치 있게 여겼다. 단지 그녀가 내놓는 아이디어 전부를 전적으로 받아들일 수 없었을 뿐이다.

그녀는 팀원이나 상사가 자신의 아이디어를 비판하면 도리어 그들이 '믿을 만하지 않다고' 맞받아 비난했다. 하지만 아이디어와 상관없이 팀원들이 자신을 원한다는 사실을 그녀가 믿었다면 상황은 훨씬 좋아졌을 것이다. 그녀는 팀원들이 자신이 낸 아이디어에 무조건 열렬히 환호하지 않고 문제점을 지적하거나 이견을 제시할 때마다 그들을 믿을 만하지 않다고 여겼다. 그녀의 신뢰 근육은 손상되어 있었기에 자기가 무슨 의견을 내든 사람들이 무조건 열광적으로 반응해 주기를 바랐다. 그렇지 않을 때마다 그녀는 소속된 팀을 믿지 않았다.

프로그램의 특성상 내가 이 여성의 과거에 관해 자세히 알 길은 없었다. 하지만 짐작컨대 그녀는 항상 지나치게 칭찬받았거나, 반대로 지나치게 비판을 받아서 '완벽하지 않고 때로 비판받는 가운데서도 사랑받을 수 있음'을 배우지 못했을 것이다. 어느 경우든 그녀의 신뢰 근육은 손상되어 있었다.

여기서 문제의 핵심 중 하나는 자기애(narcissism)다. 자기애가 강한 사람들은 자신이 '이상적' 혹은 '완벽하게' 보이는 걸 매우 중시한다. 이들은 다른 사람들이 자신을 좋아하고 이상적으로 여겨야 안정감과 신뢰를 느낀다. '좋은 것'과 '나쁜 것'을 융합하지 못한다. 남들이 자신을 '좋게만' 봐주기를 원한다. 이 이야기 속 여성처럼 다른 사람들이 자신을 이상적으로 보지 않으면 관계가 나빠지고 신뢰가 깨진다.

대체로 결혼한 남성이 이런 문제를 보이기 쉽다. 남성의 뇌에서는 여성보다 스트레스 호르몬이 훨씬 더 빠르게, 다량으로 분비되기 때문이다.[1] 그로 인해 남성들은 비판을 받으면 '공격'당했다고 생각한다. 그 순간, 신뢰가 사라진다. 예를 들어, 아내가 남편에게 "식기세척기에 그릇들을 넣어 줄 수 있나요?"라고 말하면 남편은 그 말을 '내가 하는 일마다 비판만 하는군!'으로 받아들인다. 그로 인해 폭발하고 신뢰가 깨진다. 여기서 신뢰가 깨진 건 이 사람의 신뢰 근육이 그 어떤 부정적인 의견도, 심지어 전혀 부정적이지 않은 말도 받아들이지 못할 만큼 심하게 손상되어 있기 때문이다.

이와 비슷하게 자기애 빠진 사람들은 상대 역시 '완벽히 좋아야만' 믿을 수 있다. 이들은 첫 만남에서 상대방을 이상화하여 (이성적으로든 비즈니스 상대로든) 그에게 반한다. 자신이 완벽한 데이트 상대나 회사, 상사, 고객, 교회를 만났다고 생각한다. 이 새로운 관계를 '이상적으로' 바라보며, 지난번에 실망한 이후로 마침내 가장 멋진 대상을 만났다고 흥분한다.

하지만 한두 번의 실망스러운 일을 겪은 뒤에 새로운 애인이나 회사, 상사, 고객, 교회는 '완전히 나쁜' 대상으로 전락한다. '멋진 사람'에서 '최악의 사람'으로 순식간에 추락한다. 그래서 자기애 성향이 심한 사람들과 관계를 쌓고 유지하기란 참으로 어렵다. 이들과의 관계는 너무나 불안정하다. 상대방이 자신의 자존심을 조금이라도 건드리거나 상대방에 대한 환상이 조금만 깨지면 곧바로 신뢰가 무너져 내린다. 다른 사람이나 조직이 완벽하기를 바라면 모든 면에서 흠 없는 모습을 요구하게 된다. 나는 약간의 실망이나 지적, 대차대조표의 작은 하락으로 인해 갑자기 관계 자체를 아예 끝내 버리는 사람을 적잖이 보았다.

반면에 자신의 불완전한 구석을 편안하게 받아들이는 사람들은 다른 사람과 신뢰를 잘 주고받는다. 최근에 2년 반 동안 잘 사귀어 온 20대 커플과 이야기를 나눈 적이 있다. 서로를 아끼는 모습이 너무 예뻐 보여 그 비결을 물었다. "둘이 어쩜 그렇게 잘 지내요?"

그러자 남자가 대답했다. "또래의 다른 커플과 다른 점은 서로의 흠을 알고 받아들인다는 거예요. 흠이 보이면 대화를 나누고 해결책을 찾죠. 우리 사이에서는 흠이 큰 문제가 아니에요."

스물한 살 청년이 하는 말인데 참 놀랍지 않은가. 나도 스물한 살에 저랬다면 얼마나 좋았을까! 그리고 동시에 이 청년처럼 성숙해지면 좋겠다 싶은 50대 친구들의 얼굴이 떠올랐다. 이 청년이 자신이 불완전하다는 말을 하자 여자 친구는 맞다며 고개를 끄덕였다. 불완전하되 서로를 믿는 두 사람. 이 얼마나 완벽한 모습인가!

'트라우마'로 인한 두려움

남자는 이렇게 말했다. "뭐가 문제인지 모르겠어요. 그녀를 사랑해요. 이건 확실해요. 하지만 우리의 관계가 더 깊어지려고 할 때마다 우울해지면서 제 마음이 닫혀요. 이런 상황이 견딜 수 없이 힘들어요. 그래서 이제 그만 헤어지려고 해요. 그녀를 점점 못 믿겠어요. 이제 그만 헤어지는 게 답인 것 같아요."

이 경우도 가까워질수록 상대방을 더 믿지 못하는 상황의 또 다른 사례다. 단, 이 상황에서 두려움은 누군가를 의지하는 것이나 통제받는 것에 대한 두려움, 해로운 완벽주의와 관련된 두려움이 아니었다. 이 사례의 경우는 트라우마에서 비롯한 두려움이었다.

이 남자는 어린 나이에 어머니를 여의었다. 그리고 몇 년 뒤에 그를 돌봐 주던 유모마저 세상을 떠났다. 그의 나이 열두 살에 새엄마도 잃었다. 새엄마가 세상을 떠난 직후에 그를 상담해 주던 상담가마저 죽었다. 그렇게 그는 어린 나이에 인생에서 큰 상실을 여러 번 경험하면서 한 가지 메시지를 가슴 깊이 새겼다. "여자에게 애착을 가지면 반드시 그녀를 잃게 된다." 슬픔을 다루지 않은 상태에서 여성에게 마음을 주고 사랑을 느끼기 시작할 때마다 마음 깊은 곳에 묻어 둔 상실감이 터져 나왔다.

우울은 대개 해결되지 않은 슬픔이다. 이성 친구와의 관계가 좋은 방향으로 흘러가는 와중에도 그는 심하게 우울해졌다. 머릿속에 '이 여자는 내 짝이 아니야. 그렇지 않다면 이렇게 우울할 리가 없어'라는 생각이 맴돌았다. 그러다 결국 그 관계에 의문을 가질 만한 이유를 어떻게든 찾아내 급기야 이별을 통보했다. 하지만 사실 그가 우울해진 건 상대방이 너무 좋은 여자였기 때문이다! 그녀는 믿어도 좋을 만큼 좋은 여자였다. 하지만 도리어 그 사실이 그의 마음 깊은 곳에 여전히 살아 있는 고통을 건드렸다. 누군가를 믿거나 사랑할 때마다 극심한 고통과 두려움이 그에게 찾아왔다.

학대나 버림, 상실, 괴롭힘 같은 고통스러운 경험을 한 사람이 많다. 평소에는 그 기억을 마음 깊은 곳 한구석에 묻어 두고 살아가지만 신뢰가 필요한 관계로 들어가면 신뢰가 그들의 언 마음을 녹여 열리게 만든다. 그리하여 상처가 겉으로 드러나고 그 상처를 건드리자 극심한 고통이 찾아온다. 그 순간, 신뢰가 사라진다. 그러면 별다른 혹은 아무런 이유도 없이 상대방을 밀어내고 관계를 끝내 버린다. 신뢰라는 적을 몰아내기 위해 온갖 묘안을 짜낸다.

성인이 된 뒤에 생긴 트라우마도 있다. 나는 성인이 되고 난 뒤 관계에 크게 덴 사람을 숱하게 상담했다. 한번 데고 나면 불만 봐도 두려운 법이다.

심리학에 "단일 시행 학습"(one trial learning)이라는 말이 있다. 기본적으로 이 말은 대부분의 학습이 반복을 통해 이루어지지만 한 번의 경험이 사람의 신뢰 능력을 장기적으로 손상시키기에 충분한 경우가 있다는 뜻이다. 어떤 트라우마는 이토록 강력하다. 이혼이나 이별, 부부나 비즈니스 관계에서의 배신 같은 사건들은 단 한 번의 경험으로 사람의 신뢰 능력을 깊이 망가뜨릴 만큼 강력하다. 동업자에게 뒤통수를 맞은 것 같은 상황은 신뢰의 능력을 장기적으로 손상시킬 수 있다.

상처나 배신이 얼마나 깊은지를 배우고 나면 사람을 믿는 일 자체를 피하게 된다. 배우자의 불륜으로 상처 입은 사람에게 물어보라. 그들이 새로 나타난 사람을 믿기가 얼마나 어려운지……. 그들은 그 트라우마가 신뢰에 정말 큰 걸림돌이 된다고 말할 것이다.

'차별당하는 것'에 대한 두려움

차별당하는 느낌에 관한 논의는 대개 다양성과 관련이 있으며, 이는 매우 불쾌한 경험일 수 있다. 내담자 가운데 소수 인종으로, 매우 똑똑하고 큰 성공을 거둔 사람이 있었다. 그는 다른 사람을 잘 믿지 못했고, 남들이 자신을 믿을 만하게 보지 않을 거라 늘 의심했다. 그가 이 문제에 시달리고 있는지 아무도 몰랐다. 소수 인종이라 어린 시절 내내 인종차별을 받았던지라, 비즈니스 세계에서 남들을 믿기가 무척 힘들었다고 내게 털어놓았다.

내가 지켜본 바로, 그는 그를 깊이 신뢰하는 믿을 만한 사람들과 함께 일하고 있었다. 하지만 그는 과거에 상처를 받은 탓에 동등한 취급을 받지 못하는 데 대한 두려움을 좀처럼 극복하기가 힘들었다. 그는 누구보다 뛰어났고, 동료들도 그를 그렇게 평가했다. 하지만 다른 사람이 자신을 아래로 낮추본다는 고정관념에 사로잡혀, 남들이 자신을 동등하게 보고 있음을 믿지 못했다. 분명 다른 사람들은 그를 동등하게 보고 있는데도 말이다.

그는 이렇게 말했다. "소수 인종은 누구보다 뛰어나야 동등한 대우를 받을 수 있어요." 하지만 진실은 달랐다. 다른 사람은 이미 그를 대단하게 보고 있었다.

다행히도 그의 팀과 이해관계자들이 다 같이 많은 노력을 기울인 덕분에 그는 자신의 신뢰 문제를 극복할 수 있었다. 그의 신뢰 문제는 소수 인종이라는 태생에서 비롯하기도 했지만 주변 사람들도 그에게 상처를 준 면이 있었다. 그가 치유를 받으려면 그 자신과 주변 사람 모두의 노력이 필요했다. 하지만 결국 그는 해냈다. 자신이 주변 사람과 동등하지 않다는 생각은 사라졌다. 동료들이 보는 것처럼 자신을 대단하게 보게 된 그를 보니 그렇게 뿌듯할 수 없었다.

하지만 다른 사람이 자신을 동등하게 보지 않을지도 모른다는 두려움은 다양성의 문제에서만 비롯하지 않는다. 지배적이거나 비판적인 부모, 지나치게 권위적인 부모, 심지어 자신이 우월한 것처럼 행동한 형제나 또래로 인해 자신을 낮게 보는 사람도 있다. 아무리 똑똑하거나 많은 성공을 거두어도 그들 속에는 자신이 남보다 못하다는 열등감 혹은 남들이 자신을 그렇게 보고 판단할지 모른다는 두려움이 흐른다.

누군가가 자신의 이메일에 답해 주지 않으면 소외감을 느낀다. 그들이 자신을 열등하게 본다고 생각하여 또래나 팀, 혹은 자신을 배제시킨 사람을 믿지 못한다. 남들이 자신을 하찮게 여긴다는 느낌은 신뢰의 걸림돌이 된다.

자신이 또래와 동등하다고 느끼지 못하는 사람은 다른 사람을 잘 믿지 못한다. 내 수준이 한 단계 낮다고 여기면 다른 사람이 나를 존중하거나 내 의견을 진지하게 받아들인다고 생각하지 않는다. 그래서 자신 있게 말하지 못한다. 말을 꺼내려다가도 내 생각이나 기술, 재능, 의견이 남들보다 열등한 것으로 취급받을까 봐 이내 입을 다문다. 내가 열등하다고 느끼면 '신경 쓰지 않기'가 힘들다. 따라서 신뢰가 줄어든다.

열등감이 반대로 작용해서, 무조건 남들을 이기려는 성향으로 왜곡되는 경우도 더러 있다. 그들은 무시당하거나 열등하게 보일 때 최상의 방어기제는 그 누구보다도 우월해지는 거라고 일찍부터 결론을 내렸다. 오로지 남들 위에 올라섬으로써 열등감의 문제를 해결하려 든다. 그래서 모든 것이 경쟁이 된다. 이런 사람들은 항상 남들보다 '옳거나' '더 나아지기'로 다짐한다. 그들의 경험과 머릿속에 동등한 동료 따위는 없기 때문에 동료도 제대로 믿지 못한다.

내가 최근 도움을 주었던 한 팀은 바로 이런 문제를 가진 새로운 팀원 때문에 힘든 시기를 보내고 있었다. 알리사는 새 프로젝트의 예산서 작성을 막 마친 상태였다. 상사인 닉이 그 예산서를 보자고 해서 가져가려는데, 갑자기 사만다가 나타나 "제가 갖다 드릴게요. 마침 그곳에 가는 중이었어요"라고 말한다.

알리사가 미소를 지으며 대답했다. "제가 설명해야 할 항목이 있어서요. 우리가 왜 이 방식대로 했는지를 말씀드려야 해요." 하지만 그녀는 사실 그 항목에 관해 생각하고 있지 않았다. 사만다가 왜 굳이 그 예산서를 닉에게 가져가려고 하는지 그 이유를 생각하는 중이었다. 짐작 가는 게 하나 있었다. 사만다는 늘 닉에게 아부하는 듯 보였다. 그녀는 다른 팀원 누구보다 더 닉과 가까워지려고 애쓰는 것 같았다. 다만 알리사는 그 이유를 알 수 없었다.

사만다가 오기 전에는 팀 분위기가 달랐다. 서로 훨씬 협력하는 분위기였다. 하지만 지금은 분위기가 정치적으로 변했다. 알리사는 그 이유를 정확히 알 수 없었으나, 다만 사만다와 관련이 있다는 점만큼은 확실했다.

알리사는 내게 사만다와의 상호작용에 관한 이야기를 했다. 알리사에게 몇 가지 사례를 더 물어 대답을 듣고 나니 한 가지 패턴이 분명히 눈에 들어왔다. 문제는 알리사나 다른 팀원이 아니었다. 사만다가 문제였다.

알리사는 이렇게 말했다. "사만다는 팀에서 무슨 문제를 논의하든 자기 뜻대로 밀고 나가려고 해요. 그리고 닉이 관련될 때마다 자신이 나서려고 해요. 자신이 참여하지 못하면 왜 자신을 배제하느냐고 따지고요. 나쁜 이유가 있다고 의심해요. 그런 식으로 상황을 자신이 통제하는 방향으로 끌고 가죠."

나는 다른 팀원들과도 이야기를 나누었다. "사만다는 우리 혼자 일을 하게 놔두지 않아요. 항상 어떤 식으로든 자신이 참여하려고 해요. 우리가 우리 역할을 해낼 거라고 믿지 못해요."

"사만다는 항상 자신이 돋보이고 싶어 해요. 아니, 다른 누구보다도 가장 돋보이려고 해요. 그리고 다른 팀원들을 깔아뭉개죠. 정말 최악이에요."

인터뷰가 진행될수록 사만다가 '믿을 만한 사람들이 모인' 팀의 신뢰를 파괴하고 있다는 사실이 분명해졌다. 원인은 사만다 자신의 신뢰 문제였다. 사만다에게 '동등한 동료' 같은 건 없었다. 그녀에게는 모든 사람이 자신의 아래 아니면 위였다. 모든 게 경쟁이었다. 누군가가 이기고 누군가는 져야 했다. 그녀는 다른 사람을 패하게 만들고 자신은 항상 이기기로 결심했다.

경쟁적인 태도 때문에 사만다는 자신이 이기지 못하면 남들이 자신을 짓밟을 거라고 두려워했다. 그녀의 경쟁적인 태도는 다른 사람을 믿는 데 걸림돌로 작용했고, 다른 사람도 그녀를 믿지 못하게 만들었다.

세상을 '불평등한 곳'으로 보는 시선에서 비롯하는 두려움은 많은 신뢰를 파괴한다. 기억하는가? 신뢰란 '신경을 쓰지 않는 것'이다. 그런데 누군가가 항상 자신을 패배시키려 한다는 두려움에 사로잡히면 신경 쓰지 않고 살기가 힘들다. 그러면 경쟁과 분열이 판을 친다.

수십 년간 이어질 수 있는 집안의 형제간 경쟁에서 회사 업무 부서 또는 친구들 무리에 이르기까지, 더 낫고 더 똑똑하고 더 많은 인정과 사랑을 받으려는 '더'의 기제는 신뢰를 파괴하는 주범 중 하나다. 내면에 이런 기제가 작용하는 사람들은 경쟁심을 내려놓고, 전적으로 믿을 만한 타인을 믿기를 두려워한다. 그들은 남들이 자신을 앞지르려고 애쓰고 있다고 생각하여 그들을 믿지 못한다. 그리하여 그들을 믿기보다는 그들과 경쟁해서 더 높은 자리를 차지하려고 한다. 신뢰 문제는 남이 아닌 그 사람 자신에게 있다.

이 사람들은 대개 어린 시절에 '믿을 수 있는 진정한 동료란 없다'는 잘못된 고정관념을 얻었다. 어쩌면 형제 중에서 가장 강한 사람에게 부모의 사랑이나 인정이 돌아갔을 수도 있다. 부모가 자식과 경쟁하여 감히 자신과 맞먹지 못하게 했을 수도 있다. 혹은 자기애가 강한 형제가 항상 다른 형제들 위에 서려고 했을지도 모른다. 사귀던 이성 친구가 그들을 버리고 다른 사람에게로 갔을 수도 있다.

어떤 이유에서든 이 사람들은 세상을 믿을 만한 곳으로 보지 못한다. 그들은 누군가가 자신을 해치려 한다고 확신하고, 절대 당하지 않겠노라 다짐했다. 그들은 행복하지 않고, 주변 사람도 불행하게 만든다. 신뢰 부족의 참담한 결과다.

'자신에 대한 불신'에서 비롯한 두려움

남편이 질투심이 극심한 한 CEO 부부를 상담한 적이 있다. 아내
가 파티에서 남자와 대화를 나눌 때도, 남자 고객과 긴밀하게 업무 관
련 이야기하는 모습에도, 남편은 아내를 의심했다. 그 남편은 아내와
다른 남자들의 관계를 절대 순수한 우정의 관점에서 보지 못했다. 그
렇게 그는 아내와의 믿음에 금이 갔다.

그렇지만 아내는 정말 거짓 없이 깨끗했고, 마음도 행실도 부끄
러울 게 없었다. 도리어 남편이 그렇지 못했다. 과거에 여자를 수도 없
이 만났던 그는 지금의 아내와 결혼한 지 얼마 되지 않아 그 버릇이 다
시 도졌다. 이 부부간의 신뢰 문제는 남편이 자신의 잘못된 행동을 인정
하고 바로잡지 않은 결과였다. 심리학적 용어로, 그는 "투사"를 하고 있
었다. 즉 그가 아내의 행동에서 보고 두려워한 건 사실상 자신의 모습이
었다. 자기를 믿을 수 없었기에 아내를 믿지 못했던 것이다.

매우 완고한 사람, 특히 종교적인 사람이 배우자가 바람을 피우
고 있거나 피울 거라는 생각에 끊임없이 의심하고 질투하는 경우에도
같은 기제가 작용했을 수 있다. 그들은 한마디로 매우, 매우 '도덕적'이
다. 그런데 그 도덕성 이면의 것이 어느 순간 드러날 수 있다. 그 도덕
성은 사실 자신을 억제하기 위한 수단이다. 엄격한 도덕적 구조 혹은
철장에 자신의 충동적인 부분이 갇혀 있다. 진정한 도덕성과 전혀 다
르게, 정죄를 일삼는 사람의 도덕성은 자기 통제의 수단이다. 하지만
마침내 균열이 발생하면 그 도덕성 아래에 내내 숨겨져 있던 것이 드러
난다.

성경의 로마서 2장 1절은 이렇게 말한다. "그러므로 남을 심판하는 사람이여, 그대가 누구이든지, 죄가 없다고 변명할 수 없습니다. 그대는 남을 심판하는 일로 결국 자기를 정죄하는 셈입니다. 남을 심판하는 그대도 똑같은 일을 하고 있기 때문입니다"(새번역 성경).

다른 사람을 정죄하길 좋아하는 사람은 자신이 그 사람과 같지 않다고 생각하기 때문에 정죄한다. 하지만 사실 그들은 대개 자신이 정죄하는 사람과 똑같은 문제를 안고 있다. 자신을 투사하여 정죄하는 사람과 신뢰를 쌓기란 거의 불가능하다. 그들 눈에는 항상 바로잡아야 할 문제가 있기 때문이다. 물론 그 문제들은 대개 그들의 상상속에 있는 문제일 뿐이다.

10대 사춘기 자녀를 둔 부모들에게서 이런 일이 자주 나타난다. 부모들은 자신이 10대 시절에 어떠했는지를 기억하기에 딸을 통제하려한다. 이런 부모가 어릴 적에 성적으로 난잡하거나 부모를 속이거나 마약을 하는 식의 말썽을 저지른 경우에는 자신의 10대 자녀가 그런 짓을 하는 장면을 상상하며 때로 길길이 날뛴다. 그들은 자녀를 믿지 못한다. 이런 신뢰의 부족은 관계를 망가뜨리고, 오히려 자신이 두려워하는 상황을 만들어 낸다.

그럴 때 자녀는 이렇게 생각한다. '내가 착하게 굴어도 어차피 날 믿지 않을 거야. 그러니 잘해서 뭐해. 그냥 내 맘대로 할래.'

신뢰가 신뢰를 낳는다(1장에서 소개한, 남편이 예전에 사귀던 애인과 일 문제로 출장을 가야 했을 때 믿어 준 아내 이야기를 기억하는가). 10대 사춘기 자녀를 현재를 사는 청소년으로 보지 않고 30년 전 자신으로 바라보면 신뢰 관계를 쌓기가 매우 어려워진다.

언제나 '나'부터 들여다보라

두 장에 걸쳐 우리는 신뢰에 방해가 되는 여러 두려움을 살펴보았다. 여기서 다룬 두려움이 전부는 아닐 것이다. 다만 나는 가장 흔한 두려움에 초점을 맞추고자 했다.

4부로 넘어가기 전에, 신뢰를 방해할 수 있는 한 가지 기제를 더 보고자 한다. 이것은 두려움은 아니지만, 우리가 이렇게 하고 있는지 점검하고 바로잡아야 할 문제다. 다음 시나리오를 한번 생각해 보라.

한 사람이 다른 도시로 이사를 온다. 그곳에서 맞이한 첫날, 그는 주유소에서 일하고 있는 한 노인과 대화를 나눈다.

"여기 사람들은 어떤가요?"

노인은 그를 쳐다보며 이렇게 대답한다.

"당신이 전에 살던 곳의 사람들은 어땠나요?"

"네, 아주 좋은 사람들이었죠."

"그럼 이곳 사람들도 좋아할 겁니다."

지혜로운 노인은 그렇게 말한다.

기름을 넣는 그 노인은 그 동네 사람을 바라보는 그 남자의 시각이 실제 거기 사는 사람들보다 그 남자 자신과 더 관련이 있음을 알았다. 그는 옛 이웃을 보던 시각으로 새 이웃을 볼 것이기 때문이다.

굳이 심리학적으로 생각하지 않아도, 우리 존재는 각자 자기 과거의 산물이다. 우리가 과거에 묶일 수밖에 없거나 과거를 극복할 수 없다는 뜻은 아니다. 하지만 과거를 극복하기 전까지는 그 과거가 우리에게 영향을 미친다. 차축은 수리하기 전까지는 여전히 구부러진 상태 그대로다. 이것이 엄연한 현실이다. 예를 들어, 윗사람과의 관계에서 나쁜 경험을 한 사람은 대개 권위에 대해 회의적인 시각을 품고 있다. 그 시각을 다루기 전까지는 말이다.

우리 자신의 문제가 걸림돌로 작용해서 새로 만난 사람을 있는 그대로 보지 못하면 그들을 정확히 평가할 수 없다. 성경을 보면, 예수님은 이렇게 말씀하셨다. "먼저 네 눈 속에서 들보를 빼라 그 후에야 네가 밝히 보고 형제의 눈 속에 있는 티를 빼리라"(누가복음 6장 42절). 우리 자신의 문제를 다루기 전까지는 다른 사람의 진짜 모습을 볼 수 없다. 심지어 그들을 아예 볼 수조차 없다. 어쩌면 새로 만난 사람은 예전에 만난 사람과 전혀 다를지도 모른다.

언제나 나 자신부터 들여다보는 것이 현명하다. 내가 남들을 믿지 못한다면 이는 상대방이 믿을 만하지 못해서가 아니라, 어떤 이유로 내가 남들을 믿지 못하는 것일 수도 있다. 내 신뢰 근육을 치유해야 하는 문제인지도 모른다.

자신의 문제를 인정하고 필요한 치유를 받는 것이야말로 성장의 첫걸음이며 신뢰 구축의 필수 단계다. 10-11장을 이렇게 정리할 수 있겠다. 누구를 신뢰할지 건강하고 좋은 결정을 내리려면, 건강한 신뢰 근육을 가져야 한다. 따라서 다른 사람을 평가할 뿐 아니라, 당신 자신을 다루라.

신뢰의 능력을 자라게 하고 강한 신뢰 근육을 기르면 남은 평생에 큰 도움이 될 것이다. 누구를 믿을지 좋은 선택을 내릴 수 있을 것이다. 세상 그 누구도 항상 완벽한 선택을 할 수는 없다. 다시 말하지만, 신뢰는 서로가 주고받는 것이다. 때로는 신뢰가 허물어진다. 때로는 전혀 예기치 않게 금이 간다. 그럴 때는 상대방을 다시 신뢰할 것인지, 상대방이 과연 믿을 만한 사람으로 변할 수 있을 것인지, 깨진 신뢰를 어떻게 회복할 것인지를 결정하는 데 도움을 줄 만한 가이드가 필요하다. 이것이 이어지는 4부의 주제다.

TRUST

Part 4

한번 깨진 신뢰 관계, 이대로 영영 끝인가

구체적인 신뢰 회복 모델 7단계

12.
신뢰 회복은

긴긴
과정이다

벨라는 너무 놀라 한동안 말을 잇지 못했다. 분노의 눈물을 흘리던 그녀는 힘겹게 입을 뗐다. "그 사람이 이럴 줄은 정말 몰랐어요. 도무지 믿을 수가 없어요!" 그녀는 넋이 나간 듯 이 말만 반복했다. "도무지 믿을 수가 없어요. 그 사람이 이런 짓을 하리라고는 상상도 못 했어요."

믿을 수 없기는 나도, 다른 많은 사람도 마찬가지였다. 벨라의 남편 드류는 이중생활을 해 왔다. 그는 변호사로, 지역사회에서 큰 영향력을 발휘하는 기둥이요, 좋은 친구이자, 동료였다. 벨라는 남편을 매우 높은 도덕성과 신념을 지닌 인격자요, 독실한 신앙인으로 보았다.

그런데 드류가 법률 회사에서 함께 일하는 동료 여직원과 5년이라는 긴 시간 동안 불륜을 저질러 왔다는 추악한 진실이 드러났다. 물론 아내였던 벨라는 이 사실을 전혀 모르고 있었다. 더 충격적인 사실은 불륜 상대가 벨라도 잘 아는 여성이었다. 벨라는 사업상 이 법률 회사의 법률 서비스를 자주 받았기 때문에 일적으로 그 여성을 잘 알았다. 더더구나 가족끼리도 자주 만나서 어울리던 친근한 사이였다. 그러니 충격이 이만저만이 아니었다.

설상가상으로 불륜 사실은 벨라의 아들을 통해 발각되었다. 아들은 같은 또래 대학생이었던 이 여성의 아들이 있는지 보려고 그 집에 갔다가 대낮에 아버지의 자동차가 그곳에 주차된 것을 보았다. 그 뒤 일어난 일은 뻔하다. 한마디로 대혼란이었다. 회사 변호사들은 드류와 상종도 하기 싫어했고, 불륜 여성은 결국 회사를 떠났다. 그뿐만 아니라 동료 변호사들은 이번 불륜 사건이 드류의 유일한 치부가 아니라는 사실을 발견했다. 다른 건도 있었다.

벨라는 즉시 남편과 별거에 들어갔다. 자녀들은 엄마 편에 섰고 아빠 얼굴은 보지도 않으려 했다. 벨라는 감정적으로 큰 충격을 받아서 하루하루 겨우 버텨 나갔다. 다행히 좋은 친구와 교인들의 지지와 전문가의 도움으로 그녀는 점차 마음을 추스를 수 있었다. 이제 그녀는 용서해 달라고 간청하는 남편과 결혼 생활을 유지하며 관계 회복을 위해 노력할지, 아니면 이대로 헤어질지 결정해야 했다.

남편은 진심으로 뉘우친다며 이혼하지 말고 함께 다시 살아보자고 애원했다. 벨라는 내게 이렇게 말했다. "가정을 잃는다는 건 생각하기도 싫어요. 하지만 그 사람을 다시 믿을 수 있을지 모르겠어요. 과연 그렇게 될 수 있을까요? 아니, 제가 방법을 찾으려 하는지조차 모르겠어요. 그냥 지금은 그 인간이 죽도록 밉다는 생각뿐이에요. 그런 사람을 어떻게 다시 믿어야 할까요? 이제 그의 말을 어떻게 믿을 수 있을까요? 저는 남편에게 모든 걸 다 바쳤어요. 다시 그렇게 할 수는 없어요."

전적으로 이해가 갔다. 드류가 배우자를 그토록 감쪽같이 속이고 오랫동안 이중생활을 해 온 것을 생각하면 벨라가 이렇게 말할 만도 했다. "그에게 다시 기회를 줄지 결정하려면 미래를 보는 수정 구슬이라도 있어야 할 것 같아요."

벨라는 큰 딜레마를 토로하고 있었다. "믿었다가 배신을 당하고 나서 다시 믿는 게 가능한가요? 그렇다면 다시 믿을 만한 사람인지 어떻게 알 수 있나요?"

신뢰가 깨진 뒤에 다시 믿는 건 단순히 '한 번의 결정' 이상의 문제다. 그것은 딜레마다. 똑같이 내키지 않는 선택지들에서 고르는 것이니 말이다. 남편을 다시 믿지 않는다면 남편과의 관계에서 오는 모든 좋은 것과 가정을 잃게 된다. 반대로, 남편을 다시 믿는다면 현실을 부정하며 살아야 할 것만 같다. 남편을 다시 믿는다는 건 결국 상처를 줄 사람에게 자발적으로 자신의 마음을 주는 짓 같다. 남편을 믿은 게 실수였다. 그런데 그 실수를 되풀이할까 봐 두렵다. 남편은 계속해서 달라지겠다고 약속하지만 그걸 어떻게 믿을 수 있단 말인가?

맹목적인 믿음의 도약이어선 안 된다

때로 우리는 누군가를 믿었다가 뒤통수를 세게 얻어맞는다. 이 중생활을 감쪽같이 해내는 사람에게 된통 당할 수 있다. 우리는 철저히 무고한 희생자다. 그 문제에 일조하는 그 어떤 행동도 우리는 하지 않았다. 우리는 그 일이 우리가 전혀 통제할 수 없는 일이었다고 생각한다. 우리에게 상처 준 사람이 자신이 믿을 만한 사람인 양 감쪽같이 속였기 때문에 우리가 얼마든지 또다시 속을 수 있다고 생각한다. 결국에는 똑같은 일이 또 벌어질 거라고 생각한다.

그런데 때로는 상대방이 믿을 수 없는 사람이라는 신호들이 분명 있었다. 지금쯤은 당신이 그런 신호를 읽는 법을 꽤 알게 되었으리라 믿는다. 그런 방법을 배우고 나서 지난 일을 돌아보면 당시에는 보지 못했던 신호들이 눈에 들어올 수 있다.

그런가 하면 상대방이 의심스럽다는 느낌이 들면서도 어떤 이유로 그냥 그 사람을 믿어 버리는 안타까운 상황도 있다. 이따가 5부에서 이처럼 우리가 미덥지 않은 사람을 믿는 다양한 이유를 탐구할 것이다. 이런 상황은 우리 스스로를 매우 힘들게 만든다. '그 사람을 믿지 말았어야 했는데'라며 계속해서 자책하기 때문이다. 그런데 또다시 눈이 흐려진다. 지난번에 우리로 하여금 경고 신호를 무시하거나 축소하게 만든 우리의 취약점이 여전히 존재하기 때문이다. 이런 경우에는 실수를 되풀이하기가 쉽다.

무엇보다도 가장 큰 문제는 이것이다. 우리에게 도움이 되거나 심지어 꼭 필요한 것이 상대방에게 있어서 그를 어떻게든 믿어 보려고 하는 경우가 있다. 이 남자 친구나 여자 친구, 이 사업 파트너, 이 거래, 이 교회, 이 회사와의 관계를 원하는 합당한 이유들이 있다. 이 관계에서 얻는 것들이 있었기 때문이다. 이제 다시 믿기만 하면 그 모든 좋은 것을 되찾을 수 있다. 많은 경우, 우리가 다시 믿을 수 있기를 바라는 이유는 단순히 이 사람이나 회사나 조직을 원하기 때문이다. 우리는 그 관계를 원하며, 그 관계를 원하는 데는 합당한 이유가 있다. 그 관계에서 얻는 좋은 것들을 잃는다는 것은 생각만 해도 끔찍하다.

하지만 이 좋은 것들을 되찾으려면 신뢰를 가로막는 걸림돌을 극복해야 한다. 문제는 그것이 맨발로 그랜드캐니언을 건너야 하는 상황처럼 느껴진다는 것이다. "또다시 배신을 당할지 모르는 이 두려움을 어떻게 극복해야 하는가?"

좋은 질문이다.

이 책 4부의 목표는 상대방을 다시 믿는 게 현명한 선택인지 판단할 수 있도록 가이드를 제공하는 것이다.

'상대방을 다시 믿어야 할지 말아야 할지' 딜레마 앞에 선 많은 이들을 상담하면서 가장 어려운 문제는 '상대방이 과연 앞으로 믿을 만한 사람이 될지'를 분간하는 것이다. 이런 상황에서는 조금만 의심스러운 행동이나 사건을 보면 촉각을 곤두세우게 된다. 극도로 경계하게 된다. 상대방의 모든 말이나 행동 이면의 의도를 파악하려 든다. 또다시 당하지 않으려고 모든 걸 해석하려 든다. 하지만 현실은 어느 누구도 그렇게 할 수 없다는 것이다. 독심술을 지닌 사람은 세상 어디에도 없다. 보이지 않는 것까지 다 보며 모든 것을 완벽하게 판단할 수는 없다. 그래서 답답하다.

하지만 할 수 있는 게 있다. 우리는 객관적인 증거들을 확인할 수 있다. 신뢰의 증거가 보인다면 그것이 없는 사람보다 신뢰 회복을 위해 노력할 만한 가치가 있는 사람이다. 우리에게 이미 상처를 준 사람의 일거수일투족을 놓고 그 이면의 의도를 알아내려 애쓰기보다는, 우리가 이전에 논한 신뢰의 다섯 가지 필수 요소 외에도 그들의 변화가 진짜인지 아닌지를 판단하기 위한 '분명하고도 구체적인 행동'을 눈여겨보아야 한다.

상대방을 다시 믿는 일은 이전의 행위를 따지지 않는 맹목적인 믿음의 도약이 아니다. 어디까지나 눈에 보이는 구체적이고도 객관적인 행동에 근거한 의식적인 선택임을 명심하라. 수정 구슬이나 독심술은 필요 없다. 자신의 마음속을 깊이 돌아보면서 객관적으로 관찰하기만 하면 된다.

깨진 신뢰를 복구하는 과정

깨진 관계를 복구하기 위한 과정은 그냥 믿음의 도약을 통해 배신자를 맹목적으로, 아무 생각 없이 그냥 믿는 게 아니다. "끔찍한 경험이었어. 하지만 나는 이 사람을 정말 사랑해(혹은 필요로 해). 그리고 진심으로 뉘우치고 있잖아. 그러니까 용서하고 다시 기회를 줘야겠어"라고 말하는 게 아니다. 이 과정은 눈을 크게 뜨고서 객관적인 기준을 확인하고서 믿는 것이다. 다시 믿기 위해서는 그럴 만한 확실한 이유가 있어야 한다. 다시 믿기 위해서는 분명한 요인이 보여야만 한다.

아무쪼록 지금부터 4부에서 소개할 내용을 통해, 신뢰가 깨진 관계에서 상대방을 다시 믿을 만한 합당한 이유가 있는지 없는지를 올바로 판단할 수 있게 되기를 바란다.

내 경험상 신뢰 회복의 관건은, 상대방이 전에 했던 것을 변함없이 할지 확인하는 게 아니다. 중요한 건 "이 사람이 전에 하지 않았던 것을 할 사람으로 변할 수 있는가?"이다. 상대방이 전과 똑같은 사람인지 새로운 사람인지를 알아야 한다. 이런 판단을 하는 건 참으로 기나긴 과정이다. 진정한 신뢰 회복을 위해서는 다음과 같은 과정을 빠짐없이 밟아야 한다.

〚 1단계 〛 받은 상처를 치유받는다

〚 2단계 〛 분노와 복수심을 극복하고 용서로 나아간다

〚 3단계 〛 내가 진짜 원하는 게 무엇인지 고민한다

〚 4단계 〛 화해가 가능한지 파악한다

〚 5단계 〛 상대방의 신뢰성을 평가한다 ⑴

〚 6단계 〛 상대방의 신뢰성을 평가한다 ⑵

〚 7단계 〛 진정한 변화의 증거를 확인한다

1단계에서 4단계까지는 상대방을 다시 믿는 일이 가능한지 판단하기 위한 준비 과정이다. 이 과정에서 일부 손상되거나 완전히 무너진 신뢰를 회복할 길은 없다. 하지만 당신이 정말 신뢰 회복을 원하는지, 그리고 당신과 상대방이 과연 회복을 향해 나아갈 수 있을지 판단할 수 있다. 상대방을 다시 신뢰할 마음도 있고 준비도 되었는가? 상대방도

그러한가? 그렇다면 5-7단계를 통해 실제 신뢰 회복까지 나아갈 수 있다. 망가진 신뢰의 회복을 위한 까다롭고도 중요한 작업을 시작하면서 무엇을 어떻게 해야 할지를 알게 될 것이다.

내가 신뢰 회복 모델의 단계들을 쭉 나열하기는 했지만 신뢰 회복이 꼭 이 순서대로 정확하게 이루어지는 게 아니다. 이전 단계로 돌아가기를 고단하게 반복하기 마련이다. 하지만 어느 한 단계라도 건너뛰지 않는 게 중요하다.

단계마다 한 장을 전적으로 할애하여 깊이 다루려 한다. 이 단계 하나하나는 매우 무거운 주제이나, 당신의 인생을 완전히 바꿔 놓을 수 있다. 그러니 충분한 시간을 내어 각 단계를 철저히 밟아 가기를 바란다. 각 단계를 꼼꼼히 살피는 동안 수시로 멈춰서 깊이 생각하기를 바란다. 필요하다면 밑줄을 그으라. 노트에 기록하라. 기도하고 숙고하고 묵상하라. 배운 것을 믿을 만한 친구나 조언자, 코치, 상담가와 토론하라. 읽고 또 읽으라. 다음 내용으로 넘어가기 전에 신뢰 회복 모델의 각 단계에서 배운 내용을 마음에 새기고 기억하는 시간을 가지라.

13.

1단계

받은 상처를
치유받으라

　망가진 관계를 회복하기 위해 준비하는 첫 번째 단계는 당신을 배신한 사람이 아니라, 바로 당신을 위한 준비다. 가장 먼저 해야 하는 것은 치유다. 개인이나 그룹, 조직에 대한 신뢰를 잃어버리게 한 사건에서 마음의 치유를 받는 게 우선이다. 당신이 정서적·인지적으로 회복하는 게 급선무다.

　이 치유의 과정이 얼마나 걸릴지 혹은 치유되는 데 무엇이 필요할지 예상할 방법은 없다. 저마다 상황이 다르기 때문이다. 체감하는 고통은 지극히 개인적인 영역이다. 치유의 시간이 얼마나 오래 걸릴지 모르니 서두르지 않는 편이 현명하다. 마음과 정신과 영혼에 필요한 위안과 회복과 온전함을 얻기 위해 생각보다 많은 것이 필요할 수도 있다.

회복에 차질을 빚다

내가 가장 좋아하는 성경 구절 중 하나는 히브리서 12장 13절이다. "너희 발을 위하여 곧은길을 만들어 저는〔절름거리는〕 다리로 하여금 어그러지지 않고 고침을 받게 하라." 다른 성경 번역본은 "어그러지지 않고"를 "탈골되지 않도록"(ESV 성경) 혹은 "장애를 가지지 않도록"(NIV 성경)으로 번역한다. 이는 부상을 입은 상태로 험한 길을 가려고 하면 더 큰 부상을 입기 때문에 회복부터 해야 한다는 뜻이다.

무릎 인공 관절 수술을 받고 나서 처음 몇 주간 물리치료를 받을 때 내 목표는 무릎을 조금씩 더 굽히는 것이었다. 무릎을 조금씩 더 굽힐 때마다 참기 힘든 통증이 밀려왔다. 참으로 더디고도 고통스러운 시간이었다. 특히 걸을 때 몹시 조심해야 했는데, "곧은길"로 가지 않으면 여지없이 대가를 치러야 했다. 나는 무릎을 갑자기 움직일 때 찾아오는 고통을 피하고 혹시라도 넘어져 수술한 무릎이 다시 망가지지 않도록 한 발 한 발 극도로 조심해서 내딛었다.

수술이 끝나고 몇 주가 지나 겨우겨우 걷기 시작할 무렵이었다. 어느 날, 나는 성급하게도 내가 키우던 도베르만종 핀리를 배변 훈련을 시키겠다고 밖으로 데리고 나갔다. 나는 녀석에게 훈련용 긴 끈을 달아 붙잡고 다녔다. 연못 한쪽 끝까지 핀리와 걸어갔는데…… 아뿔싸! 핀리가 연못 반대편에 있는 다람쥐 한 마리를 쳐다보았다. 그다음 상황은 당신이 상상하는 그대로다. 핀리는 다람쥐를 보자마자 연못 반대편을 향해 돌진했다. 녀석이 코너를 돌자 끈이 팽팽해지면서 마침 잠시 한눈을 팔던 나를 순식간에 물 쪽으로 끌어당겼다(참고로, 핀리는 덩치가 큰 개다).

미처 대처할 시간도 없이 나는 연못의 얕은 곳으로 홱 끌려갔고, 수술한 다리가 연못 바닥에 닿았다. 물의 깊이는 몇 십 센티미터밖에 되지 않았다. 내 다리는 물속에서 버티고 서 있지를 못했고, 결국 무릎은 회복 중인 그 시점에서 굽힐 수 있는 각도보다 훨씬 더 많이 구부러졌다. 엄청난 고통이 밀려왔다. 순간적으로 받은 심한 충격에 나는 균형을 잃었다. 하마터면 정신을 잃을 뻔했다.

다행히 나는 간신히 연못 가장자리를 부여잡을 수 있었다. 하지만 고통은 이루 말할 수 없을 정도였다. 무릎이 마취한 상태에서만 가능할 만큼 심하게 구부러진 것이다. 나는 억지로 정신을 차리고 연못 위로 기어 올라와 극도로 조심하며 어찌어찌 집까지 걸어왔다.

그날은 원래 병원에 가기로 한 날이었다. 겨우 병원에 가니 나를 보고 심각성을 느낀 의사는 서둘러 내 무릎을 검사했다. 다행히 인공 관절이 삐져나오지는 않았지만(다행히 그런 일은 거의 없다) 무릎이 매우 심하게 붓고 뻣뻣해져 있었다. 거의 움직일 수 없을 지경이었다. 붓기가 가라앉고 그 사고 이전으로 돌아가기까지는 시간이 한참 걸렸다. 회복하는 데 큰 차질을 빚은 것이다.

충분한 시간을 들여
상처를 치유하라

히브리서 12장 13절과 연못에서 내가 겪은 일은 이번 장의 요지를 잘 보여 준다. 상처를 입으면 나을 때까지 경주를 멈추고 쉬어야 한다. 그렇지 않으면 상처 입은 무릎(혹은 마음이나 정신)의 상태가 더 악화된다. 한번 다친 곳을 다시 다치면 치유와 능력의 회복 과정이 한참 더 늦어진다.

슈퍼볼 경기에서 선수가 부상을 당하면 정말 안타깝다. 그 한 번의 결승전에 많은 게 걸려 있어서다. 어쩔 수 없이 선수는 극심한 통증에도 불구하고 사이드라인에서 잠시만 쉬었다가 재빨리 경기장으로 복귀하려고 한다. 하지만 성급하게 경기에 다시 뛰어들었다가 몸에 영구적인 손상을 입어 선수 생명이 끝나 버리면 더 큰일이다. 의료 팀이 다시 뛸 준비가 되었다고 판단하기 전까지 선수는 사이드라인에 남아 있어야 한다.

누군가에게 배신을 당했다면, 당신에게는 시간과 치유가 필요하다. 심한 상처를 입으면 제대로 생각할 능력마저 상실하기 때문이다. 그래서 나쁜 선택을 하게 된다. 고통 중에 있을 때는 모든 사람과 담을 쌓거나 복수하거나 성급한 결정을 내리려는 충동이 강하다. 개인적인 배신을 당하면 특히 더 그렇다. 마음이 다치면 고통이 더 심한 법이다.

물론 개인적인 배신이 아니라, 비즈니스 상황의 배신도 상처가 된다. 두려움과 불안이 찾아온다. 직접 큰 배신을 당하면 성격까지 이상해질 수 있다. 배신은 현재 직업이나 미래의 커리어에까지 악영향을 끼칠 수 있다. 배신은 소득과 재정 상태 악화로 이어질 수 있고, 비즈니스나 일과 관련된 또 다른 불안을 야기한다. 나는 비즈니스 상황에서의 배신이 배우자의 배신 같은 관계적인 배신만큼이나 사람을 심하게 망가뜨리는 모습을 많이 보았다. 특히 그 배신이 친구나 가족 사이에서 일어나는 경우에는 심각한 결과로 이어진다.

사업을 하다가 배신당하는 경우, 치유의 시간을 갖지 않고 성급하게 그 상황을 다루려 들기 쉽다. 비즈니스 세계는 무정하니 강해져야 한다고 스스로에게 말하고 다른 사람도 그렇게 말하기 때문이다. 배신 때문에 돈이나 수입 흐름을 잃은 경우에도 그럴 수 있다. 재정 압박은 고통에서 치유될 시간을 갖지 않고 서둘러 일로 다시 뛰어들게 만드는 강력한 요인이 된다.

개인적인 관계에서든 비즈니스 상황에서든 배신당한 고통을 치유해야 한다. 다시 누군가를 믿거나 삶의 어떤 영역에서든 다시 전진할 수 있으려면 치유의 시간을 반드시 가져야 한다.

앞서 보았던 히브리서 12장 13절은 "너희 발을 위하여 곧은길을 만들(라)"고 말한다. 개인적인 관계에서든 비즈니스 상황에서든 치유로 가는 첫 번째 단계는 항상 똑같다. 안전하게 느껴지고 당신을 지지해 주는 사람들과 연결되어 도움을 받으라.

혼자 고립되지 말라. 모든 사람에게 담을 쌓지 말라. 자신이 혼자 치유될 수 있을 만큼 강하다고 착각하지 말라. 심지어 네이비실도 전투 중에 전우들이 필요하다. 우리는 가까운 친구, 심리 치료사, 가정 상담 전문가, 멘토, 기도 그룹 등과 연결되어 도움을 받을 수 있다. 비즈니스 상황에서 배신을 당했다면 이사회나 주요 투자자, 믿을 만한 전략적 파트너, (적절한 경우에) 특정 업무 팀이 그 역할을 해 줄 수 있다. 우리가 치유를 받고 안정을 되찾는 데는 다른 누군가의 지지와 돌봄이 필요하다. 앞으로 어떻게 해야 할지 알아내기 위해서는 다른 사람이 빌려주는 지혜가 필요하다.

사람들의 지지와 돌봄, 지혜를 받아들이면 처음의 충격과 무기력과 현실 부정에서 벗어나는 데 도움이 된다. 판단력을 흐리게 만드는 파괴적인 생각에서 벗어나 고통을 다루는 데 도움이 된다.

심지어 비즈니스 상황에서도 이런 감정과 생각이 내면에서 소용돌이칠 수 있다. 나는 고위 경영자들이 굳게 믿었던 사업 파트너에게 배신을 당하고서 배우자나 애인에게 버림받은 사람만큼이나 감정적으로 무너지는 모습을 숱하게 봤다. 신뢰는 결속이요, 애착이다. 개인적인 관계에서 신뢰가 깨지든 비즈니스 상황에서 깨지든 마음이 다치기는 매한가지다. 따라서 고통과 상처를 받으면 감정을 다루고 표출할 시간이 필요하다. 그러고 나면 다음 단계로 넘어갈 만큼 다시 강해질 수 있다.

치유를 위한 시간을 내지 않으면 여러 그릇된 행동을 하게 될 수 있다. 예를 들어, 상처를 받아 객관성을 잃거나 방어적인 태도에 빠진 상태에서는 어리석은 결정이나 큰 실수를 할 수 있다. 취약해진 상태에서 성급하게 상황을 다루려다가 또 다른 사람에게 크게 이용당할 수도 있다.

불륜을 저지른 남편이 아내에게 "변호사는 필요 없어요. 당신과 아이들은 내가 돌볼 거예요"라고 말하는 경우가 얼마나 많은지 모른다. 하지만 그는 분명 자기만 챙길 것이다. 따라서 그를 믿으면 안 된다. 아내는 자신을 보호해 줄 만한 다른 사람이 필요하다. 충격과 상처와 혼란

219

의 한복판에서는 판단 능력이 흐려질 수밖에 없다. 그래서 무엇을 어떻게 해야 할지 판단하도록 도와줄 사람이 필요하다.

상처를 입으면 대개 올바른 사고를 하기 어렵다. 이는 전혀 창피한 게 아니다. 당연한 현상이다. 한 번도 당해 본 적이 없는 충격적인 일을 당하면 누구라도 지금 어떤 상황이 벌어지는 건지 혹은 앞으로 어떻게 해야 할지 정확히 파악하기 어렵다. 따라서 치유가 필요하다. 그리고 회복되도록 돕고 조언해 줄 사람이 곁에 있어야 한다.

14.

2단계

분노와 복수심을
극복하고

용서로
나아가라

"지금 장난해? 그 인간이 저지른 짓을 절대 용서할 수 없어!" 벨라 처럼 엄청난 배신을 당한 적이 있다면 이렇게 말하는 사람의 심정을 충분히 이해할 것이다. 때로 용서가 있을 수 없는 일인 듯 느껴진다. 용서 라는 건 너무 부당하며, 심지어 잘못된 행동이라 여겨질 수 있다.

지금부터 용서에 관한 가장 중요한 사실 한 가지를 소개하겠다.

○ 가장 건강하고 가장 잘 기능하는

　'최상의 나'로 살아가고 싶다면,

　용서해야 한다.

　　용서는 배신의 감옥에서 나를 해방시키는 것이다. 용서하지 않으면 평생 그 감옥에서 썩게 된다. 물론 용서는 '우리에게 상처를 준 사람'에게 주는 선물이다. 이 선물을 주면 상대방은 벌을 받지 않고, 나중에 우리와 새로운 관계를 맺을 가능성을 얻는다. 하지만 동시에 용서는 우리 자신에게 주는 선물이기도 하다. 부디 용서가 '자신'에게 주는 유익임을 발견하기를 바란다. 상처를 곱씹으며 분노와 원망을 끓이는 건 마음과 정신과 영혼에 암이 자라도록 허용하는 것이다. 용서하지 않는 건 몸은 물론이고 모든 면에서 자신을 죽이는 짓이다.

　　용서가 인간에게 미치는 영향에 관한 과학 연구 결과는 놀랍다.

* 정신적으로 건강해진다.

* 고민이 줄어든다.

* 분개, 원망, 미움, 적대감, 완전히 삭지 않고 남아 있는 해로운 분노,
　복수심 같은 고통스럽고 파괴적인 감정이 줄거나 사라진다.

* 우울증이 완화된다.

* 중독 회복에 도움이 된다.

* 외상 후 스트레스 장애 치유 과정에 도움이 된다.

* 만성 스트레스가 줄어든다.

* 사망률이 낮아진다.

* 혈압이 낮아진다.

* 콜레스테롤 수치가 낮아진다.

* 지속적인 관계 문제와 만성적인 대인 관계 장애를 해결해 준다.

* 면역력이 높아진다.

* 심장 질환 발병률이 줄어든다.

* 보다 상냥해지고, 신경증이 줄어든다.

* 만성 스트레스와 나쁜 정신 건강 사이의 고리가 끊어진다.

* 고통이 줄어든다.

* 사람을 정확하게 판단하는 능력이 커진다.

로렌 투세인트 박사는 이렇게 말했다. "용서는 심리학적·사회적·생물학적 주제다." 그리고 이렇게 덧붙였다. "용서는 정신과 육체의 진정한 연결이다." 우리에게 상처를 주거나 우리를 배신하거나 우리에게 잘못을 한 사람을 용서하는 일은 우리의 모든 내·외적 시스템에 큰 영향을 준다. 용서하지 않고 원망과 미움을 품고 살아가면 우리의 정신과 육체와 영혼은 온갖 해로운 감정과 화학물질, 생각, 행동, 투쟁-도피의 태도를 만들어 낸다. 반면에 용서할 때 우리의 몸과 정신은 말끔하게 청소되고 치유되기 시작한다.

이것이 용서를 진정으로 이해하는 사람들이 용서하기 위해 그토록 애쓰는 이유다. 예를 들어, 위스콘신대학교 매디슨캠퍼스(University of Wisconsin-Madison) 심리학 교수인 용서 연구 전문가 로버트 엔라이트 박사를 보라. 용서 연구의 선구자인 그는 진정한 용서가 우리를 더 강하고 더 장점이 많은 사람으로 만들어 준다고 이야기한다. 그는 몸소 놀라운 본을 보임으로써, 용서의 힘에 관한 이런 대담한 주장을 펼칠 수 있는 자격을 얻었다. 그는 집에 무단 침입하여 자신의 어머니를 살해한 자를 용서하기 위해 몸부림쳐야 했다. 그래서 그는 그런 상황이 얼마나 힘들고 고통스러운지를 안다. 하지만 동시에 용서가 얼마나 중요한지도 안다. 그는 심지어 끔찍한 범죄에 대해서도 용서를 외치는, 그야말로 용서의 열렬한 옹호자로 남아 있다. [1]

분노와 슬픔의 감옥에 갇히다

용서하지 않으면 우리는 이내 원망과 복수의 화신으로 변한다. 용서하지 않는 건 우리를 배신한 사람에게 우리 영혼과 삶의 일부를 빼앗기는 거나 마찬가지다. 상대방이 잘못한 일을 마음에 간직하는 한 그에게 계속 지배당하기 때문이다. 이런 말을 들은 기억이 난다. "당신이 계속해서 분노해 있다면, 당신은 다른 누군가의 이야기 속 등장인물로 전락하고 만다." 원망을 털어 내고 용서하면 자신의 이야기를 쓸 자유가 생긴다. 묵은 원한을 푸는 데 집착하며 살 필요가 없다.

한번은 남편에게 배신당한 여성을 상담했다. 그 여성은 한동안 무슨 일이 있어도 남편에게 벌을 주고 말겠다는 생각에 사로잡혀 있었다. 지난 일을 털어 버리지 못해 자신의 현재 삶을 제대로 살아가지 못하는 모습이 참으로 안타까웠다. 그녀는 슬픔과 원망을 털어 내려 하지 않았다. 분노의 감옥에 갇혀 있었다.

하루는 그녀가 잔뜩 신이 난 얼굴로 내 사무실에 들어왔다. 뭐가 그리 좋아서 싱글벙글 웃느냐고 묻자 그녀는 이렇게 말했다. "남편의 벤츠가 이 건물 주차장에 주차되어 있지 뭐예요. 그래서 그 차 옆을 지나가면서 측면을 쓱 긁었어요. 남편은 그 차를 목숨보다도 사랑하거든요. 아마 속이 단단히 쓰릴 거예요."

그녀의 치유가 얼마나 오래 걸릴지를 생각하니 가슴이 답답했다. 분노를 털어 버리기 전까지는 계속해서 불행한 삶에 갇힐 수밖에 없다. 불행이 뻔히 내다보이는 방향으로 가고 있는 그녀가 너무도 안타까웠다.

나는 사업을 하다 배신당한 사람들 역시 이런 태도로 살아가고 있음을 많이 보았다. 사업 파트너에게 배신당한 한 남자는 장기적인 전략으로 상대방 회사를 인수하여 궁극적인 승리를 거둘 방법을 알아내느라 수년을 허비했다. 인생의 그토록 많은 부분이 다른 사람 행동에 좌지우지되다니 얼마나 안타까운 일인가. 이런 사람은 사실상 노예나 다름없다. 결국에는 '이겨도' 상처 준 사람에게 질질 끌려다니는 삶을 사는 것이니 말이다. 이런 사람에게는 자신의 삶이 없다. 복수심에 사로잡혀 있는 한 계속해서 가해자에게 지배를 당하는 것이다.

답은 분명하다. 건강해지려면 용서해야 한다. 이상 끝.

분노를 느끼고
적절히 표출하라

용서는 신뢰 회복의 필수 조건이다. 용서하지 않으면 신뢰는 언제까지나 깨진 채로 남아 있을 수밖에 없다.

신뢰를 회복하려면 원한을 깨끗이 털어 버리고 최상의 미래를 향해 나아가는 자세가 필요하다. 상대방을 벌주려는 마음을 간직한 채로 환한 미래를 향해 나아가기는 어렵다. 용서는 과거를 다루고 나서 그 과거가 미래를 망치지 않도록 거기서 빠져나오는 길이다. 벌주고 싶은 대상과 함께 관계를 바로잡아 갈 수는 없다.

문제는 누군가를 용서하는 게 말처럼 그리 쉽고 간단하고 명쾌하게 진행되는 작업이 아니라는 것이다. 여전히 감정은 그대로다. 이 감정이 다 사라지기 전까지는 자신의 상태를 있는 그대로 인정해야 한다. 누군가와 관계를 바로잡기 시작할 때 분노와 상처가 다시 표면 위로 떠오를 것이다(이 주제는 뒤에서 다시 다루도록 하겠다). 용서하기만 하면 상황이 깔끔하게 정리되고 고통이 갑자기 끝난다는 건 순진한 생각이다. 용서는 단번에 스위치를 끄는 일이 아니라, 시간이 걸리는 기나긴 과정이다.

하지만 '화해의 과정에서 표출된' 분노나 상처는 '복수의 과정에서 표출된' 분노나 상처와 커다란 차이가 있다. 전자는 관계의 치유와 이해로 이어지는 반면 후자는 관계의 틈을 더욱 벌어지게 한다. 용서는 칼을 내려놓고 미래에 가능한 게 무엇인지를 살피는 것이다. 용서는 모든 분노의 태도를 내려놓는 것이다.

분노를 다루는 것은 용서의 가장 중요한 측면 중 하나로, 양방향 모두에서 필수다. 먼저, 나아지기 위해 분노를 표출해야 한다. 그리고 나아지기 위해 어느 시점에서는 분노를 내려놓아야 한다. 여기서 "분노를 표출해야 한다"는 말은 상대방을 용서하려면 상대방의 잘못을 정확하고도 솔직하게 있는 그대로 지적해야 한다는 뜻이다. 그 사람이 분명 잘못을 저질렀다. 내게 상처를 주고 고통을 가했다. 상대방이 저지른 짓을 부정하고서는 그 사람을 제대로 용서할 수 없다. 잘못이 없는데 용서할 수는 없다.

잘못을 잘못이라고 정확히 지적하라. 감정을 솔직하게 표출하라. 그렇다면 한동안 분노를 느낄 수밖에 없다. 상대방의 잘못에 화가 난다는 사실을 직시하라. 상대방이 내게 정말 몹쓸 짓을 저질렀으니 화가 나는 게 너무도 당연하다.

분노는 "무언가 잘못되었다"라고 말하는 것이다. 분노는 저항의 감정이다. 다시 말해, 잘못된 것에 맞서 싸우기 위해 무장하는 것이다. 따라서 배신을 당했다면 그에 대해 분노할 수밖에 없다. 얼마든지 분노해도 괜찮다. 분노하는 게 오히려 낫다. 문제는 그 분노를 어떻게 다루느냐다. 중요한 건 그 분노로 무엇을 하느냐다. 분노는 파괴적일 수도 있고 좋은 결과를 위한 동력일 수도 있다.

내가 좋아하는 성경 구절 중 하나는 에베소서 4장 26절이다. "분을 내어도 죄를 짓지 말(라)." 하나님은 인간이 불의에 감정적으로 저항하도록 설계하셨다. 분노를 느끼고 표출하라. 다만, 그 과정에서 그 어떤 파괴적인 일도 하지 말라. 분노에 따라 행동하지 말라. 분노의 말을 퍼붓지 말라. 성경의 로마서 12장 17절이 말하는 것처럼 "아무에게도 악을 악으로 갚지 말(라)." 그 과정에서 누구에게도 상처를 주지 말라. 그냥 분노를 '표출하라.' 다시 말해 분노를 당신의 영혼 밖으로 내보내라. 우리는 분노를 잘 표출하고 다루어야 한다. 분노를 우리 안에서 '빼내야' 한다.

연구에 따르면, 분노를 오랫동안 지속적으로 표출한다고 해서 분노가 사라지지 않는다. 분노의 양동이가 있어서 계속해서 퍼내면 바닥이 드러나는 게 아니다. 하지만 분노를 느끼고 표출할 필요는 있다. 그렇게 하는 게 우리에게 일어난 일을 인정하게 되는 중요한 한 부분이기 때문이다. 또한 그렇게 하고 나야 문제를 해결하고 다시 상처받지 않기 위한 단계들을 밟을 의욕이 생길 수 있다.

분노는 중요하다. 분노는 무언가가 잘못되었다고 말하는 감정이다. 하지만 분노의 불에 계속해서 부채질하며 분노를 끊임없이 표출하는 것이 우리에게 도움이 된다고 생각한다면 이는 잘못이다.

계속해서 화를 끓이고 표출하면 분노의 '태도'가 자리를 잡는다. 상처 준 사람을 향한 미움이 내면에 뿌리를 내려 버린다. 그리하여 분노가 정체성의 일부가 된다. 그러면 더 많은 분노가 생산된다. 계속해서 분노를 표출하는 게 해법이라면 테러리스트와 다혈질인 사람들이 정신 건강의 모델이리라. 하지만 알다시피 전혀 그렇지 않다(잘못 알고 있는 심리 치료사도 많기는 하지만).

분노를 통해 문제를 직시하고 나서 그 분노를 다루는 게 우리에게 유익하다. 우리 자신을 위해서는, 좋은 일이 일어나기 위해서는 분노를 다스려야 한다. 분노를 적절히 표출한 뒤에 상처를 치유하고 기력을 회복할 때 분노가 사그라진다.

용서, 미래를 위해
과거를 청소하는 작업

분노를 다룬 뒤에는(정확히 말하면 시간을 두고서 분노를 계속해서 다루어 가면서) 분노를 낳는 자세가 아닌 다른 자세를 품으라. 바로 용서의 자세다. 우리를 배신한 사람에 대한 자세를 바꾸라. 용서의 자세란 더는 그를 적대시하지 않는 것이다. 용서의 자세는 이렇게 말하는 것이다. "당신이 진 빚을 탕감해 주겠다. 당신이 저지른 짓에 대해 더는 내게 빚이 없다. 당신을 봐주겠다. 당신을 용서하겠다."

이렇게 하면 나중에 다시 상처받을 여지를 만드는 게 아닐까 싶어 걱정되는가?

○ 용서는 '과거'에 관한 것이다.
신뢰는 '미래'에 관한 것이다.

용서는 미래에 무엇을 하고 싶은지 판단하기 위해 과거를 깨끗하게 청소하는 작업이다. 상대방을 용서한다고 해서 그를 믿는다는 뜻은 아니다. 용서는 값없이 주는 선물이다. 용서는 아무런 이유 없이, 상대방이 어떻게 나오는지와 상관없이 베푸는 것이다. 용서는 우리 자신을 위해 하는 것이다. 용서해야 상대방에게 당한 고통을 극복할 수 있기 때문이다.

반면에 신뢰는 전혀 공짜가 아니다. 신뢰는 노력으로 얻어 내야 하는 것이다. 신뢰를 받으려면 신뢰받을 만한 자격을 갖추어야 한다. 상대방을 억지로 믿을 필요가 없다. 상대방이 신뢰받을 자격을 얻었을 때만 신뢰할 수 있다. 이왕이면 우리가 앞으로 살펴볼 방식대로 그 자격을 얻어야 한다. 하지만 우리에게 상처 준 사람과 어떤 관계로 나아갈지에 상관없이 용서는 우리의 미래를 위한 열쇠다. 그리고 신뢰를 회복하려면 용서가 절대적으로 필요하다.

용서받을 자격이 없거나
용서를 원치 않는 사람도?

용서받을 자격이 없고 심지어 용서를 원하지 않는 사람도 용서하라고? 용서에 관심도 없고 용서받기 위한 일말의 노력도 하지 않는 사람을 용서하라는 주장에 많은 사람이 강한 반발심이 들 수밖에 없다. 하지만 나는 예수 그리스도의 복음 덕분에 이런 용서를 진정으로 이해하게 되었다. 신앙이 있든 없든 성경에서 묘사하는 하나님의 용서는 이 중요한 단계와 관련해서 우리에게 더없이 좋은 모델이 되어 준다. 그래서 혹시 신앙이 없더라도 용서가 펼쳐지는 과정에 관한 다음 이야기를 꼭 읽고 넘어가기를 바란다.

성경은 "우리가 아직 죄인 되었을 때에 그리스도께서 우리를 위하여 죽으셨다"고 말한다(로마서 5장 8절). 하나님은 예수님의 죽음을 통해 온 세상에 값없이 용서를 베푸셨다. 아무도 그분께 용서해 달라고 하지도 않았는데 말이다. 그 누구도 자신이 하나님과 그분의 길을 거부함으로써 그분을 배신했노라 고백하지 않았다. 하지만 그것과 상관없이 하나님은 우리를 용서하셨다. 이로써 하나님 쪽에서는 모든 것이 해결되었다. 그분은 과거를 털어 내셨다. 그분은 과거에서 해방되셨다.

예수님은 돌아가실 때 "다 이루었다"고 말씀하셨다(요한복음 19장 30절). 이 성경 구절을 헬라어 원어로 보면, 예수님이 "값을 온전히 치렀다, 온전히 실행했다, 이행했다, 끝에 이르렀다"를 의미한다.[2] 성경에서 설명하듯이, 하나님은 분노를 다루셨고 온전히 우리의 빚을 탕감해 주셨다. 용서가 모든 이에게 주어졌다.

용서하는 건 한 사람만으로 가능하다. 하나님이 그러셨다. 하지만 화해에는 두 사람이 필요하다(이 주제는 16장에서 자세히 살펴볼 것이다). 하나님은 모든 사람에게 용서를 제시하시지만 모든 사람이 그분과의 관계에서 회복되는 건 아니다. 이런 종류의 관계 회복이 가능하려면 우리도 무언가를 해야 한다. 우리가 그분께 죄를 지었다고, 죄송하다고 고백하고 회개해야 한다. 그렇게 하면 그분과 화해하고 그분과의 관계가 회복된다.

하나님이 누군가를 용서하셨다고 해서 곧바로 그에게 큰 책임이나 일, 임무를 맡겨 주시는 것은 아니다. 하나님이 성경 곳곳에서 말씀하시듯이 우리가 작은 것에 충성할 때 신뢰가 찾아온다. 그때 하나님은 우리에게 더 많은 것을 믿고 맡겨 주신다(마태복음 25장 23절).

신약성경에 나타난 용서의 모델은 다른 누구보다 우리 자신에게 좋은 것이다. 상대방이 어떻게 나오든 우리는 그 사람의 죄를 용서해야 한다. 그리고 나서 그 사람이 잘못을 인정하고 미안하다고 하면 일단 화해가 가능해진다. 그때부터 그를 다시 믿어도 될지 확인하는 작업을 시작할 수 있다.

15.

당신이
진짜 원하는 게
무엇인지 고민하라

그렉이 말했다. "그 자식을 다시는 보고 싶지 않아요. 다시 보면 내가 무슨 짓을 저지를지 몰라요."

회사를 설립한 그렉은 수년 뒤 다른 기업과 합병하게 되었다. 그 뒤로 그 기업은 그레그 회사의 최대 주주는 아니지만 회사 지분을 상당 부분 인수했다. 그렉은 이사회와 투자자들이 이 거래를 원했다는 사실이 마음에 들지 않았다. 합병한 회사 CEO인 롭과의 이전 거래들에서 그를 더 이상 신뢰하지 않게 되었기 때문이다. 롭이 거짓말을 하거나 속임수를 쓰거나 정직하지 않게 행동한 적이 있어서 그를 신뢰하지 않는 건 아니었다. 하지만 전반적인 인상과 몇 번의 경험에서 롭이 그저 자신만을 위해 행동하는 사람이라고 판단했다. 물론 롭이 약속을 지키는 사람이었기에 다들 그를 믿을 만한 사람으로 여겼다. 하지만 그렉은 롭이 계약서에 명시되지 않은 부분에서는 상대방을 위하는 사람이 아니라고 봤다. 그는 자기 이익만 챙길 뿐 상대방에게 뭐가 필요한지 고민하는 사람이 아니었다.

기억하는가? 배신의 정의에는 상대방의 유익을 고려하지 않고 자신의 이익대로만 행동하는 것이 포함된다. 하지만 그렉의 이사회는 롭을 믿었고, 빠져나갈 구멍이 없도록 그의 법적 의무를 꼼꼼히 명시한 계약서를 작성하면 아무 문제 없을 거라 판단했다.

여기서 우리가 앞서 배운 한 가지 교훈을 되짚어 볼 필요가 있다. 어떤 사람이 신뢰할 만한 사람인지는 한 가지 요소만 보고 판단해선 안 된다. 단순히 그 사람이 거짓말을 안 하고 남을 속이지 않는다는 사실이 그를 신뢰해도 될 충분한 이유일 수 없다.

우리는 신뢰의 다섯 가지 필수 요소가 무엇인지 배웠는데, 그렉이 느끼는 두려움 역시 그중 한 가지와 관련이 있었다. 롭의 동기는 철저히 자신을 위하는 것이었다. 경영을 위한 롭의 목적은 그렉이나 이해관계자들의 유익이 아닌 오로지 자신의 이익 추구에 있었다. 그리고 정확히 그런 일이 벌어졌다.

롭은 그렉의 회사 지분을 상당히 매입한 뒤에 회사의 공동 설립자인 그렉의 절친한 친구이자 동업자 중 한 명에게 몰래 막대한 금전적

제안을 했다. 동업자는 자신의 지분을 롭에게 매각했고, 이어진 갑작스러운 적대적 인수로 인해 그렉은 자식과도 같은 회사의 경영권을 롭에게 빼앗겼다. 이 사건 이전에 그렉과 기존 동업자들은 총 50퍼센트가 넘는 지분으로 회사를 장악했다. 하지만 그들 중 한 명이 지분을 롭에게 파는 바람에 그렉이 온 열정을 쏟아 세운 회사의 경영권을 롭이 장악하게 되었다.

그렉은 하늘이 무너지는 것만 같았다. 그는 깊은 상처를 받았고 앞으로 어떤 상황이 벌어질지 두려웠다. 롭과 그렉의 비즈니스 철학은 완전히 달랐다. 오로지 수익에 관심이 있는 롭과 달리, 그렉은 수익에 앞서 회사의 임무와 회사에 소속된 사람들에게 관심이 있었다. 둘은 물과 기름처럼 절대 섞일 수 없는 사이였다. 그리고 정말 안타까운 건 그렉이 이런 일이 있기 전부터 롭이 믿을 수 없는 사람임을 알았다는 점이다. 그는 애초에 그와 거래하고 싶지 않았다. 이사회와 투자자가 원해서 거래했을 뿐. 그렉은 그런 일이 벌어지게 내버려 둔 자신이 바보처럼 느껴졌다. 하지만 그는 그전까지 다른 조직원을 위해 최선을 다해 달려온 사람이었다.

그렉은 회사에서 완전히 손을 뗄지, 아니면 소송으로 롭에게 맞설지를 결정할 때라고 생각했다. 선택의 갈림길에 서 있었다. 싸울 것인가, 도망칠 것인가. 그를 피할 것인가, 그를 내쫓을 것인가. 생각할수록 그렉은 점점 더 큰 분노에 사로잡혔고, 더없이 혼란스러웠다. 이런 마음 상태로는 매우 어리석은 결정을 할 수 있었다.

다행히 이사회와 다른 동업자들은 그렉보다 덜 흥분한 상태였다. 그렉에게 이 회사는 초창기부터 함께한 자식 같은 존재였다. 하지만 이사회와 다른 동업자들에게는 그 정도는 아니었기에 그렉만큼 이 사태에 상처받지는 않았다. 그리고 지분을 매각한 동업자와 그렉만큼 친분이 있지도 않았다. 사실 그렉에게는 이 동업자의 배신이 더 충격이었다. 여하튼 이사회와 다른 동업자들은 그렉보다 더 전략적으로 사고할 수 있는 상태였다. 그렉은 회사에서 아예 손을 떼든지 회사를 완전히 날려버리고 싶었다. 하지만 이사회와 다른 동업자들은 다른 질문을 던졌다.

○ 우리가 지금 상상할 수 있는
  가장 좋은 결과는 무엇인가?

얼마 뒤 그들은 한 경영 전문 컨설턴트와 사외이사를 불러 상황을 수습하기 시작했다. 다행히 이때는 깨진 신뢰 회복 모델의 1단계(분노를 다루고 용서 쪽으로 향하는 것)를 충분히 거친 시점이었다. 그렉은 고함을 지르고 울고 호통을 치며 깊은 상처를 어느 정도 표출한 상태였다. 이제 어느 정도 마음을 가라앉힌 그는 '우리가 진정으로 원하는 것은 무엇인가?'를 묻기 시작했다. 아직 100퍼센트 진정되지는 않았지만 방향을 고민할 만큼은 흥분이 가라앉아 있었다.

다 같이 선택 사항을 저울질하기 시작했다. 롭이 회사를 장악한 상황을 그 누구도 좋아하지 않았다. 아무도 그런 상황을 바라지 않았고, 롭이 다른 동업자 지분을 몰래 사들인 뒤에 실제로 그들 모두가 배신감을 느꼈다. 그렇다면 이제 어떻게 해야 할까?

모든 지분을 다른 누군가에게 팔고 각자 돈을 챙겨 회사를 떠날 수 있었다. 그럴 경우 앞으로 롭을 상대할 필요가 없었다. 하지만 그러면 문제가 해결되지 않은 채로 여전히 남아 있고, 그들이 사랑하는 일을 계속 할 수도 없었다. 또한 이 방법을 택하면 이 문제와 심각한 내분이 세상에 알려질 수밖에 없었다. 그렇게 공개적인 싸움이 벌어지면 그들과 그들 브랜드에 대한 대중의 신뢰가 떨어지기 마련이다. 그들에게는 그동안 힘겹게 쌓은 회사의 평판을 지키는 것도 중요했다. 그들이 아무리 결백해도, 거짓 소문으로 얼마든지 그들을 악인으로 몰아갈 수 있는 게 현실이었다. 그렇기에 아무도 공개적인 싸움을 원하지 않았다.

게다가 조만간 회사 매출과 수익이 몇 배로 늘어나리라 예상되었다. 회사는 매출과 수익이 폭발적으로 증가할 티핑 포인트(tipping point)에 도달하기 시작했다. 누가 봐도 지금은 지분을 매각할 시점이 아니었다. 자신들이 지난 몇 년 동안 투자해 온 확장이 앞으로 몇 배의 매출과 수익을 가져올 시기였기 때문이다.

이번에는 계속해서 롭과 함께 가는 방안을 고민하기 시작했다. 여기에는 분명한 이유가 있었다. 그렉이 이 방안을 싫어하긴 했지만 모두가 함께하면 회사가 더 강해지고 더 많은 기회를 얻고 다른 많은 유익이 따라올 수 있었다. 물론 그 과정에서 그렉은 쓰디쓴 현실을 받아들여야 했다. 그런 사안이 너무 많으면 그렉으로서는 결국 견디지 못할 것이다. 급기야 이런 질문을 고민하기 시작했다. '어떻게 하면 내가 받아들이지 못하는 것들을 최소화하여 이 방안을 가능하게 할 수 있을까?'

결국 이사회와 그렉과 동업자들은 이 방안을 채택했다. 그들은 부정적인 면을 최소화하여 관계를 어느 정도 수습할 수 있다면 회사에 머물러 함께 힘을 합치는 게 최선이라는 결론을 내렸다. 비록 많은 시간과 노력과 비용이 요구됐지만 그들은 이 책에서 설명한 신뢰 회복의 과정을 밟아 결정할 수 있었다.

자신이 진정으로 원하는 것을 알아내려면 때로는 여러 시나리오를 진지하게 고민하기 위한 시간과 공간을 마련할 필요가 있다. 이 경우에는 다음과 같은 시나리오에 관한 고민이 필요했다. "지분을 매각하면 어떻게 될까? 소송과 법정 싸움이 이어지면 어떻게 될까? 회사에 머물러서 롭과 협력하면 어떻게 될까? 이 모든 고려 사항이 이해관계자들에게 어떤 영향을 미칠까? 어떤 재정적 요소가 있으며 그것들을 어떻게 저울질해야 할까?" 이외에도 고려해야 할 사항이 많았다.

머물 것인가, 떠날 것인가

현재의 관계 속에 머물면서 관계 회복을 위한 노력을 해야 할지 그냥 떠나는 편이 현명할지 결정해야 할 때와 상황이 있다.

* 배우자에게 깊은 배신을 당했다. 아이들, 이 관계의 유익, 신앙, 사랑 등을 고려할 때 이혼할 것인가? 계속해서 함께 살기 위해 노력할 것인가?
* 회사가 내게 배신감을 주었다. 이곳에서 계속해서 일할 것인가? 퇴사가 나와 가족에게 미칠 영향을 고려할 때, 혹은 회사에 남는 경우 내 마음과 정신과 영혼에 미칠 영향을 고려할 때 어떻게 할 것인가? 이 딜레마를 만족스럽게 풀 수 있을까, 없을까? 퇴사가 내 커리어 전체에 장기적으로 유익할까?

* 나를 지독하게 배신한 가까운 친구나 친척과의 관계 회복을 위해 노력할 것인가? 다른 누가 관련되어 있는가? 내가 그 사람과의 관계를 유지하거나 떠나기로 결정하면 다른 사람들은 그 결정에 어떤 영향을 받을까?

상대방을 다시 믿을지 말지 결정할 때 이외에도 고려할 사항이 많다. 지금 당장은 무엇이 최선의 결정인지 알지 못할 수 있다. 상대방이 어떻게 나오고 무엇을 원하느냐에 따라 결정이 달라질 수 있다. 그렇다 해도 이제 이 상황을 분석하고 다음과 같은 질문을 고민할 수 있게 되었으리라 믿는다.

* 이런 상황에서 나는 어떤 결과를 원하는가?
* 이 관계를 회복하기 위해 노력해야 할 충분한 이유가 있는가?
* 이 관계 속에 하루라도 더 머물 이유가 없다는 것을 마침내 깨달았는가?
* 이 상황에 단순히 이 사람과 그들이 내게 한 짓 말고 '더 큰 그림'이 있는가?

당신이 진정으로 원하는 걸 알아내기 위해 마음 깊은 곳을 들여다보라. 명심하라. 이 단계는 상대방을 용서할지 말지 판단하기 위한 단계가 아니다. 상대방을 무조건 용서해야 한다. 그에게 '사과할 기회, 용서받을 기회'를 주어야 한다. 이 단계에서 던질 질문은 '이제 내게 일어난 일은 다루었으니 앞으로 어떤 일이 일어나는 게 내가 원하는 것인

238

가?'이다.

　　상대방을 용서하고 잘되기를 빌어 주되 그 사람이나 조직과 더 이상의 관계나 협력을 하지 않기로 결정해도 괜찮다. 얼마든지 상대방을 다시 믿지 않기로 결정할 수 있다. 성경 전도서 3장 5절은 "안을 때가 있고 안는 일을 멀리 할 때가 있으며"라고 말한다. 상대방을 받아 줄 때가 있는가 하면 받아 주지 말아야 할 때가 있다는 말이다. 용서는 하지만 그 사람과 다시 놀기는 싫을 수 있다. 그 사람과 다시는 사업을 하고 싶지 않을 수 있다. 그 사람과 계속해서 살기 싫을 수 있다. 배신당한 뒤에는 전과 같은 수준의 관계를 지속하지 않기로 결정할 수 있다. 때로는 배신을 당하고 나서 깊은 고민 끝에 상대방과의 시간은 끝났다고 결론을 내리고 떠나갈 수 있다.

　　하지만 건질 게 많은 상황도 있다. 엉킨 실타래를 풀고 나면 앞으로 많은 유익이 있을 수 있다. 나는 지독한 배신이 치유되고 관계가 회복된 경우를 많이 보았다. 배신 후에 부부 금슬이 오히려 더 좋아져서 최상의 결혼 생활을 누리는 부부도 보았다. 많은 경우, 이 모든 것은 신뢰 회복을 위한 뼈를 깎는 노력의 결과다. 분명 회복은 가능하며, 회복되는 일은 늘 일어난다. 일단 자신이 진정으로 원하는 게 무엇인지를 알아내는 일이 중요하다.

　　한 가지 더, 자신이 원하는 것을 알아내는 과정은 대개 긴 시간이 걸린다. 때로는 뒤에서 살필 단계들을 밟기 전까지는 자신이 무엇을 원하는지 알지 못하는 경우도 있다. 상대방이 달라지고 있는지 아닌지를 아직 정확히 알지 못하기 때문이다. 상대방이 지킬 박사인지 하이드 씨인지 혹은 새로운 사람인지 아직 모른다.

지금 당장 완벽하게 알아야 한다는 부담감을 갖지 말라. 하지만 옳은 방향으로 가기 위해 자신이 진정으로 원하는 게 무엇인지 고민하는 과정을 시작해야 한다. 물론 당신이 '진정으로' 원하는 게 또다시 배신당하지 않는 것임을 안다! 하지만 일단 여기서는 그 바람을 내려놓고 현실을 직시하고 이렇게 물어야 한다. '지금 상황에서 내가 어떤 방향으로 가기를 원하는가?'

다음 단계가 무엇인지 고민하기 시작했으니, 신뢰 회복의 과정이 어떤 식으로 진행되는지를 더 탐구해 보자.

16.

화해가
가능한지
파악하라

앞 장에서 우리를 실망시킨 사람을 다시 믿을지 고민할 때 마주하는 딜레마를 인정했다. 여기서 두 가지 욕구가 상충한다. 하나는 현재의 관계가 주는 좋은 것들을 포기하고 싶지 않은 욕구다. 다른 하나는 또다시 상처받거나 피해를 입고 싶지 않은 욕구다. 두 욕구 모두 옳기에 딜레마가 발생한다. 지금껏 누린 좋은 것들은 계속해서 누리기를 원할 수는 있지만 신중해야 한다. 그렇다면 어떻게 해야 할까?

화해가 가능한지 파악해야 한다.

이는 신뢰를 회복해야 한다는 뜻이 아니다. 화해의 방향으로 나아가기 위한 준비 단계다. 이 단계는 상대방이 어떤 사람인지를 파악하기 위한 시간이다.

화해는 관계를 좋은 쪽으로 되돌리는 것이다. 물론 상대방을 다시 신뢰할 가능성을 열어 두는 것이지만, 곧바로 상대방을 다시 신뢰하는 건 아니다. 우리 쪽에서 먼저 용서를 하고, 상대방이 자신의 행동을 인정하고 사과한 뒤에 좋은 관계로 돌아가는 것이다. 앞으로 어떻게 할지는 별개 문제다.

이야기를 계속하기 전에, 당신이 이 책에서 만난 몇몇 사람에 관한 희망적인 소식을 전하고 싶다. 1장 첫머리에서 소개한 CEO와 이사회 의장 이야기를 기억하는가? 의장은 이사회 회의 자리를 박차고 나갔다. 관계가 다 끝난 듯 보였다. 사건의 결말은 어찌 되었을까? 결국 두 사람의 관계는 회복되었고, CEO는 그 일 이후에도 15년간 회사를 성공적으로 이끌었다.

벨라를 기억하는가? 그녀의 남편 드류는 이중생활과 불륜으로 그녀를 배신했다. 10년이 지난 지금, 이 부부는 사이가 전보다 훨씬 좋아져서 두 사람이 꿈꿔 왔던 결혼 생활보다 훨씬 행복하게 살고 있다.

그렉은 어떻게 되었을까? 그렉과 롭을 비롯한 나머지 모든 이사회와 경영진은 관계를 회복했다. 20년이 지난 지금 그들은 큰 문제없이 서로 잘 협력하고 있다.

이런 소식을 전한다고 해서 깨진 신뢰에 관한 이야기가 모두 해피엔딩으로 끝난다는 인상을 주고 싶지는 않다. 현실은 전혀 그렇지 못하다. 손은 결국 달라지지 않았다. 신뢰는 항상 양 당사자의 노력이 있어야 하는 법이다. 항상 좋은 결말로 이어지리라는 보장은 없다.

하지만 신뢰 회복을 위한 단계들은 분명히 효과적이라고 말하고 싶다. 이 단계들을 따르면 분명히 효과가 있다. 두 사람이나 두 그룹이 이 모델을 따라 진정으로 노력한다면 반드시 효과가 나타난다. 하지만 다시 말하지만 '양 당사자 모두가 노력해야' 한다. 둘 다 좋은 관계로 나아가려는 의지가 있어야 한다. 그리고 신뢰를 깨뜨리는 행동이 반드시 사라져야 한다.

상대방이 어떤 사람인지 파악하라

올리비아는 가정용 가구 회사를 창업했고, 처음부터 반응이 뜨거웠다. 하지만 곧 본격적으로 성장하기 위해서는 전문적인 사업 개발자를 찾아야 한다는 사실을 깨달았다. 가구 생산 라인은 완벽했고 업계 인맥도 탄탄했다. 하지만 올리비아의 전문성은 디자인과 브랜딩, 제조에 있었다. 그녀는 매출을 끌어올릴 수 있는 뛰어난 사업 개발자를 찾아야 회사가 다음 단계로 도약할 수 있다고 판단했다.

올리비아가 데릭을 발견했을 때 마치 사업의 천생연분을 만난 것 같았다. 데릭은 장애물을 뛰어넘는 일을 사랑하는 실행력의 귀재였다. 두 사람이 만나니 에너지가 폭발했다. 사업은 1년 정도 탄탄대로를 걸었다. 열정이 가득하고 미래를 향한 큰 꿈이 부풀어 올랐다. 대형 소매업체들을 상대로 몇 번 큰 매출을 올리고 나니 사기가 하늘을 찔렀다.

그런데 어느 날 올리비아는 회계사에게서 법인 카드 지출 내역에 이상한 항목이 있다는 전화 한 통을 받았다. 메일로 받아 본 카드 명세서에서는 골프 리조트와 최고급 남성 스포츠 의류업체의 지출 내역이 표시되어 있었다. 이해하기 힘든 지출 항목들에 올리비아는 깜짝 놀랐다. 그녀는 회계 담당자에게 자세히 알아보라고 지시했다. 결과는 충격이었고, 그다음 드러난 상황은 더 참담했다.

가족 여행, 개인적인 휴가, 각종 물품 구매 비용 등 데릭이 법인 카드를 개인적으로 수만 달러나 사용했음이 여실히 드러나 있었다. 데릭이 자신에게 아무런 말도 없이 개인적으로 회사 공금(즉 올리비아의 돈)을 사용했다는 사실에 올리비아는 어안이 벙벙했다. 하지만 데릭을 전적으로 믿었던 그녀였기에 단지 이렇게만 생각했다. '분명 피치 못할 사정이 있었겠지. 본인에게 확인해 봐야겠어.'

하지만 직접 물어보니 그저 둘러대기만 할 뿐 데릭의 대답은 애매모호했다. 아무래도 무언가 숨기는 게 틀림없었다. 결국 올리비아는 나를 컨설턴트로 불러 이 상황을 맡겼다.

조사할수록 충격적인 사실이 꼬리에 꼬리를 물었다. 올리비아와 (투자자이기도 한) 두 명의 이사와 나는 데릭과 만나 자초지종을 물었지만 데릭은 잘못이 전혀 없다고 딱 잡아뗐다. 그는 계약자나 고객들에게 선물을 하는 등 합법적인 비용을 썼으며, 판매 부서를 거치지 않고 직접 협상하여 성사시킨 거래에 대해 알아서 보너스를 챙긴 거라고 설명했다. "오히려 저는 회삿돈을 절약했습니다." 그는 그렇게 말했다. 그는 올리비아에게 알리지 않고 알아서 수당을 챙긴 게 전혀 문제가 없다는 반응이었다. 이사회와 투자자들은 이런 반응에 격노했다.

하지만 더 큰 문제는 따로 있었다. 올리비아는 추가 조사에서 데릭의 해명이 전혀 맞지 않다는 사실을 발견했다. 하나같이 새빨간 거짓말이었다. 그뿐만 아니라, 데릭은 자신이 맡은 비즈니스와 관련해서도 올리비아를 속였다. 그의 상황 보고는 의심스러운 구석이 한두 가지가 아니었다. 더 면밀히 조사하자 데릭이 맡은 재정적 업무에서 법을 다수 어긴 정황이 드러났다. 그로 인해 올리비아는 많은 금전적 손실을 보게 생겼다. 이사회는 조치를 취할 준비를 했다.

하지만 올리비아는 합당한 이유를 찾아 데릭과 계속해서 협력할 방법을 찾고 싶었다. 그녀는 데릭을 진심으로 좋아했다. 둘은 허물없이 흉금을 나누는 친구 사이로 지내 왔기 때문이다. 하지만 이사회는 앞으로 데릭과의 그 어떤 업무 관계도 불가하다는 입장을 분명히 밝혔다. 그들의 입장은 데릭과 그토록 오랜 시간 참호에서 생사고락을 같이한 올리비아와는 달랐다. 데릭과 개인적인 친분이 없기에 상황을 냉정하게 바라본 그들이 볼 때 상황은 더없이 분명했다. 데릭은 잘못에 대한 책임을 일절 인정하지 않았고, 올리비아와 투자자들에게 상처를 준 일에 대해 반성의 기미가 조금도 없었다. 데릭은 변명으로 일관하면서 자신은 사과할 일이 단 하나도 없다고 했다.

이사회 입장에서는 이것이 결정타였다. 만약 데릭이 잘못을 인정하고 뉘우치는 모습을 보였다면 그를 용서하고 같이할 방안을 모색할 수도 있었을 것이다. 하지만 그는 끝내 자신의 잘못을 보지 못했다. 회사 재정을 원칙 없이 운용하고 신뢰를 저버리고 회삿돈을 아무도 모르게 개인적으로 사용했으면서 자기는 아무 잘못이 없다며 참으로 당당한 입장이었다.

설상가상으로 그는 안일한 태도로 법을 어겨 기어이 심각한 세금 문제를 일으켰다. 그로 인해 예기치 못한 막대한 재정 손실이 발생할 판이었다. 심지어 이 문제로 데릭은 감옥에 갈 수도 있는 처지였다. 그런데도 그가 계속해서 잘못을 인정하지 않자 이사회는 극도의 배신감을 느꼈다. 데릭은 이사회로부터 받은 신뢰를 악용했고, 이사회는 분노로 치를 떨었다.

올리비아는 깊은 슬픔에 잠겼다. 그녀는 데릭이 사과하기를 원했고, 여전히 그를 믿고 싶었다. 어떻게든 그의 해명을 믿고 싶었다. 하지만 상황을 객관적으로 보니 진실을 직시할 수밖에 없었다. 아무 잘못이 없다고 생각한 데릭은 끝끝내 잘못을 인정하고 사과하지 않았다. 데릭과 이사회, 올리비아와의 관계는 사실상 끝이 났다.

상대방이 진정으로
책임을 받아들이는가

올리비아 사례를 보면, 배신당한 뒤에 화해가 가능한지를 보려고 할 때 꼭 해야 하는 작업이 있음을 알 수 있다. 바로 상대방이 어떤 사람인지를 파악해야 한다. 다음과 같은 몇 가지 질문으로 이 과정을 시작할 수 있다.

1. 자신이 한 일에 대한 책임을 지는가?
2. 자신이 한 일이 잘못이라는 점을 이해하는가?

246

3. 자기 행동의 결과를 깨닫고 있는가? 자신의 행동이 다른 사람에게 어떤 상처를 주었는지 이해하고 있는가?

4. 후회하고 미안해하고 죄를 뉘우치고 있는가?

5. 자신이 한 행동을 사과하는가?

6. 진실을 있는 그대로 솔직하게 말하고 있는가?

7. '이야기 전체'를 빠짐없이 털어놓고 있는가?

상대방이 모든 것을 솔직히 털어놓고 뉘우치며 사과한다면, 자신이 저지른 일을 후회하며 잘못을 만회하고 싶어 한다면, 우리는 용서의 다음 단계로 넘어갈 수 있다. 즉 그와 화해할 수 있다.

방금 내가 '이제 상대방을 다시 신뢰할 수 있다'고 말하지 않았다는 점에 주목하라. 아직은 아니다. 이 단계는 '사과를 받아들이고' '관계를 회복하는' 단계다. 이 단계에서는 더는 원망하지 않으며, 둘 사이에 더는 앙금이 없다는 점을 상대방에게 알린다. 지나간 일은 지나간 일로 여기고 앞으로 뭐든 적절하다고 판단되는 관계 쪽으로 나아가기로 한다. 예를 들어, 부부가 이혼 후에 공동 육아를 할 때 이런 관계로 가는 경우가 많다.

대개 이 정도면 화해로 나아가기에 충분하다. 다시 말하지만 여기서 나는 '다시 신뢰하게 되는 경우'를 말하는 것이 아니다. 용서와 화해까지만을 말하는 것이다. 상대방을 다시 신뢰할 수도 있고 그렇지 않을 수도 있다. 계속해서 보겠지만 그 결정은 여러 요인에 달렸다. '화해는 첫 번째 단계일 뿐이다.' 하지만 우리 쪽에서 용서하고 상대 쪽에서 잘못을 분명히 인정하고 책임지고 후회하며 뉘우친다면 최소한 서로 얼굴은 볼 수 있을 만큼의 관계로 돌아갈 수 있다.

이 시점에서 상대방과 지속적인 관계를 갖지 않기로 결정할 수도 있고, 전처럼 그를 신뢰하지는 않되 친구로 남기로 결정할 수도 있다. 심지어 완전한 관계 회복으로까지 진전될 수도 있다. 하지만 어찌 됐든 상대방이 잘못을 인정하고 뉘우치고 사과하는 단계는 반드시 필요하다. 진심에서 우러나온 사과는 많은 것을 바꿔 놓을 수 있다.

누군가에게 상처 준 사실을 인정하고 진심으로 사과하는 것의 정반대는 "그건 내 잘못이 아니다"라고 책임 회피의 메시지를 보내는 것이다. 책임 회피는 다음과 같은 다양한 형태를 띨 수 있다.

* 부정
* 거짓말
* 가스라이팅
* 책임 전가
* 변명
* 잘못 축소하기
* 합리화
* 상대방 말이 틀렸다는 점을 입증하려 함
* 다른 누군가가 문제에 대한 책임을 져도 괜찮다는 생각
* 투사

이런 행동은 화해를 어렵게 만든다. 이런 경우에는 상대방과의 관계를 더 나아가지 말고 거리를 두는 편이 현명하다.

정신의학과 심리학, 그리고 경우에 따라 법률제도에서도 잘못을 인정하는 것과 인정하지 않는 것을 구분한다. 피고가 잘못을 인정하고 진정으로 뉘우치는 모습을 보이면 법원은 형량을 줄여 주거나 집행유예 같은 관대한 판결을 내릴 수 있다. 법원이 그 사람을 '잘못을 인정하지 않는 사람'과 다른 부류로 취급하는 것이다.

수년 전부터 정신의학과 심리학에서는 신경성 장애와 인격 장애를 구분했다. 신경성 장애가 있는 이들은 '너무 책임을 지고', 인격 장애가 있는 이들은 '너무 책임을 안 진다'는 우스갯소리가 있다. 이 구분은 꽤 정확하다. 신경증 환자는 자신이 하지 '않은' 일에 대해 죄책감을 느끼고 불안해하는 반면 인격 장애가 있는 사람은 자신이 분명히 '한' 일에 대해 미안해하거나 불안해하지 않는다.

흥미롭게도 성경은 이 분야에서 심리학적 연구를 앞서갔다. 성경은 행동에 따라 사람을 세 부류로 나눈다. 내 책 *Necessary Endings*(필요한 끝들)에서 이 분류법에 관한 자세한 내용을 읽을 수 있다. 여기서는 성경이 실수하고 지적받을 때 나타나는 반응으로 사람들을 어떻게 분류하는지 간단히 짚어 보겠다. 신뢰를 회복하는 법에 관해 배우는 내내 이 분류법을 기억하기를 바란다. 성경은 지적받을 때 어떤 반응을 보이는지에 따라 사람을 "지혜로운 자", "어리석은 자"(거만한 자), "악한 자"로 분류한다.

"지혜로운 자"_진정으로 책임을 받아들이는 사람

첫 번째 그룹은 지혜로운 자다. 지혜로운 자는 좋은 특성이 많지만 특별히 지능과 상관없는 한 가지 중요한 개인적인 특성을 지니고 있다. 그것은 잘못을 했을 때 자신의 행동에 대한 지적을 경청하고, 잘못을 인정하며, 그 일을 사과하고, 그 일에서 배우고, 그 뒤로 다르게 행동하는 능력이다. 성경의 잠언 15장 31절은 다음과 같이 말한다.

생명의 경계(건설적인 비판)를 듣는 귀는 지혜로운 자 가운데에 있느니라.

또 성경에 따르면, 지혜로운 자는 방어적인 분노로 행동하여 상대방에게 등을 돌리는 대신 자신의 잘못이나 실수를 지적해 준 사람에게 오히려 감사할 줄 안다.

지혜 있는 자를 책망하라 그가 너를 사랑하리라.
잠언 9장 8절

지혜로운 자와 대화하면 마음이 열려 있고 부드러우며 '타인 중심적'임을 느낄 수 있다. 그들은 진심으로 경청한다. 그들은 자기 행동에 대해 변명하거나 타인에게 책임을 전가하거나 책임 회피로 자기 잘못의 결과를 피하려 하지 않는다. 그들과의 대화는 잘 풀리고 잘 마무리된다. 그들과의 상호작용에서는 경청, 배우려는 자세, 배려, 뉘우침, 변화가 나타난다.
　누군가에게 상처 준 사람이 자기 잘못에 대한 책임을 받아들여 화해가 이루어질 경우 더없이 감동적인 상황이 펼쳐진다. 이런 일은 지적받는 사람이 지혜로운 자일 때만 일어날 수 있다. 안타깝게도 모든 사람이 지혜로운 건 아니다. 이것이 성경에서 어리석은 자 혹은 거만한 자에 관해서도 이야기하는 이유다.

"어리석은 자" 혹은 "거만한 자"
_방어적으로 굴며, 남 탓만 하는 사람

두 번째 유형의 그룹은 어리석은 자(거만한 자)다. 지혜로운 자는 지적을 받거나 질책을 당하면 올바로 반응하는 반면 어리석은 자나 거만한 자는 방어적으로 굴고 그릇되게 반응한다. 성경 잠언 9장 8-9절은 다음과 같이 말한다.

거만한 자를 책망하지 말라 그가 너를 미워할까 두려우니라 지혜
있는 자를 책망하라 그가 너를 사랑하리라 지혜 있는 자에게 교훈을
더하라 그가 더욱 지혜로워질 것이요.

어리석은 자나 거만한 자들은 자신이 저지른 짓이나 상처 준 일에 대한 '책임을 전혀 받아들이지 않는다.' 그들은 문제에 대해 상대방이나 제삼자를 탓한다. 지적이나 책망을 들으면 그들은 방어적으로 굴고 분노하며, 심지어 상대방을 공격하기까지 한다. 잠언 9장 7절은 이렇게 말한다(현대인의성경).

거만한 자를 바로잡으려다가 오히려 모욕을 당하고.

분명 모든 사람이 똑같지 않다. 건설적인 대화를 나눌 수 있는 상

대가 있는가 하면 그럴 수 없는 상대도 있다. 신뢰 회복에 관해 생각 중이라면 상대방이 이 시점에서 어떤 부류의 사람인지를 파악하는 게 매우 중요하다.

여기서 어리석은 자와 관련해 한 가지 단서를 덧붙이고 싶다. 이는 우리 모두에게 적용될 수 있는 문제다. 모든 사람이 때때로 방어적으로 군다. 상대방이 자신의 내면의 상처를 건드리면 그러기가 쉽다. 특정한 상처를 건드리면 누구나 방어적으로 나올 수 있다.

이런 경우, 똑같이 격하게 반응하지 말고 공감을 표시하면 대개 상대방은 '올바른 마음 상태'로 돌아온다. 모든 부부가 이런 경험을 했으리라. 한 사람이 상처를 받고 흥분했을 때 상대방이 공감과 애정을 표시하면 분위기가 이내 가라앉는다. 이는 정상적이면서 인간적인 흔한 현상이다. 성경 잠언 15장 1절은 이렇게 말한다. "부드러운 대답은 분노를 가라앉혀도 과격한 말은 분노를 일으킨다"(현대인의성경). 상대방이 상처를 받고 방어적인 분노로 반응할 때는 부드러운 반응이 큰 도움이 된다.

우리가 여기서 논하는 '어리석음'은 일시적인 방어적 행동을 말하는 게 아니다. 여기서는 중요한 영역에서 혹은 신뢰가 깨졌을 때 문제에 대한 책임을 지지 않으려 하고 문제가 있다는 사실을 계속해서 부정하는 태도를 말한다. 상대방이 이렇게 나오면 무언가 변화가 나타나기 전까지는 과거를 극복하기가 어렵다.

하지만 상대방이 어리석게 행동하거나 방어적으로 굴거나 문제를 부정하는 반응을 보인다고 해서 곧바로 희망을 포기할 때는 아님을 말하고 싶다. 심리학과 성경은 이 점에서 의견을 같이한다. 성경 마태복음 18장 15-16절에 기술된 모델이 매우 유용하다. 이 방식은 중독 치료 전문가를 비롯해서 까다로운 기질을 다루는 전문가들이 효과를 증명해 보인 모델이다. 이 모델은 일대일 대화로 시작된다.

> 네 형제가 〔너에게〕 죄를 짓거든, 가서, 단둘이 있는 자리에서 그에게 충고하여라. 그가 너의 말을 들으면, 너는 그 형제를 얻은 것이다.
> 15절, 새번역 성경.

그 대화에서 상대방이 잘못을 인정하면 그를 잃지 않고 문제를 해결한 셈이다. 하지만 상대방이 잘못을 인정하지 않는다면 계속해서 이야기하지 말라. 그는 들으려 하지 않는다.

> 그러나 듣지 않거든, 한두 사람을 더 데리고 가거라. 그가 하는 모든 말을, 두세 증인의 입을 빌어서 확정지으려는 것이다.
> 16절, 새번역 성경.

그때는 도와줄 수 있는 한두 사람을 대화에 참여시키라. 당신에게 책임을 돌리며 방어적으로 구는 사람을 계속해서 혼자 상대하려고 하지 말라. 한 명 혹은 여러 명의 제삼자를 불러서 함께 이야기하는 것이 성경의 조언이다. 그리고 좋은 심리학자라면 그렇게 조언할 것이다. 가정 상담가나 중재자, 인간관계 전문가, 목사, 관련된 친구들이 함께 있는 자리에서는 계속해서 방어적으로 굴며 책임을 인정하지 않기가 훨씬 더 어렵다. 여러 사람이 한목소리를 내면 상대방이 더는 책임을 부정하지 않을 가능성이 높다.

여러 사람을 대화에 참여시키는 방법이 통하지 않으면 때로는 마태복음 18장 17절 전반부(새번역 성경)에서 말하는 것처럼 더 광범위한 차원의 개입이 도움이 될 수 있다.

그러나 그 형제가 그들의 말도 듣지 않거든, 교회에 말하여라.
교회의 말조차 듣지 않거든, 그를 이방 사람이나 세리와 같이 여겨라.

중독 치료 전문가 등에게 물어봐도 같은 조언을 할 것이다.

이 과정의 마지막 단계는 분리다. 마태복음 18장 17절과 탁월한 심리 치료사들의 의견에 따르면, 일대일 대화와 소그룹 안에서의 대화, 이어서 전체 조직 차원의 대화에도 상대방이 잘못을 인정하지 않으면 그 사람과 거리를 둘 필요가 있다. 그러면 혹시나 그가 후회하고 뉘우칠 수 있기 때문이다.

어리석게 행동하며 자기 행동에 대한 책임을 인정하지 않는 사람을 다룰 때, 관건은 혼자서 그들을 깨우치려고 애쓰지 않는 것이다. 주위에 도움을 요청하라. 점진적으로 더 많은 사람을 동원하는 것이 좋다. 그리고 이 모든 방법이 통하지 않거든 그가 들을 준비가 될 때까지 거리를 두는 방법으로 대가를 치르게 할 수 있다. 때로 사람은 실질적인 '상실'을 겪고 나면 자신에게 중요한 모든 사람과 모든 것을 잃기 싫은 마음에 정신을 차린다.

"악인"_일부러 우리를 해치려는 사람

성경에서 다른 그룹과 완전히 다르게 분류하고 법률제도에서도 완전히 다르게 취급하는 또 다른 부류가 있다. 바로 악인이다. 여기서 악의 기원이나 존재에 관한 여러 시각을 다룰 생각은 없지만, 언급할 가치가 있는 부분이 있다. 우리가 특정한 행동을 어떤 식으로 분류하고 그 행동의 치유나 변화에 관해 어떻게 생각하든 상관없이(이에 관해 많은 시각이 존재한다) 단순히 방어적이거나 책임을 회피하는 차원이 아닌 사람들이 분명히 존재하는 것이 사실이다. 실제로 우리를 해치려 마음먹는 사람들이 있다. 우리에게 해를 끼치고 우리를 망가뜨리고 심지어 죽이려는 사람들이 있다. 이는 엄연한 현실이다. 이런 부류의 사람들을 어떻게 기술하든 그들을 다루려면 다른 전략이 필요하다. 그들을 다룰 때는 실질적인 위험이 따르기 때문이다.

성경은 어떤 사람이 악인인지를 알려면 상대방을 망가뜨리려는 의도가 있는지를 보면 된다고 말한다.

> 너는 악인들을 부러워하지 말고 그들과 함께 있는 것을 원하지도
> 말아라. 악인들은 남을 해칠 일만 생각하고 말썽을 일으킬 말만 한다.
> 잠언 24장 1-2절, 현대인의성경

자신의 잘못을 지적받으면 지적한 상대방을 해치기 위한 폭력을 계획하는 이들이 있다. 당장 그 폭력을 행하는 사람도 있다(예를 들어, 다른 운전자에게 마구 경적을 울리고 나서 총을 쏜다거나, 상대방에게 신체적 공격을 가하는 경우). 혹은 상대방을 해치기 위해 장기적인 계획을 세울 수도 있다(예를 들어, 회사나 개인을 무너뜨리려는 보복성 소송). 그 외에도 상대방에게 상처를 주기 위한 여러 보복성 전략이 있다. 어떤 경우든, 갈등 중에 있는 상

대를 실제로 해치고자 시도하는 위험 인물이 존재한다. 이런 일은 매일 일어난다.

이런 사람을 다루기 위한 전략이라고 하면, 보호 수단 없는 상태에서 그들과 논쟁을 벌이거나 그들의 잘못을 지적하여 스스로 위험에 처하지 '않도록' 하는 것이다. 악한 행위 앞에서는 자기 보호를 우선시해야 한다. 누군가가 우리를 해치려고 할 때는 화해를 시도할 시점이 아니다(이것이 법정에서 문 뒤에 무장 경찰이 서 있는 이유다).

이런 상황에서는 "당신과는 내 변호사를 통해서만 말하겠습니다. 이 번호로 내 변호사에게 전화하세요"라고 말하면서 대화를 끝내야 한다. 이것이 때로 우리가 911(미국의 긴급 신고 전화)에 전화해야 하는 이유다. 이것이 때로 여성들이 여성 쉼터를 찾아가고 상대방과의 그 어떤 접촉도 피해야 하는 이유다. 때로는 안전이 최우선이다. 성경의 잠언 27장 12절은 이렇게 말한다. "현명한 사람은 위험을 미리 보고 피하지만 우둔한 사람은 그대로 가다가 고난을 당한다"(우리말성경).

신뢰가 깨진 상황에서 화해가 가능한지 가늠할 때 '상대방이 어떤 사람인지를 파악하는 일'의 중요성은 아무리 강조해도 지나치지 않다. 그러기 위해서는 상처 준 사람과의 대화가 필요하다. 상대방이 어떤 유형의 사람이든 이런 대화를 시도할 때는 지혜를 발휘해야 한다. 지혜를 발휘하면 현재 관계에서 더는 전진하지 않고 멈춰야 할지, 조금 더 나아가야 할지, 다시 신뢰하는 방향으로 향해야 할지, 목숨을 구하기 위해 도망쳐야 할지를 판단할 수 있다.

절대 피해자에게
책임을 전가해선 안 된다

다음 장으로 넘어가기 전에 몇 가지 핵심 내용을 점검하자.

* 용서는 상대방이 어떻게 나오든 상관없이 우리 내면에서 하는
   것이다.
* 상대방이 잘못을 인정하고 미안해하며 진정으로 뉘우친다면
   화해가 이루어질 수 있다. 화해하고 나면 서로 좋은 마음으로
   앞으로 나아갈 수 있다. 상대방이 우리의 용서에 상응하는
   행동을 한다. 갈등 뒤에 화해가 이루어진다. 하지만 아직 신뢰는
   이루어지지 않았다.
* 화해했다고 해서 상대방을 신뢰하게 된 건 아니다. 신뢰는
   미안하다는 말 이상의 것을 요구한다. 신뢰는 노력해서 얻어야
   하는 것이다.
* 화해와 신뢰 회복은 상대방이 어떤 사람인지를 파악한 뒤에야
   가능하다. 상대방이 이 책에서 지금까지 살핀 중요한 요건을
   갖춰서 믿을 만하게 될 수 있는 사람인가?

지금까지 상대방이 어떤 사람인지 파악하는 법을 살펴보았다.
여기서 상대방은 우리에게 잘못을 저지르고 우리의 신뢰를 악용하고 우리를 실망시킨 사람이다. 그는 용서받아야 할 일을 저질렀다. 그의 행동 때문에 화해와 신뢰 회복이 필요한 것이다.

하지만 우리가 배신을 당하고 상처를 입었다고 해서 상대만 잘못이 있고 우리에게 100퍼센트 잘못이 없는 것은 아니다. 어쩌면 우리 자신의 미성숙이나 무능력도 이 사태에 한몫했을 수 있다. 때로 우리에게도 살펴봐야 할 문제점이 있을 수 있다.

부디 내 의도를 오해하지 말라. 상대방의 배신이나 그 사람의 잘못을 우리가 유발했다는 말이 아니다. 그거야말로 '방어적으로 굴고 책임 회피를 일삼고 가스라이팅을 시전하는 자들'이 우리에게 심으려는 거짓말일 뿐이다. 배신은 가해자의 행위다. 신뢰와 관련된 다른 개인적인 문제도 어디까지나 가해자만의 문제다. 피해자가 상처를 받았다면 그것은 피해자의 잘못이나 책임이 전혀 아니다. 가해자에게 자기 행위에 대한 책임이 있다. 피해자에게 책임을 전가하는 일은 있어서는 안 된다.

여기서 내가 하려는 말은 우리 자신의 건강, 강점, 능력, 성숙에 관한 것이다. 5부에서 이 주제를 자세히 살펴볼 텐데, 여기서는 개인적인 책임의 문제를 짚고 넘어가고 싶다. 우리가 이런 상황에 어떻게 일조했는지를 돌아볼 수 있다면 깨진 신뢰의 경험에서 많은 유익한 교훈을 얻을 수 있다. 신뢰를 잘하려면 우리 자신도 철저히 살펴서 신뢰에 필요한 능력을 길러야 한다.

예를 들어, 우리의 강점과 약점에 대해 많은 점을 파악하고 나서 강점을 더 잘 활용하고 약점을 보강하기 위한 단계들을 밟을 수 있다. 타인에게 지나치게 간섭하는 성향이 자신에게 있음을 깨닫고서 권한을 효과적으로 위임하는 법을 배울 수 있다. 우리가 상대방의 행동에서 위험 신호를 보고도 갈등을 빚기 싫어 무시했음을 인정해야 할 수 있다. 자신의 갈등 해결 능력을 다듬어야 할 수 있다. 혹은 올리비아처럼 상대방에게 신뢰성이 없다는 점을 분명히 확인했다면 싫더라도 현실을 직시하고 즉시 적절한 조치를 취해야 할 수 있다. 신뢰가 깨진 상황에서 우리의 어떤 부분을 개선할지를 알면 나중에 그런 상황을 더 잘 헤쳐 나갈수 있게 될 것이다. 더 나은 사람이 되기 위해 모든 관계에서 자기를 돌아볼 줄 알아야 한다.

나중에 더 자세히 살피겠지만, 우리가 더 강하고 더 건강하고 더지혜로워지면 신뢰 회복 과정에서 상대방이 자신의 행동에 책임을 지게만드는 데 도움이 된다. 우리는 상대방의 잘못을 지혜롭게 지적하고, 기만을 간파하며, 원망을 떨쳐 낼 줄 알아야 한다. 이외에도 중요한 성장단계들을 밟아야 한다.

명심하라. 상대방이 잘못을 저지른 건 당신 잘못이 아니다. 하지만 아무리 상대방이 잘못이 있는 사람이라고 해도 당신이 해야 할 바를최대한 완벽하게 해낼 책임이 당신에게 있다. 당신이 필요한 수준만큼강해지고 능력을 갖추기를 바란다.

화해했다면 다음 할 일은?

이제 당신은 자신을 돌보고, 지난 상처를 다루었다. 그러면서 자신의 영혼을 치유하고 있다. 그리고 당신이 앞으로 원하는 것에 관해 생각해 보고, 당신을 실망시킨 사람과의 관계를 다루었다. 잘못을 지속적으로 부인하거나 책임을 지지 않으려는 상대방의 태도 때문에 화해의가능성을 닫고서 상대방과 갈라섰는가? 아니면 신뢰 회복을 향해 더 나아갈 가능성을 열어 두었는가?

　당신이 상대방을 다시 신뢰할 수 있을지 가능성을 타진하고 싶어 한다는 걸 전제로 하여, 이제 그 방향으로 가기 위한 다음 단계가 무엇인지 살펴보자.

17.

상대방의
신뢰성을
평가하라 (1)

신뢰 회복을 위한 과정을 1단계부터 4단계까지 잘 밟아 왔는가? 이제 우리를 배신한 사람과 다시 신뢰를 쌓는 게 가능한지 판단하기 위한 다음 단계로 넘어가겠다. 그 방법은 신뢰의 다섯 가지 필수 요소를 가이드로 삼는 것이다. 이 신뢰의 필수 요소들은 처음에 상대방을 신뢰할지 판단할 때만큼이나 관계가 깨진 뒤 상대방을 '다시' 신뢰할 수 있을지 판단하는 데도 긴요한 도움이 된다. 두 경우 모두 동일한 신뢰 요소들이 요구된다.

신뢰의 다섯 가지 필수 요소를 새롭게 살펴보기 전에, 신뢰 회복이라는 관점에서 내가 드류와 나눈 대화를 소개하고 싶다. 드류를 기억하는가? 그는 벨라의 변호사 남편이다. 그는 직장 동료와 불륜 관계를 지속하면서 이중생활을 했을 뿐 아니라, 여러 문제를 일으켰다.

무너진 가정을 다시 세운
벨라와 드류

이 책의 앞 장들을 검토하고 신뢰의 다섯 가지 필수 요소를 다시 살펴보는 내내 자꾸만 벨라와 드류 부부가 생각났다. 이 부부는 깨진 신뢰를 어느 정도 회복했고, 무너진 가정을 끝내 다시 세웠다. 그 위기로부터 10년이 지난 지금까지 두 사람은 금슬 좋은 부부로 서로를 아끼며 살아가고 있다.

신뢰의 다섯 가지 필수 요소를 살펴보는 내내 드류의 현재 모습이 눈에 선했다.

1. 상대방의 필요와 기분을 이해하고 있다.
2. 상대방의 행복을 '위하는' 동기와 의도로 움직이고 있다.
3. 약속을 지킬 능력을 지니고 있다.
4. 신뢰의 조건들을 충족시킬 인격과 기질을 지니고 있다.
5. 신뢰할 만한 패턴의 전적을 쌓아 가고 있다.

나는 드류에게 전화를 걸었다. 그는 신뢰 회복의 본보기 중의 본보기였다. 나는 처음부터 드류와 벨라를 상담했고, 그들이 신뢰와 가정, 커리어, 삶을 회복해 가는 과정을 처음부터 끝까지 곁에서 지켜보았다. 그들이 그 시간에 쏟은 노력과 열정은 실로 놀라웠다. 나는 드류에게 전화를 걸어 그가 지난 수년간 기울인 노력에 얼마나 깊은 감명을 받았는지 말해 주고 싶었다. 벨라에게는 지난번에 봤을 때 이미 그 말을 해 주었다.

내가 그를 영웅으로 치켜세우자 드류는 깜짝 놀라면서 민망해했다. 그는 자신의 잘못으로 일어난 크나큰 비극을 언급하며 자신은 그런 칭찬을 들을 만한 사람이 절대 못 된다고 했다.

그때 나는 이렇게 말해 주었다. "맞는 말이에요. 당신은 엄청난 실수를 저질렀어요. 하지만 그 실수를 만회하기 위해 최선을 다했죠. 당신이 내가 본 최고의 본보기 중 한 명이라고 자신 있게 말할 수 있어요. 진심이에요. 내가 오늘 전화한 이유이기도 해요. 당신에게 이 말을 꼭 해 주고 싶었어요."

"아, 정말 감사합니다. 격려의 말씀으로 받아들일게요."

"한 가지만 더요. 당신과 부인에게 여러 번 설명했던 신뢰의 모델에 관한 책을 쓰다가 당신이 첫 번째 단계를 얼마나 잘 밟았는지가 생각나서 흐뭇한 미소를 지었답니다. 당신은 부인의 말에 귀를 기울이고, 그 모든 일이 부인에게 어떤 영향을 미쳤는지를 진심으로 이해했죠. 당신은 부인이 듣기 힘든 말을 쏟아 내는 내내 끝까지 조용히 귀담아 들었어요. 당신은 방어적으로 굴지도, 변명하지도 않았고, 잘못을 축소하려고도 하지 않았어요. 책임을 전가하지도 않았고요. 그저 상처받은 부인에게 온통 집중하고서 끝까지 부인의 말을 경청했죠. 한꺼번에 쏟아 내는 상처와 분노를 다 받아 내기란 결코 쉽지 않았을 거예요. 지독히 힘들었을 겁니다."

드류는 잠시 말을 잇지 못하다가 이내 입을 열었다. "네, 쉽지 않았어요."

우리는 이 한마디가 맞는 말이면서도 얼마나 절제된 표현인지를 생각하며 함께 한바탕 웃었다. 결코 쉽지 않았다. 하지만 그는 해냈다.

통화를 마치고 나서 이 부부 이야기의 후반부가 어떻게 전개되었는지 독자들과 나누면 좋겠다는 생각이 들었다. 이야기를 듣고 나면 깨진 신뢰 회복의 모델이 실제로 어떻게 진행되는지를 더 구체적으로 이해할 수 있을 것이다.

드류와 벨라가 이 모델을 어떻게 사용하여 둘 사이의 신뢰를 회복했는지를 읽으면서 이를 자신의 상황에 적용해 보길 바란다. 예를 들어, 그들의 이야기 배경은 부부 관계다. 하지만 이 모델은 그렉의 비즈니스 상황에도 똑같이 적용되었다. 그렉은 같은 단계들을 적용하여 사업 파트너와 다시 협력했다. 신뢰를 회복하려는 사람이라면 누구나 이 모델을 사용할 수 있다. 벨라와 드류가 이 모델을 어떻게 적용했는지를 보면서 당신이 처한 상황에 어떻게 받아들일지 고민해 보라.

신뢰 회복의 길로
첫발을 딛다

기억하는가? 벨라는 처음 남편의 불륜 사실을 알고서 충격에 휩싸였다. 한동안 일상생활이 불가능할 정도였다. 그녀는 멍하니 앉아 있다가 갑자기 펑펑 울고 분노를 폭발하기를 끝없이 반복했다. 우리가 해야 할 첫 번째 단계는 단지 그녀가 받은 처음의 충격을 이겨 내도록 돕는 것이었다. 우리는 그녀가 일단 집에서 나와 근처 동네에 사는 여동생 집에서 머무는 게 최선책이라 판단했다. 그곳은 혼자 마음을 추스릴 만큼 떨어진 동시에 자녀들을 챙길 수 있을 만큼 벨라의 집과 가까운 곳이었다.

벨라의 여동생은 그녀에게 커다란 위안이었다. 나아가 동생과 제부가 잘 지내는 모습은 그녀에게 적잖은 안정감을 주었다. 그들의 돌봄과 심리 치료사의 도움으로 그녀는 한 번에 하루씩 살아 냈다. 나는 그 어떤 결정에 관해서도 생각지 말고 그저 그날 하루를 버티는 데만 집중하라고 권했다. "결정할 시간은 나중에 올 거예요." 나는 그렇게 그녀를 안심시켰다.

이 첫 시기가 지나고 나서 우리는 다음 단계들을 알아내기 위해 여러 번 만나 상담을 진행했다. 곧 드류가 요샛말로 섹스 중독자였음이 드러났다. 나는 그가 치유와 재활을 위해 엄격한 경계와 구조를 설정하고, 대가를 치르고, 책망을 받고, 상담과 영적 치료를 병행해야 한다고 판단했다. 한 치료 센터에서 체계적인 팀 접근법을 통해 이런 훈련을 제공할 수 있었다. 드류는 망설임 없이 그 센터를 찾아갔다.

우리의 방법이 통한 결정적인 이유는 벨라가 미래에 대한 어떤 약속도 유예하고 철저히 별거하면서 먼저 자신의 치유에만 집중했기 때문이다. 그 뒤에 그녀는 가정을 지키게 해 달라고 간청하는 남편의 사과를 즉시 받아들이는 대신, 자신이 앞으로 어떻게 하기를 원하는지 깊이 생각했다.

잘못을 '걸린' 사람들이 흔히 그렇듯 드류는 정말로 미안해했다. 하지만 당시 그의 후회는 '아내를 향한 미안함'과 '걸려서 안타까운 것'이 뒤섞인 감정으로 보였다. 그는 자신이 아내에게 가한 고통이 얼마나 끔찍한 것인지 아직 진정으로 이해하지 못했다. 그 일로 철저히 가슴 아파하지도 않았다. 단지 지금까지 누리던 삶을 통째로 잃지 '않고' 싶었을 뿐이었다. 하지만 그것이 얄팍한 마음이라 해도 전혀 도움이 안 된 건 아니었다. 가정을 잃을지도 모른다는 두려움은 지독한 노력을 해야 한다는 사실을 깨닫는 데 도움이 되었다. 그는 두려웠다. 두려워해야 마땅했다.

그는 한 달간 치료 센터에 들어갔고, 거기서 갖은 노력을 다했다. 중독 치료에 말 그대로 최선을 다했다. 그리하여 마침내 자기 힘으로는 나아질 소망과 능력이 전혀 없음을 여실히 깨닫고 인정하게 되었다. 오랜 세월 동안 그 위험한 행동을 끊지 못한 자신을 보고 이 점을 뼈저리게 깨달았다. 그리고 자신의 그런 무력함을 남들에게 고백한 것이 큰 도움이 되었다. 그 센터에서 그는 중독을 치료하고자 누구보다도 애썼다.

치료에는 부부 상담과 개인 상담이 포함되었고 그룹 활동과 교육도 병행했다. 그 시간을 통해 드류와 벨라는 자신들에게 일어난 일을 다루기 시작할 수 있었다. 그때부터 그들은 깨진 신뢰 회복 모델의 처음

몇 단계를 밟아 갔다. 이번 장 나머지 부분에서는 그 과정이 어떤 식으로 진행되었는지를 살펴보도록 하자.

1단계. 받은 상처를 치유받는다

기억하는가? 자신에게 일어난 일에서 치유를 받으려면 감정적·인지적으로 다음 단계로 나아가기 위한 준비가 되어야 한다. 벨라는 동생 집에 머물고, 수년간 가깝게 지내 온 교회 소그룹 여성들을 만나면서 그 준비를 할 수 있었다. 그 소그룹에는 그녀와 특히 친한 두 여성이 있었는데, 그들 세 사람은 매일 아침 함께 산책을 했다. 또한 한 심리 치료사가 초기에 고통의 많은 부분을 잊는 데 도움을 주었다. 그 심리 치료사에게 모든 것을 솔직히 털어놓았던 게 크게 도움이 되었다.

비록 가해자이긴 하지만 드류 역시 자신의 치료에 최선을 다했다. 그는 재활 센터에서 치료를 받았고, 집으로 돌아온 뒤에는 성 중독자 모임에 가입했다. 그 또한 심리 치료사에게 치료를 받고, 매주 자신이 다니는 교회의 목사를 만났다. 나아가 그는 역시 중독에서 치료 중인 두 명의 새로운 남성과 교류하면서 도움을 서로 주고받았다.

2단계. 분노와 복수심을 극복하고 용서로 나아간다

벨라는 분노를 다루고 용서로 나아가야 했다. 물론 그러려면 시간이 걸렸다. 벨라는 주로 개인적인 상담과 지인들을 통해 이 단계를 밟았다. 덕분에 자신에게 일어난 모든 일을 조금씩 다루어 갈 수 있었다. 심리 치료사와 지인들은 그녀의 감정을 비난하지 않고, 그녀가 감정을 표출하는 내내 곁을 지켜 주었다. 그들은 그녀가 분노를 떨쳐 내야 좋은 일이 일어날 수 있다는 걸 알았지만 절대 그녀에게 이를 '강요하지' 않았다. 그저 그녀 자신만의 속도로 치유되도록 도와주었다.

벨라는 서서히 이 상황을 받아들이기 시작했다. 물론 분노를 모조리 떨쳐 내기까지는 시간이 한참 걸렸다. 이 시간은 언제나 힘들고 고된 과정이다.

3단계. 내가 진짜 원하는 게 무엇인지 고민한다

벨라는 처음에는 양극단 모두를 원했다. 즉 남편을 다시 신뢰하고 싶지 않았고, 그러면서도 가정은 지키고 싶었다. 이 두 욕구의 상충을 해결하기까지는 시간이 걸렸다. 마침내 그녀는 가정을 회복할 가능성을 보기로 결심했고, 그 방향으로 나아가는 과정을 시작했다. 결코 쉽지 않았다. 보이지 않던 현실의 많은 장벽이 눈앞에 나타났다. 하지만 그녀는 해내리라고 믿었다.

무척 어려울 거라는 현실을 직시하면서도 남편과 함께했던 모든 것을 지킬 수 있다면 꼭 지키고 싶었다. 그녀는 그 바람으로 꿋꿋이 앞으로 나아갔다. 가족을 지킬 수만 있다면 얼마든지 고통과 위험을 감수할 수 있었다.

4단계. 화해가 가능한지 파악한다

명심하라. 화해한다고 해서 바로 신뢰가 회복되는 건 아니다. 단지 우리에게 상처 준 사람을 용서하고 관계가 어느 정도 정상화되는 것일 뿐이다. 앞서 살폈듯이, 화해하려면 상대방이 어떤 사람인지, 상대방이 진심으로 후회하고 뉘우치고 사과하는지를 판단해야 한다. 벨라의 경우, 남편이 진정으로 미안해하고 뉘우치는지를 파악하기가 그리 어렵지 않았다. 드류가 자신의 잘못을 깨달은 게 분명했다. 또한 벨라는 남편이 자신의 말에 귀를 기울이고 섹스 중독에서 회복되기 위한 프로그램에 최선을 다해 참여하는 모습을 보았다. 드류는 아내의 요구를 다 받아들이고 공개적으로 뉘우치며 아내에게 모든 것을 털어놓았다. 그는 방어적으로 굴지 않았고, 책임을 아내에게 전가하지도 않았다.

벨라의 경우에는 이 과정이 상대적으로 수월했지만, 생각보다 힘들고 혼란스러운 경우도 많다. 가해자가 변명하고 책임을 전가하고 진정한 회개를 하지 않는 건 화해를 가로막는 커다란 걸림돌이다. 그 상황에 관련된 모든 사람이 상대방이 자신의 잘못을 진정으로 인정하고 뉘우친다고 느끼려면 이런 걸림돌을 다루어야만 한다. 가해자가 책임을 전가하고 변명으로 일관하는 한 아직 제대로 준비된 게 아니다. 그런 상황에서는 화해가 어렵다. 상대방을 탓하지 않는 진정한 회개가 나타나야 한다. 그래야 서로의 문제를 다루고 관계를 회복하는 쪽으로 나아갈 여지가 생긴다.

5단계. 상대방의 신뢰성을 평가한다

명심하라. 화해한 뒤에 다시 신뢰할 수 있을지 판단하려면 신뢰의 다섯 가지 필수 요소를 재차 확인해야 한다. 상대방을 믿으려면 언제나 신뢰의 필수 요소를 확인해야 한다. 드류와 벨라가 이 과정을 어떻게 거쳤는지를 보자.

이해

드류는 아내의 고통과 상처에 귀를 기울이기 시작했고, 처음에는 최소한 그냥 듣기만 했다. 그는 자신의 배신으로 아내가 어떤 일을 겪었는지를 이해할 뿐 아니라, 아내가 자신과의 관계에서 진정으로 원하는 게 무엇인지 이해하기 위해 최선을 다했다.

벨라는 다음과 같은 질문에 대한 답을 확실히 알고 싶어 했다.

* 드류가 내게 중요한 게 무엇인지 이해하는가?
* 내가 드류에게서 필요로 하는 것이 무엇인지 그가 이해하는가?
* 내가 완전히 안심하고 다시 드류를 신뢰하는 쪽으로 나아갈 수
  있으려면 어떻게 해야 하는지 그가 진정으로 이해하고 있는가?
  드류가 내 감정의 소리에 진정으로 귀를 기울일 수 있는가?
* 드류가 나, 내가 처한 현실, 이 관계에서 내 바람을 이해하고
  있는가?

이 과정에서 초기에 벨라는 주로 자신이 어떤 일을 당하고 어떤

영향을 받았는지에 남편이 귀 기울이기를 원했다. 남편이 자신에게 준 상처를 깊이 자각하기를 원했다. 그러기란 정말 어렵다. 내가 상대방을 어떻게 아프게 했고 어떤 상처를 주었는지 처음부터 끝까지 듣는 것을 좋아할 사람은 아무도 없다. 내가 어떤 잘못을 저질렀고 누군가에게 어떤 고통을 주었는지에 귀를 기울이고 그 사람이 쏟아 내는 고통과 상처를 묵묵히 받아들이기란 여간 어려운 일이 아니다. "당신이 내 필요를 채워 주지 않아서 그렇게 했다"라고 변명하지 않고 가만히 앉아서 들어 주는 건 사실 쉽지 않다. 하지만 그렇게 하는 것이 반드시 필요하다.

상처 준 가해자는 자신이 상대방에게 얼마나 상처와 실망을 안겼는지 잘못을 지적받는 자리에서 진정으로 경청해야 한다. 섣불리 자신을 변호하거나 자신의 잘못을 축소하는 행동은 절대 금물이다. 나는 드류와 벨라 같은 상황에서 가해자에게 "그냥 조용히 듣기만 해요"라는 말을 얼마나 수도 없이 했는지 모른다(그런 말 한 번에 1달러씩만 받았어도 벌써 백만장자가 되었으리라).

드류는 아내의 말을 듣는 것 이상으로 아내의 심정을 진심으로 헤아리기 위해 노력해야만 했다. 벨라는 상처를 받거나 자신의 필요가 채워지지 않아 자신이 그 이야기를 꺼내면 남편이 그 말을 비판으로 받아들이지 않고 그저 들어 줬으면 했다. 하지만 드류는 오랫동안 그러지 못했다. 그는 아내가 자신에게 문제에 관해 이야기하는 것이 자신을 비난하려는 게 아니라, 오히려 자신이 필요하다는 뜻임을 이해해야만 했다. 벨라는 화를 내지 않고 자신의 이야기를 들어 줄 사람이 필요하다는 사실을 남편이 알아주기를 바랐다.

또한 벨라는 자신이 돈만 주면 사랑받는 기분을 느끼는 게 아님을 남편이 알기를 원했다. 드류는 자신이 누구보다 열심히 일했기에 가족을 잘 돌보고 가족에게 필요한 것을 잘 채워 주고 있다고 생각했다. 하지만 벨라는 그저 서로 함께하며 서로에게 관심을 집중하는 시간을 원했다. 드류는 난생처음 그런 말에 귀를 기울이고 자신이 아내를 이해하고 있음을 보여 줘야 한다는 걸 깨달았다.

한동안 드류는 아내가 배신감에 폭발할 때마다 그녀의 말에 묵묵히 귀를 기울여야 했다. 잠시 눌러놓았던 벨라의 상처가 표면 위로 떠오를 때마다 그는 또다시 벨라에게 귀를 기울여야 했다. 수백 번을 들어서 충분히 들었다고 생각했던 말에 다시 귀를 쫑긋 세워야 했다. 한 번 고통을 표현했다고 해서 아픔이 다 치유되지는 않는다는 사실을 이해해야만 했다. 대개 고통은 오랜 시간 동안 계속해서 표출되면서 조금씩 씻겨 내려간다.

드류가 아내에게 경청하고 아내의 심정을 이해할수록, 벨라가 고통을 표출할수록 점점 벨라의 고통은 줄어들었다. 드류는 이 패러독스를 이해해야만 했다. 고통을 표출할수록 점점 덜 표출하게 된다. 조용히 귀를 기울이면 상대방이 고통을 표출하는 횟수가 줄어든다. 이해는 고통을 치유하기 때문이다.

그렇게 드류는 자신이 아내의 필요를 진정으로 이해하기 원한다는 사실을 아내에게 증명해 보였다.

동기

드류는 아내에게 자신의 동기가 아내의 유익과 두 사람의 관계를 위한 것임을 증명해 보여야 했다. 벨라는 항상 자신과 가정의 유익이 남

272

편에게 가장 중요한 동기가 아니라는 의구심을 품어 왔다. 남편이 두 사람의 관계에 어느 정도 신경 쓴다는 건 알았지만 기껏해야 두 번째나 세 번째일 뿐 진짜로 위하는 건 따로 있다는 인상을 지울 수 없었다. 그녀가 생각하는 남편의 진짜 동기는 남편 자신을 위하는 것이었다. 생각할수록 자신과 자녀들의 시간과 자원이 남편의 만족을 위해 사용되고 있다는 걸 깨달았다. 물론 종종 드류도 아내에게 중요한 일을 했지만 그게 자기 욕구와 충돌할 때는 언제나 아내가 뒷전이었다. 신뢰가 회복되려면 그런 상황이 달라져야만 했다.

하지만 드류는 무엇이 잘못인지 깨달았고, 앞으로 자신의 이익보다 아내와 가정을 먼저 챙기겠다는 점을 증명해 보이려고 무던히 애썼다. 벨라에게는 남편이 자신의 커리어를 비롯한 그 어떤 것보다도 가정을 우선시한다는 확신이 필요했다.

드류는 무언가를 하기 전에 항상 '내가 이렇게 하면 아내의 기분이 어떨까? 이렇게 하는 게 아내에게 어떤 영향을 미칠까?'라고 스스로에게 질문하는 습관을 길렀다. 이러한 습관은 신뢰 회복 과정에 큰 도움이 되었다. 예를 들어, 그는 출장을 가거나 가족과의 시간을 빼앗을 수밖에 없는 소송을 맡기 전에 항상 아내의 의견을 묻기 시작했다. 골프 약속을 잡거나 개인적인 용무를 계획하고 나서 나중에야 아내에게 통보하는 식의 습관을 버리고, 자신의 시간 사용과 관련해 항상 아내의 의견을 구하기 시작했다.

업무상 어떤 약속이나 행사, 비즈니스 관계가 필요해도 그 일에 아내를 불안하게 만들 수 있는 요소가 있다면 과감히 포기하거나 아내의 불안을 덜어 줄 방법을 찾았다. 예를 들어, 혹시 모를 여성과 관련한 유혹의 여지를 없애기 위해 모임에 다른 여러 사람들을 포함시켰다. 요컨대 그는 어떤 행동을 하기 전에 항상 스스로에게 이렇게 물었다. '내가 이렇게 하면 아내의 기분이 어떨까? 이렇게 하는 게 아내에게 어떤 영향을 미칠까?'

드류는 출장을 가거나 아내가 없는 곳에서 시간을 보내는 경우처럼 혹시 아내가 불안해질 수 있는 행동을 하기 전에는 신의를 지키겠다고 말로만 하지 않고 구체적으로 어떻게 할지를 아내에게 알려 주려고 노력했다. 출장 계획을 아내와 함께 세웠고, 자신의 통화와 문자 내역을 아내에게 있는 그대로 공개했다. 아내가 원할 경우, 그런 내역과 자신이 있는 장소까지 실시간 알 수 있는 프로그램을 자신의 휴대폰에 깔기까지 했다. 드류의 의도는 아내에게 완벽히 투명한 삶을 사는 것이었다. 그는 그 의도를 아내에게 완벽하게 보여 주었다.

또한 그는 자신의 섹스 중독에 대해서도 자신의 동기가 나아지고 있음을 증명해 보였다. 계속해서 개인적인 치료와 가정 상담에 적극적으로 임했다. 책을 읽고, 오디오 자료를 듣고, 치료 모임에 가고, 알코올 중독자 모임의 멘토와 대화를 나누는 식으로, 자신의 의도가 나아지고 나아진 상태를 유지하는 것임을 보여 주고자 모든 수단을 동원했다.

그래서 벨라는 남편이 진심인지 아닌지를 고심하고 추측할 필요가 없었다. 치료를 위한 시간과 업무 시간이 상충할 때 드류는 가능한 한 업무를 뒤로 미뤘다. 그렇게 자신의 치유와 가정의 행복이 최우선임을 행동으로 보여 주었다. 그가 이렇게까지 노력하니 벨라는 남편이 아내와 가정을 가장 먼저 생각한다고 점점 확신하게 되었다. 그녀는 남편이 남편 자신만이 아니라 아내를 위한다고 믿게 되었다.

능력

　　드류는 신뢰 회복에 중요한 능력을 새롭게 터득했음을 아내에게 보여 주어야 했다. 이 능력은 두 범주로 나뉜다. 관계적인 능력과 성적 절제를 위한 개인적인 능력이 그 범주다. 드류와 벨라는 이 두 영역에서 모두 신뢰가 깨져 있었다.

　　관계적으로 드류는 가정 상담을 통해 아내가 자신에게 친밀함을 느끼기 위해 꼭 필요한 커뮤니케이션과 갈등 해결 기술을 배웠다. 예전에는 갈등 상황이 생기면 아내가 왜 그러는지 듣지 않고 방어적이고 지배적인 태도로 자신이 왜 옳은지를 아내에게 설득시키려고만 했다. 또한 그는 아내가 특정 감정을 느낄 때 이를 비난하지 않고 인정해 주는 법을 배워야 했다. 특히, 가스라이팅을 멈춰야 했다. 나아가 그는 아내에게 상처를 입거나 화가 났을 때 싸늘하게 변하는 습관을 버려야 했다. 갈등 중에 기분이 나빠지면 인상을 찌푸리며 문을 박차고 나가 불륜 대상과 스트레스를 푸는 대신 오히려 아내와의 관계 '속으로' 더 깊이 들어가는 법을 배워야 했다. 갈등 중에 아내에게서 멀어지거나 아내를 공격하지 않고, 도리어 아내에게 더욱더 다가가는 법을 배워야 했다.

　　드류는 성적 중독에서 회복되어 아내에 대한 신의를 지키기 위한 기술도 배워야 했다. 남편이 치료 모임 멘토에게 전화를 걸고, 치료 그룹 활동을 꾸준히 하고, 영적 성장을 추구하는 모습을 보는 건 벨라에게 막대한 도움이 되었다. 그녀는 남편이 '중독과 문제들이 어떤 식으로 나타나며 삶을 어떻게 관리해야 하는지'에 관한 전문가가 되어 가는 모습을 지켜보았다. 드류는 이런 새로운 능력을 얻기 위해 부단히 노력했다. 벨라는 이런 노력을 보면서 남편이 직업적인 삶에서 보여 주었던 경쟁적인 모습이 떠올랐다. 하지만 지금은 그것이 부부의 삶과 행복을 쟁취하기 위한 경쟁이었다.

　드류는 치료 그룹과의 연결을 유지하는 게 얼마나 중요한지 알게 되었다. 그래서 월요일 아침마다 그 치료 그룹과 90분간 화상 통화를 했다. 그는 중독을 이겨 내는 능력이 점점 강해지고 있음을 증명해 보였다. 그런 모습을 보는 자체가 벨라에게는 더없이 중요했다. 드류는 그 통화를 비롯해서 변화를 위한 활동을 그 어떤 그럴듯한 이유로도 빼먹지 않았다.

인격

　드류는 여러 인격적인 영역에서도 성장하는 모습을 아내에게 보여 주어야 했다. 그중에서도 특히 '정직'과 '투명함'의 영역이었다. 드류는 예전에는 아내에게 절대 자신을 열어 보이지 않았다. 자신의 재정, 일정, 행방, 활동에 대해 프라이버시, 아니 '비밀'을 유지했다. 하지만 이제 "그냥 미팅이 있었어" 같은 말은 통하지 않았다. 아내에게 재정 상황을 온전히 공개하지 않는 것도 더는 용납되지 않았다.

　이중생활의 여지가 아예 없도록 완전히 솔직하고 투명한 삶을 아내에게 보여 주어야 했다. 그는 아내가 자신의 모든 재정 상황과 함께 자신의 일정표, 휴대폰, 컴퓨터를 마음대로 확인할 수 있게 했다. 벨라가 남편이 모든 것을 공개한다고 느끼기 시작하자 신뢰가 점점 더 가능해지고, 나중에는 쉬워지기까지 했다.

　드류가 터득한 또 다른 능력은 아내에게 감정적으로 다가가는 능력이었다. 전에 그는 자주 참을성을 잃고 아내와 함께하는 시간에 집중하지 못했다. 이는 두 사람이 진정으로 연결되는 데 큰 걸림돌이었다. 드류가 현재에 집중하고 아내와 연결되는 능력을 기를수록 벨라는 남편이 자신을 아낀다는 느낌을 받고 점점 더 편안해졌다. 더는 불안하지 않았다. 더는 남편이 다가갈수록 오히려 더 멀어지는 존재처럼 느껴지지 않았다. 이제 두 사람은 가만히 앉아서 서로의 존재를 즐길 수 있는 사이로 나아가고 있었다. 편안함은 연결을 필요로 하며, 연결은 서로에게 진정으로 집중하는 시간에 이루어진다. 이를 위해 드류는 저녁 식사 시간에 휴대폰을 멀리 치우는 식의 노력도 마다하지 않았다.

마지막으로, 벨라는 남편이 삶을 혼자서 관리할 수 있다는 생각을 버리고 겸손해진 모습을 지켜보았다. 원래 드류는 자신의 삶을 사실상 아무에게도 털어놓지 않았다. 그래서 벨라는 늘 불안했고, 나중에는 자신이 괜히 불안했던 게 아니었음이 만천하에 드러났다. 하지만 이제 드류는 치료 그룹과 멘토, 심리 치료사, 심지어 동료 변호사에게까지 자신의 삶을 솔직히 털어놓고 조언과 도움과 질책을 구했다.

전적

드류가 쌓고 있는 새로운 전적은 매우 인상적이었다. 그는 치료 모임과 부부 상담과 개인 상담까지 자신이 하기로 결심한 모든 것을 철저하게 해냈다. 치료와 상담 시간을 절대 빼먹지 않았다. 가끔씩 빠지다 보면 결국 습관이 되기 마련이다. 전적은 모든 신뢰의 중요한 기초 요소 중 하나다.

드류는 아내와의 관계에서도 좋은 전적을 쌓아 갔다. 아내와 점점 더 많은 대화를 나누었으며, 그 과정에서 그가 방어적이지 않고 열린 태도로 모든 대화에 집중하려 한다는 사실이 증명되었다.

벨라는 남편이 점점 변해 가는 걸 분명히 느낄 수 있었다. 전적이 꾸준히 쌓여 가자 벨라는 자신에게 일어나는 좋은 일들이 진짜라는 사실을 점점 받아들이기 시작했다.

물론 드류가 신뢰 회복을 위한 변화의 과정을 밟는 동안 '놓친' 부분도 더러 있다. 인간의 삶이 다 그렇지 않은가. 하지만 중요한 건 전체적인 패턴이 옳은 방향으로 향하고 있다는 것이다. 그는 꾸준한 노력을 통해 분명 달라지고 있었다. 그의 변화를 그래프로 그려 보면 꾸준한 우상향 곡선이 나타났을 것이다.

18.

상대방의
신뢰성을
평가하라 (2)

포리너(Foreigner)가 부른 〈처음처럼 느껴져요〉(Feels Like the First Time)를 기억하는가? 갑자기 웬 70년대 노래냐고 생각할지 모르지만, 지금부터 우리가 하려는 이야기가 바로 이 노래 제목과 같다. 신뢰를 회복하려 할 때 분명 우리는 상대방을 처음으로 믿으려는 게 아니다. 이미 그 사람을 전에 믿은 적이 있다. 하지만 이번에는 그를 전혀 다른 방식으로 믿으려는 것이니, 사실상 처음으로 믿으려 하는 거나 다름없다. 이번에는 신뢰의 다섯 가지 필수 요소를 토대로 믿어야 한다. 그리고 그런 신뢰의 느낌은 이전과 전혀 다를 것이다. 처음으로 '진짜'라 느껴질 것이다.

신뢰가 깨진 뒤에 관계를 돌아보면 내가 이런 신뢰의 요소들을 제대로 확인하지 않았다는 사실이 눈에 들어온다. 한 가지 이상 빠지거나 너무 빈약했을 것이다. 따라서 신뢰 회복의 과정은 대개 신뢰의 이 다섯 가지 필수 요소들을 처음으로 제대로 갖추는 과정이다.

벨라의 경우처럼 신뢰가 깨진 상황을 돌아보면 대개 다섯 가지 필수 요소인 이해, 동기, 능력, 인격, 전적 중 한 가지 이상이 빠졌음을 확인할 수 있다. 하지만 그런 공백을 눈치채지 못하거나 관심을 기울이지 않거나 중요하게 여기지 않은 탓에 신뢰가 깨지고 만다. 두려워서 그 공백을 다루지 못하는 경우가 많다.

하지만 회복 과정에서 이 요소들을 온전히 갖추고 나면 포리너의 노래 가사처럼 진정한 신뢰의 문이 열린 것을 느끼게 된다. 처음으로 진짜 신뢰가 나타난다. 열쇠는 이번에는 다섯 가지 필수 요소를 모두 온전히 갖추는 것이다. 그러면 서로에 대한 진짜 신뢰가 느껴진다. 이것이 관계를 회복한 사람들이 흔히 "전에는 한 번도 이런 기분을 느껴 본 적이 없어요"라고 말하는 이유다.

이전 장에서 우리는 드류와 벨라가 신뢰가 붕괴되는 위기에 처했을 때 다섯 가지 필수 요소를 바탕으로 부부 관계를 회복하기 시작한 과정을 살펴보았다. 비즈니스 영역에서도 신뢰 회복의 길은 동일하다. 어떤 영역에서든 이 책에서 설명한 다섯 가지 필수 요소를 사용해야 한다. 신뢰 회복을 향해 가는 내내 이런 요소가 있는지 눈여겨봐야 한다.

그렉의 사례를 다시 보자. 동업자 중 한 명이 지분을 롭에게 매각하는 바람에 그렉은 자신이 세우고 애정을 쏟은 회사의 경영권을 롭에게 빼앗겼다. 그렉과 배신한 동업자와의 관계에도 드류와 벨라 부부의 경우처럼 다섯 가지 필수 요소가 빠져 있었다. 그렉을 배신한 동업자는 그렉에게 수익보다 회사의 사명이 얼마나 더 중요한지를 전혀 이해하지 못했다. 물론 그렉도 수익 측면을 소홀히 여긴 면이 없지 않다. 그는 오로지 회사의 사명만을 생각한 반면 다른 사람들은 그가 자신들처럼 회사 재정에도 신경 쓰기를 원했다. 그렉 역시 그들의 필요를 잘 알지 못한 것이다.

하지만 그렉과 주변 사람은 모두가 회사의 발전을 원한다는 사실을 깨닫고서 신뢰 회복에 들어갔다. 그리고 그들은 드류와 벨라가 부부 관계 영역에서 한 것과 똑같은 과정을 밟아야 했다.

즉 그들은 회사의 사명, 관계, 문화, 재정 등 서로에게 무엇이 중요한지를 진정으로 '이해하기' 위해 서로의 말을 주의 깊게 들어야 했다.

또한 각자의 이익보다 더 큰 목표와 비전을 추구하는 '동기'를 품고서 자신에게 필요한 것만이 아니라, 다른 사람에게 필요한 것을 '추구해야' 했다.

'능력' 차원에서는 각 사람이 새롭게 맡은 역할을 감당할 수 있는 새로운 기술과 능력을 길러야 했다. 또한 자신이 상대방에게 필요한 것을 해낼 능력이 없는 분야에 대해서는 포기할 수 있어야 했다. 다시 말해, 자신이 해낼 능력이 없는 분야에서는 사람들에게 자신을 믿어 달라고 요구할 수 없음을 받아들여야 했다. 예를 들어, 그렉은 새로운 동업자들이 가진 경영 능력의 어떤 부분을 갖고 있지 못했다. 따라서 자신이 강점을 가진 영역에서 그들이 자신을 신뢰하고, 괜히 자신이 잘하지 못하는 것들을 하다가 그들을 실망시키지 않도록, 그 책임 중 일부를 포기해야 했다.

'인격'과 개인적인 기질 영역에서는, 관련된 모든 사람이 서로에게 전적으로 솔직하고 투명해지기 위해 부단히 노력해야 했다. 서로가 각자의 이익이나 목표를 위해 자신이나 자신의 부서에서 한 일을 서로에게 숨기는 일이 더는 없어야 했다. 또한 모든 재정적 거래는 철저히 투명해야 했다. 상대방이 질문을 던질 때 그 어떤 방어적인 태도와 책임 전가, 의심의 여지도 없어야 했다. 모든 사람의 재정적 활동이 투명해야 했다. 서로가 서로의 재정적 활동을 언제든지 자세히 확인할 수 있어야 했다.

그들이 계속해서 이 신뢰 모델로 이런 문제를 해결해 나가자 믿을 만한 '전적'이 점차 쌓였다. 한 번의 대화가 잘 풀리니 그 분위기가 그대로 이어져서 다음번 대화는 더 잘 풀렸다. 그러면 그다음번 대화는 더 잘 풀리리라는 기대감이 생겼다.

그들을 컨설팅하면서 모든 게 무너질 것 같은 순간이 허다했다. 너무도 많은 앙금과 깊은 불신이 흐르고 있었다. 하지만 다섯 가지 필수 요소를 집중적으로 다루는 작업을 하면서 신뢰가 회복되기 시작했다. 그로 인해 그들은 오랫동안 계속해서 협력하면서 큰 성공을 거두었다. 그들이 이 필수 요소들을 점검하며 신뢰를 회복하지 않았다면 그런 성공은 불가능했으리라. 이 신뢰 모델의 다섯 가지 필수 요소가 바로 그들의 장기적인 협력과 성공의 열쇠였다.

명심하라. 실질적으로 신뢰 회복 작업을 할 때 첫 번째 과제는 관런된 사람과의 관계에서 신뢰의 다섯 가지 요소를 자세히 살펴보는 것이다. 먼저, 양 당사자가 모두 어느 부분에서 신뢰가 깨졌는지 알 수 있도록 둘의 관계에서 신뢰의 다섯 가지 필수 요소 중에서 어느 하나라도 빠진 부분이 있는지 점검하라.

* '이해'가 부족한 부분은 어디인가? 신뢰를 저버린 사람은 어느 부분에서 신뢰 관계에 있던 상대방에게 필요한 것을 파악하지 못했는가? 어느 부분에서 상대방의 필요를 이해하고 인정하고 충족시켜 주지 못했는가?

* 그가 자기중심적으로 보이는 '동기'와 '의도'로 행동한 부분은 어디인가? 그는 어떤 식으로 상대방의 입장을 고려하지 못했는가? 명심하라. 배신의 기본적인 정의는 상대방에게 필요한 것을 전혀 생각하지 않고 자기 이익을 위해서만 행동하는 것이다. 어느 부분에서 이런 일이 일어났는가?

* 신뢰를 저버린 그 사람에게 있는 줄 알았으나 실제로는 없었던 '능력'은 무엇이었는가? 그것이 어떻게 실망이나 상처로 이어졌는가? 그가 앞으로 그런 능력을 기를 수 있는가? 일부 역할을 그가 아닌 다른 사람에게 맡겨야 할 상황인가?

* 어떤 인격 문제들이 신뢰 관계에 해를 끼쳤으며 이를 어떻게 다루어야 하는가? 그것이 상대방이나 다른 사람들에게 어떤 식으로 상처를 입혔는가? 이제 문제가 무엇인지 파악이 되었는가? 신뢰 관계를 깨뜨린 사람이 그 문제를 인정하고 양 당사자가 그 문제에 관해 논의를 하고 있는가?

* 깨진 신뢰나 실망, 실패와 관련해 드러나 있던 '전적'이 있었는가?

양 당사자가 이 모든 문제를 탐구하고 이해했다면 다음과 같은 질문을 던져야 한다.

○ 신뢰 회복이 가능한가?
   "이해, 동기, 능력, 인격, 전적."
   모두가 이 다섯 가지 필수 영역에서
   특정한 방식으로 행동할 의지가 있는가?

양 당사자는 앞으로 이 요소 하나하나를 어떻게 실행할지 구체적으로 정해야 한다. 각 요소를 실행하려면 무엇이 필요하며, 기대하는 바는 무엇인가?

양 당사자의 노력만으로는 불가능하다

신뢰 회복 작업을 하는 동안 이 과정에 도움을 줄 수 있는 사람을 처음부터 파악하기를 권한다. 다섯 가지 필수 요소를 성공적으로 다루기 위해서는 외부에서, 즉 이 일과 관련된 당사자가 아닌 다른 사람에게서 적절한 도움을 받아야 한다. 이 과정을 밟는 데 도움을 줄 사람이 필요하다. 상담가, 멘토, 코치, 심리 치료사, 컨설턴트, 성과 향상 전문가,

이사회, 교회나 지역사회의 지혜로운 사람을 비롯해서 여러 사람에게 도움받을 수 있고, 그 모든 도움이 유익하다.

생각해 보면 심지어 좋은 부모도 자녀를 키울 때 신뢰의 다섯 가지 필수 요소를 모두 다룬다. 신뢰의 요소는 어느 영역에서나 동일하다. 그런데 그 요소를 어떻게 다루든 적절한 구조를 갖추고 외부 도움을 받아야 성공을 거둘 수 있다. 대개 신뢰가 깨진 일에 직접적으로 관련된 두 당사자만 노력해서는 신뢰를 회복할 수 없다. 제삼자가 회복 과정에 다음 세 가지 요소를 더해 주어야 한다.

제삼자의 격려가 필요하다

신뢰 회복의 길은 쉽지 않다. 상처받은 감정과 갈등과 낙심이 나타날 것이다. 이 과정이 너무 힘겹게 다가올 때 양 당사자를 도와줄 외부 사람이 있어야 한다. 드류는 자신이 돌이킬 수 없는 짓을 저질러서 다시는 신뢰를 회복할 수 없다는 감정에 휩싸일 때 도와줄 수 있는 멘토와 심리 치료사, 치료 그룹 친구들 그리고 나(헨리 클라우드)를 필요로 했다. 벨라는 남편이 정말로 나아질 수 있고 작은 실패가 이 여정의 끝을 의미하는 건 아니라고 격려해 줄 사람을 원했다. 그렉은 상처를 극복하고 더 큰 그림을 보며 계속해서 앞으로 나아가기 위해 이사회와 나(헨리 클라우드), 다른 컨설턴트, 동업자의 도움을 필요로 했다.

다시 말하지만, 신뢰를 회복하는 길은 때로 지독히 험난할 수 있다. 그래서 네이비실 대원들은 전장에서 서로를 일으켜 주어야 한다. 재활하는 사람이 고통을 이겨 내고 다시 강해지려면 물리치료사가 있어야 한다. 마찬가지로, 우리가 관계 회복으로 가는 고통스럽고 두렵고 힘겨운 길을 끝까지 가기 위해서는 여러 사람의 도움이 절실하다.

제삼자의 지혜가 필요하다

신뢰 회복을 향해 가다 보면 모르는 게 숱하게 나타난다. 드류는 신뢰를 어디서부터 어떻게 회복해야 할지 알 수 없었고, 벨라는 남편에게 무슨 말을 어떻게 해야 할지 몰랐다. 그들이 뭘 해야 할지 알고 새로운 기술을 배우려면 중독 전문 상담가와 부부 상담가, 나를 비롯한 여러 사람의 지혜와 지식과 경험이 요구됐다. 무엇이 이 과정에서 정상적으로 나타날 수 있는 실수인지 아니면 모두에게 비난받아야 마땅한 심각한 잘못인지를 판단하기 위한 도움이 필요했다. 두 사람 다 무엇이 용인 가능한 수준이며, 가능하지 않은 수준은 무엇인지를 알기 위한 조언과 질책을 요구했다.

관계를 회복시키기 위해서는 새로운 기술과 상호작용이 필요하다. 신뢰 상실의 책임은 언제나 배신한 사람에게 있지만 대개 관계하는 방법 면에서 둘 다 성장해야 한다. 다시 말하지만, 피해자를 비난할 생각은 추호도 없다. 피해자의 행위가 가해자의 나쁜 행위를 '유발'한다는 말을 하려는 게 아니다. 하지만 전과 다른, 전보다 더 나은 관계로 나아가기 위해 양 당사자가 함께 노력해야 한다. 둘 다 완벽하지 않다. 둘 다 협력하면서도 서로를 돕는 법을 배워야 한다.

그러기 위해서는 다른 사람에게 배워야 한다. 외부의 지혜가 필요하다. 피해자도 무언가 상황이 좋아 보이지 않을 때는 다시 상처받지 않도록 다른 사람의 개입이나 도움을 요청할 줄 알아야 한다.

가정이나 비즈니스, 어떤 배경에서든 도와줄 사람을 찾아야 한다. 상담가나 코치, 컨설턴트 같은 전문적인 도움이 필요할 수도 있고 멘토나 지혜로운 친구 같은 개인적인 도움이 필요할 수도 있다. 대개는 둘 다 필요하다. 어쨌든 요지는 새로운 방식, 새로운 지혜가 있어야 한다는 것이다. 앨버트 아인슈타인은 이런 말을 했다. "우리를 지금의 자리까지 이끌어 준 사고(thinking)는 우리를 원하는 곳까지 이끌어 줄 사고와 다르다."[1] 새로운 사고를 지닌 이들을 찾고 곁에 두라.

평가를 위한 구조 갖추기

그때그때 시간이 남을 때만 노력해서는 진정한 회복이 이루어질 리 없다. 신뢰 회복을 위한 분명한 구조가 필요하다. 기본적으로 구조는 무언가가 어떤 방식으로 진행될지, 누가 어떤 역할을 할지, 언제 어디에서 할지, 어떤 활동을 할지에 관한 틀을 의미한다. "구조"(structure)라는 단어는 '쌓는 행위'를 의미하며[2] 여기서 우리가 논하는 과정은 신뢰를 다시 쌓는 과정이다. 신뢰를 재건하는 동안 적절한 비계(높은 곳에서 공사를 할 수 있도록 임시로 설치한 가설물)가 설치되어 있지 않으면 이 과정은 제대로 이루어지지 않는다. 아름다운 포도나무가 자라기 위한 격자가 필요하다.

예를 들어, 내가 컨설팅을 할 때 클라이언트와 논의하는 첫 번째 항목 중 하나는 어떤 구조를 정할지다. "얼마나 자주 만날 것인가? 누가 참여할 것인가? CEO(혹은 누구든 이 일의 당사자인 리더)만 참여할 것인가? 아니면 팀 전체, 심지어 회사 전체가 참여할 것인가? 이사회가 참여할 것인가? 각 사람이 어떤 역할을 할 것인가? 이 과정이 제대로 이루어지기 위해 각 사람이 어떻게 해야 할까? 우리가 잘하는지를 어떻게 평가할 것인가?" 이런 질문에 답하면서 신뢰를 재건하기 위한 구조를 정하기 마련이다. 이 모든 과정은 열차가 옳은 방향으로 계속 가게 만드는 레일을 제공해 준다.

이에 관해 생각해 보라. 드류와 벨라 혹은 그렉이 구조를 갖추지 않고서 이 과정을 밟았다면 모두 실패했을 것이다. 드류가 특정한 시간에 꼭 참석해야 하는 정해진 모임이 없었다면, 낙심하거나 용기가 나지 않는 날에는 모임에 참석하지 않아 중요한 도움을 받지 못하는 일이 왕왕 생겼을 것이다. 그와 벨라가 부부 상담 시간을 특정한 시간으로 고정하지 않았다면? 그래도 그는 아내가 쏟아 내는 상처와 분노를 감내하면서 꾸준히 상담받을 수 있었을까? 아마 고정된 상담 약속이 아닌 경우에는 쉽게 취소했으리라. 또 남들이 그의 전적을 수시로 확인하면서 격려하고 질책해 주지 않았다면? 그는 낙심했을지도 모른다. 그리고 그 과정에서 벨라도 함께 마음이 상했을지 모른다.

구조가 중요하다. 몇 시에 어디에서 잠을 잘지를 아이들이 결정하게 하지 말라. 잠자는 시간과 장소를 부모가 통제하지 않으면 성숙과 변화는 이루어지지 않는다. NFL(미국 미식축구리그) 선수에서 수련 중인 외과의와 재활 중인 중독자까지 다들 고정된 훈련 시간에 나타나야 한다. 누구나 다음 단계로 도약하기 위해서는 확실한 구조가 필요하다.

개인적으로나 직업적으로나 신뢰를 회복하려 할 때는 신뢰의 다섯 가지 필수 요소에 집중할 뿐 아니라, 여러 가지 크고 작은 구조 안에서 그것들을 실천해야 한다. 예를 들어, 나는 기업 경영진 컨설팅을 할 때 모든 모임 후에 자신들이 지키기로 약속한 행동 기준을 얼마나 잘 지켰는지 평가하는 구조를 갖추게 한다. 모든 모임 끝에 단 몇 분간이라도 그 과정을 돌아보고 스스로에게 점수를 매기는 구조를 갖추게 한다. 작은 구조는 새로운 상호작용을 만들어 내고, 큰 구조는 나아가야 할 곳으로 가기 위한 큰 방향을 제공한다.

더 나은 미래로 가기 위한
나만의 로드맵 그리기

신뢰 회복을 원하는 사람들은 백미러로 다섯 가지 필수 요소를 봐야 한다. 즉 신뢰의 이 요소들이 어떻게 빠져 있었는지를 정확히 파악하기 위해 '지난 일'을 돌아봐야 한다. 어디서 이해, 동기, 능력, 인격, 전적이 무너졌는지를 양 당사자가 확인해야 한다. 그런 다음, 진짜 작업이 비로소 시작된다. 전과 다른 방식으로 전진하는 작업이 시작된다. 백미러는 우리가 어느 부분에서 잘못했는지를 보여 주지만, 로드맵은 우리가 가야 할 곳으로 어떻게 가야 할지를 보여 준다.

이제 당신의 부부 관계나 가족 관계, 비즈니스 관계 등 신뢰가 깨진 삶의 영역에서 좋은 미래로 가기 위한 당신만의 로드맵을 그려야 할 시간이다. 외부 사람의 도움으로 신뢰의 다섯 가지 필수 요소를 사용하여 개인적 관계나 비즈니스 관계의 각 영역을 규정하라. 각 영역에서 다음 질문에 답하면서 신뢰 회복과 유지를 위해 무엇이 필요한지를 규정하라.

이해

* 당신이 그 사람 손에 마음이나 지갑을 다시 맡기기 위해 그가
  진정으로 귀를 기울이고 이해해야 할 것은 무엇인가? 당신의 어떤
  필요를 그가 이해하고 충족시켜 주어야 그를 다시 믿을 수 있는가?
  그가 당신에 관한 어떤 점을 진정으로 경청하고 이해해야만
  하는가?

* 그가 당신의 필요에 귀를 기울이고 당신을 이해한다고 확실히
  느끼려면 구체적으로 그에게서 어떤 행동이 나타나야 하는가?

* 또한 그에게서 어떤 행동이 나타나지 '않아야' 그가 당신의
  필요를 경청하고 이해한다는 느낌이 사라지지 않을까? 예를 들어,
  당신의 말을 잘 들었는지 한 번 더 확인하지 않는 것? 당신의 말을
  받아들이지 않는 것? 당신의 감정을 이해하려 하지 않고 그런
  감정을 버리라고 설득하는 것? 자기 잘못을 축소하는 것? 대화에
  집중하지 않는 것? 당신의 필요를 정죄하거나 비판하는 것?

동기

* 그 사람의 동기가 당신의 행복을 위한 것임을 확인하기 위해
  그에게서 어떤 행동이 보여야 하는가? 그가 자신의 이익만이
  아니라 당신의 이익을 추구한다는 점을 어떤 식으로 보여 주어야
  하는가? 당신에게 가장 중요한 게 무엇인가? 그가 어떻게 해야
  당신을 위하고 당신이 잘되기를 바란다고 느낄 수 있을까?

* 그가 자신의 의도나 동기를 증명해 보이기 위해서는 구체적으로
  그에게서 어떤 행동이 나타나야 할까?

* 또한 어떤 행동이 나타나지 '않아야' 할까?

능력

* 이 관계에서 신뢰를 회복하기 위해 그 사람에게서 어떤 능력이 보여야 하는가? 그가 어떤 능력을 갖추고 있거나 기를 수 있는가? 신뢰 회복에 필요한 개인적·직접적 능력(예를 들어, 커뮤니케이션 기술 등)에 대해 생각해 봤는가?

* 신뢰가 다시 깨지는 걸 방지하기 위해 일부 역할을 다른 사람에게 맡겨야 하는가? 예를 들어, 그의 돈 관리 능력은 형편없지만 돈 관리를 정말 잘하는 다른 사람이 있어서 그 사람에게 재정을 맡겨야 하는가? 혹은 비즈니스 관계에서 동업자나 팀이 특정한 사람에게 특정한 책임을 맡기지 말아야 할 수 있다. 그가 그 영역에서는 뛰어나지 못하지만 다른 것은 매우 잘해서 그 일을 맡겨야 할 수 있다.

* 관계가 잘 풀리기 위해 어떤 관계 기술과 능력 혹은 정서 지능이 반드시 필요한가? 그것들을 어떻게 다룰 것인가?

* 당신은 이 영역에서 성공을 어떻게 정의할 것인가? 어떤 결과나 행동을 기대하는가?

인격

* 당신이 그 사람을 신뢰하기 위해 그에게 어떤 인격적 특징이 필요한가? 충동을 조절하는 능력? 인내력? 끈기? 친절? 방어적이지 않은 태도? 연민?

* 그가 이런 특징을 지니고 있는가? 이런 특징을 충분히 지니고 있지 못하다면 어떻게 그가 그런 특징을 개발하도록 만들 것인가?
* 이 과정에서 실패를 어떻게 다룰 것인가? 예를 들어, 당신이 누군가와 재정적인 신뢰를 재건하고 있는데 어느 달에 그 사람이 과소비를 한다면 어떻게 할 것인가? 충동적인 동업자나 경영자가 모든 팀원이 이미 합의한 계획에서 어긋난 새로운 사업적 거래에 혹하게 된다면 어찌하겠는가?
* 인격과 개인적인 기질과 관련해 그에게서 어떤 행동을 보고 싶은가?
* 반대로, 어떤 행동을 보고 싶지 않은가?

전적

* 관계 회복의 과정을 어떻게 모니터링할 것인가? 이 과정이 어느 정도의 박자와 속도로 진행되기를 기대하는가?
* 진행 속도를 누가 정할 것인가? 둘이 함께? 제삼자? 팀 전체가?

더 나은 미래로 가는 로드맵을 따라갈 때 진전을 확인하고 축하하는 게 무엇보다 중요하다! 좋은 전적이 나타나지 않으면 문제지만, 좋은 전적이 쌓이는 건 신뢰의 문을 여는 열쇠가 된다. 어느 시점에서는 상대방이 변했다는 사실을 인정해야 한다. 그래야 상황이 계속해서 긍정적인 방향으로 진행될 수 있다. 배신을 당한 사람 입장에서는 상대방이 달라졌다는 현실을 선뜻 인정하기 어려울 수 있다. 하지만 그렇게 하는 것이 반드시 필요하다. 그러지 않으면 변하려고 애쓰는 사람이 몹시 낙담할 수 있다.

지난 몇 장에 걸쳐서 우리는 신뢰가 어떻게 회복되는지를 광범위하게 살펴보았다. 우리에게 일어난 일에서 치유를 받아 신뢰의 회복을 준비했다. 분노를 다루고 용서로 나아가며, 우리가 진정으로 원하는 게 무엇인지를 고민했다. 상대방이 어떤 사람인지 판단하고 신뢰가 가능한지도 파악했다. 또한 지난날에는 신뢰의 다섯 가지 필수 요소 중 무엇이 어떻게 부족했는지를 돌아보았고, 앞으로 그 요소들을 어떻게 실행할지를 규정했다. 그리고 나서 이제 우리는 그 요소들이 새롭게 나타나는 모습을 지켜보기 시작했다.

양 당사자는 신뢰가 어떻게 깨졌는지 확인하고, 이를 회복하기 위해 구체적으로 무엇이 필요한지를 규정했다. 이제 두려워하고 불안해하는 사람을 돕기 위해 마지막 퍼즐 조각을 맞출 차례다. 마지막 퍼즐 조각은 다음과 같다.

○ 변화의 과정이 진짜인지
어떻게 알 수 있는가?

이 질문이 다음 장에서 집중적으로 살필 주제다.

19.

진정한
변화의 증거를
확인하라

정말 중요한 질문이자, 신뢰 회복 과정 중에 있는 사람들에게 가장 어려운 건 이것이다. '계속해야 하나?' 상대방이 보여 준 변화를 정말로 믿어도 될지 알고 싶다. 그 변화가 진정한 열매로 이어질지를 확실히 알고 싶다. 또다시 상처받거나 배신당하고 싶지 않다.

일단 이것을 알아야 한다. 아무도 미래를 맞힐 수 없다. 앞으로 상대방이 항상 신뢰할 만하게 행동할지는 장담하기 어렵다. 미래의 신뢰성을 확신할 수 있는 사람은 과거에 신뢰를 깨뜨린 사람뿐이다. 그렇다. 당신의 신뢰를 깨뜨린 그 사람이 바로 당신의 신뢰를 얻기 위한 노력을 계속할지 말지를 결정한다. 그리고 그 결정은 그들의 행동으로 나타난다. 우리는 그저 그 행동을 유심히 관찰하기만 하면 된다. 관중석에서 구경하기만 하면 된다. 우리는 점쟁이일 필요가 없다. 그저 관찰자로서 그 행동을 지켜보기만 하면 된다.

진정한 변화를 보여 주는 열한 가지 지표

진정으로 변했는지 확인할 방법은 많다. 이번 장에서는 달라지겠다는 상대방의 약속이 진심인지 확인하기 위해 관찰해야 할 열한 가지 식별 가능한 객관적 기준에 초점을 맞춰 보자. 상대방이 진심이라면 변화의 과정에서 이런 지표들로 증거가 나타날 것이다. 물론 신뢰의 다섯 가지 필수 요소가 상대방을 다시 신뢰하기 위해 확인해야 할 행동적 변화들이다. 하지만 이번 장에서 살필 진정한 변화의 이 열한 가지 지표는 상대방이 다섯 가지 필수 요소에서 더 나아지기 위해 진심으로 노력하는지를 판단하는 데 정말 도움이 된다. 이 지표들을 통해 변화를 위한 상대방의 노력을 점검하여 그가 변화에 진심인지 아닌지를 확인할 수 있다.

자, 정리하면 이렇다. 신뢰는 다섯 가지 필수 요소에 달렸다. 그리고 상대방이 나아지기 위해 얼마나 진정으로 노력하는지는 이 열한 가지 지표를 보고서 알 수 있다.

① 도움의 필요성을 인정한다

자신에게 바뀌어야 할 문제점이 있음을 진정으로 깨달으면 이를 인정하고 도움을 구하게 되어 있다. "이걸 더 잘하기 위해서는 도움이 필요해요." 분명 이 사람에게는 도움이 필요하다. 그렇지 않다면 애초에 이 사람과의 사이에서 신뢰 문제가 발생하지 않았을 것이다. 그렇지 않은가? 하지만 이 점을 '우리'가 아는 것과 '상대방'이 아는 것은 다른 문제다. 상대방이 이 점을 말로 인정하는 것은 듣고 배울 자세가 되어 있고 변화에 목마르다는 확실한 증거다.

상대방이 이렇게 말하면 항상 희망이 생긴다.

"나는 이것을 잘하지 못하기 때문에 도움이 필요해요."

"나는 때로 진실을 말하지 못할 때가 있어요. 그런데 이유를 모르겠어요. 그 이유를 알기 위해 도움이 필요해요."

"술을 끊기 위해 도움이 필요해요. 나 스스로는 절제를 못 하겠어요. 이제 그걸 알겠어요."

심지어 인간관계 기술에 관해서도 도움의 필요성을 인정할 수 있다. "이것을 더 잘하기 위해 지도나 훈련이 필요해요. 내가 어떻게 사람들을 실망시키는지 알겠어요. 사람들이 왜 내게 화를 내는지 알겠어요."

진정한 변화의 이 첫 번째 지표는 "내게 문제가 있고 도움이 필요하다"라고 직접 말하는 것이다. 우리를 실망시킨 사람이 알아서 혼자 힘으로 변하기를 기대하는 건 현명하지 않다. 우리가 신뢰를 거둘 만큼 큰 문제가 있다면 대개 그 문제를 고치기 위해서는 다른 사람의 도움이 필요하다.

자신의 문제를 인정하고 도움의 필요성을 인정하는 그 자체가 겸손이다. 그리고 겸손은 변화의 기초다. 겸손 없이는 성장이 이루어질 수 없다. 교만하여 도움을 구하지 않으면 그 어떤 변화도 일어날 수 없기 때문이다. 이것이 예수님이 이렇게 말씀하신 이유다. "마음이 가난한 사람은 복이 있다. 하늘나라가 그들의 것이다"(마태복음 5장 3절, 새번역 성경). 여러 면에서 우리가 가난해서 도움이 필요하다는 사실을 깨달으면 좋은 것을 받을 수 있다. 도움 없이는 변화하기 힘들다.

상대방이 도움을 구하는 일에 적극적이라면 이는 좋은 신호다. 때로는 도움받을 수 있다는 사실을 상대방이 모를 수도 있다. 그런 경우에는 그 사실을 알려 주어야 한다. 그는 그 사실을 알면 적극적으로 도움을 구할 사람일 수 있다. 자신이 나아져야 한다는 사실을 알고 그렇게 되기를 진심으로 원하는 사람일 수 있지 않은가. "의에 주리고 목마른 사람은 복이 있다. 그들이 배부를 것이다"(마태복음 5장 6절, 새번역 성경).

② 검증된 변화 프로세스에 참여한다

실제로 변화하는 사람은 자신의 의지력만 의지하지 않고, 변화를 일으키는 프로세스에 참여한다. 그들은 자신만의 방법을 만들지 않고 계속해서 증명된 변화 프로그램에 참여한다.

만일 알코올중독자가 "우리 교회의 밥이 나를 자주 만나서 폭음을 끊도록 점검하고 격려해 주겠다고 했어요"라고 말한다면 바로 '멈춤' 버튼을 누르라. '밥 프로그램'은 실제로 알코올중독자를 치료한 전적이나 증명된 경험을 갖고 있지 못하다. 재정적으로 무책임한 사람이 가계부를 사 봐야 별로 소용이 없다. 신경질적인 태도로 팀원들을 힘들게 했던 전적이 있는 사람이 그냥 변하기 위해 최선을 다하겠다고 말하면 나는 그다지 희망을 갖지 않는다.

하지만 알코올중독자가 '밥 프로그램'에 등록하는 대신 '익명의 알코올중독자 모임'(AA)에 등록해서 멘토와 함께 노력한다거나 평판이 좋은 치료 센터에 등록했다고 말하면 증명된 변화의 과정을 밟고 있다고 말할 수 있다. 상대방이 경험 많은 재무 상담 전문가를 만나거나 데이브 램지 그룹의 프로그램에 등록하겠다고 말한다면 그의 재정적인 삶이 변할 거라고 충분히 기대해 볼 만하다. 까다로운 팀원이 실력이 입증된 경영자 코치(혹은 상담가)를 고용한다면 어느 정도 변화가 가능하리라 예상할 수 있다.

상대방이 변화를 위한 노력을 시작할 때 우리가 던져야 할 질문은 이것이다. "그 프로세스가 잘 알려진 것인가? 그 프로세스가 이 사람에게 필요한 것과 같은 변화를 이끌어 낸 전적이 있는가?" 상대방이 전문 상담가나 멘토 같은 개인의 도움을 받고 있다면 그 사람의 자격 증명서를 확인하라. 개인적으로 개발한 방법이 아니라 객관적으로 검증된 방법을 사용하고 있는지 물으라. 상담가나 멘토의 전적에 대해 물어보라.

좋은 의도로 도움을 주겠다는 사람이 실제로는 별 도움이 되지 않는 경우가 정말 많다. 지금 우리는 신뢰 이야기를 하고 있으니 스스로에게 이렇게 물으라. '내가 신뢰받을 만한 사람이 되기 위해 이 사람이 내게 사용하는 이 방법은 과연 신뢰할 만한 방법인가?'

대개 사람들은 더 나아지기 위한 자신만의 길을 개발하고자 한다. 그리고 그 프로세스의 진행을 스스로 관장하고 싶어 한다. 변화를 위한 전문적인 프로세스의 요구 사항을 따르려 하지 않는다. 독선적이거나 특권 의식이 강한 기질의 사람들은 자신이 전문가보다 더 잘 안다고 생각하는 경향이 있다. 하지만 검증된 프로세스의 요구 사항을 기꺼이 받아들이는 자체가 좋은 결과를 기대해도 될지 판단할 수 있는 중요 지표다. 그렇다고 해서 절대 융통성을 발휘하지 말라는 뜻은 아니다. 때로는 검증된 방법이라 선택했지만 그 사람에게 맞지 않을 수 있다. 그런 경우에는 다른 상담가나 프로세스로 변경할 필요성이 있다. 하지만 새로운 상담가나 프로세스도 신뢰할 수 있을 만한 자격 요건을 갖추고 있어야 한다.

③ 변화를 위한 구조를 받아들인다

행동이나 관계법, 비즈니스 방식을 근본적으로 바꾸려면 대개 '구조화된' 접근법이 필요하다. 구조에는 정해진 약속 시간에 나타나는 것, 그룹 활동에 참여하는 것, 코칭을 받는 것, 과제를 완수하는 것, 변화의 과정을 돕는 여타 활동에 참여하는 것이 포함된다.

이런 구조를 받아들이는 것은 상대방이 얼마나 진지하게 변화에 임하는지를 보여 주는 지표다. 앞서 말했듯이, 구조는 혼자서는 터득하기 힘든 새로운 기술을 터득하게 해 준다. 구조는 포도나무를 위한 격자틀이나 건축을 위한 비계 시설과도 같다. 자전거를 처음 타는 사람을 위한 보조 바퀴나 전투 기술을 새로 배워야 하는 신병 훈련소에 비유할 수도 있다. 상대방이 구조를 받아들이는 것뿐 아니라 그 구조의 요구 사항을 얼마나 잘 따르는지도 그가 얼마나 변화에 진지한지를 보여 주는 좋은 지표다.

치료 센터에서 일할 당시, 나는 중독자들에게 '90일간 90번의 모임' 같은 구조에 참여하게 했다. 구조는 옳은 패턴이 자리를 잡게 만드는 데도 도움이 된다. 구조는 변화의 길에서 수시로 벗어나지 않도록 도와준다. 부목은 부러진 다리가 다시 스스로 일어설 만큼 튼튼해지는 동안 붙은 상태를 유지하도록 도와준다. 이와 마찬가지로 구조는 새로운 기술과 올바른 패턴, 능력을 얻도록 도와준다. 비즈니스 세계에서도 코칭을 받는 사람은 시간과 장소, 특정 활동으로 이루어진 구조가 요구된다.

구조에는 시간, 장소, 사람, 역할, 활동, 모니터링, 징계, 대가 등 다양한 요소가 포함된다. 즉 변화의 과정을 이끌어 주는 '외적' 요구 사항이 포함된다. 상대방이 이런 요구 사항을 따르지 않으려 하면 문제가 있을 가능성이 높다.

구조는 고정될 필요가 없다. 예외적인 상황은 언제든 일어날 수 있다. 예수님은 안식일에 아픈 사람을 고치시면서 이에 관한 중요한 원칙을 가르쳐 주셨다. 안식일은 자기를 위한 그 어떤 일도 하지 말아야 하는 날이었다. 이는 하나의 구조였다. 당시 사람들은 이 구조를 철저히 지켜야 했다. 그런데 아픈 누군가가 치료를 받아야 했고, 예수님은 그 구조를 깨고 안식일에 그 사람을 고쳐 주셨다. 그리고 이에 대해 날선 비판이 날아오자, 예수님은 심오한 답변을 내놓으셨다. "안식일이 사람을 위하여 있는 것이요 사람이 안식일을 위하여 있는 것이 아니〔다〕"(성경 마가복음 2장 27절).

예수님의 이 말씀은 구조에 관해 많은 것을 시사한다. 구조는 바로 우리를 위해 존재한다. 우리가 원하는 사람이 되기 위해 구조가 필요하며, 우리를 돕기 위해 구조가 존재한다. 따라서 어떤 이유로 구조가 효과적이지 않다면 그 구조를 바꿔도 괜찮다. 합당한 이유라면 얼마든지 변경이 가능하다. 하지만 명심하라. 구조는 매우 중요하다. 그리고 구조는 우리를 위해 존재하는 것이다.

상대방이 구조의 도움을 받지 않고도 변화될 수 있다고 생각하지 말라. 새로운 기술과 능력을 기르려면 구조의 도움을 받아야 한다. 따라서 상대방이 구조를 받아들이고 잘 따르는지 확인하는 것이 현명하다.

④ 기술을 가진 전문가의 도움을 받는다

기술을 가진 전문가라는 표현이 검증된 프로세스와 비슷한 말처럼 들리지만, 이 말은 조금 더 깊이 들어간 것이다. 치료 센터나 리더십 개발 프로그램처럼 검증된 프로세스들이 우리를 배신한 사람에게 필요한 기술을 갖추고 있을 수 있다. 하지만 그 기술이 이 사람에게 필요한 전부이거나 이 사람에게 반드시 적합하다고 가정해서는 안 된다. 검증된 프로세스라도 특별히 '이 사람에게 필요한 무언가'가 없을 수 있다.

일부 구조화된 프로그램에서는 특정 상황에 맞게 특정한 접근법을 사용하지 않고 정형화된 접근법을 사용한다. 프로그램이나 전문가가 이 사람에게 특별히 필요한 전문성을 갖추고 있는지 확인하는 과정이 필요하다.

나는 CEO나 회사, 일반 가족 단위 클라이언트에게서 어떤 프로그램에 등록하기 전에 해당 프로세스에 자신에게 필요한 기술이 있는지를 확인해 달라는 부탁을 자주 받는다. 그럴 때 무엇보다도 나는 상담가의 전문성과 기질, 상담가가 좋은 성과를 보인 영역, 그 센터에서 특정 유형의 도움을 더 잘 제공하는지를 확인한다. 특정 영역 전문가의 주된 방침을 확인해야 할 때도 있다. 많은 정형외과 의사가 무릎 수술을 할 수 있겠으나, 이 의사는 최소 절개 수술 대신 로봇 수술을 선호한다면? 둘 다 증명된 수술법이지만 환자에 따라 적합하지 않을 수 있다. 어떤 부부 관계 상담가나 경영자 전문 코치는 매우 공격적이고 자기애가 강한 사람을 다룰 만큼 강하지 않을 수도 있다. 변화를 위한 프로그램이나 전문가에게 특정한 문제에 요구되는 기술을 충분히 갖췄는지, 우리에게 필요한 도움을 확실히 받을 수 있는지를 확인해야 한다.

이는 비단 정신 건강 전문가에게만 해당되는 건 아니다. 기업 회생을 위한 노력에는 대개 사장, 인력 관리 전문가, 멘토, 친구 등 여러 사람이 참여한다. 그런데 진짜 기술을 보유한 사람들의 도움을 받는 게 참으로 중요하다. 상대방을 위하는 마음만으로는 충분치 않다. 경험이나 재능, 지혜, 전문성을 갖춘 사람들과 함께 다른 유형의 조언과 도움을 제공해 줄 만한 전문가들이 있어야 한다.

당신에게서 다시 신뢰를 얻기 위해 변화를 모색하는 그 사람은 어떤 사람들에게 도움을 요청했는가? 그들은 어떤 기술을 갖고 있는가?

⑤ 필요한 새로운 기술을 배운다

변화의 과정에서는 분명 새로운 기술이 필요하다. 이전의 개인적인 기술과 대인적인 기술은 통하지 않는다. 상대방이 달라지려면 새로운 기술과 능력을 길러야 한다. 다양한 영역에서 자신에게 필요한 새로운 기술을 배워야 한다. 예를 들면, 경청, 커뮤니케이션, 갈등 해결, 시간 관리, 절제, 공동체 구축, 팀 구축, 권한 위임, 권위에 대한 복종, 불안과 스트레스 관리, 정돈된 생활, 감정 조절, 자기표현, 공감 훈련 같은 능력과 기술을 배워야 할 수 있다. 신뢰를 회복하기 위해 상대방이 새로워지려면 이런 능력이 필요할 수 있다.

물론 누구나 이런 영역에서 개선을 요구한다. 우리는 모든 삶의 기술이나 업무 기술에 능숙한 사람을 찾는 게 아니다. 우리가 원하는 건 신뢰 회복을 위해 변하려는 상대방이 자신의 신뢰 문제와 직접적으로 연관된 기술을 배우는 것이다.

⑥ 자발적으로 변화를 원하고 추구한다

진정한 변화라고 할 때 이 지표는 아무리 강조해도 지나치지 않다. (당신을 비롯한) 누군가가 그 사람에게 상담가나 코치 등을 찾아가라고 계속해서 귀찮게 해야 한다면 대개 그건 좋지 않은 신호다. 예수님은 이렇게 말씀하셨다. "의에 주리고 목마른 사람은 복이 있다. 그들이 배부를 것이다"(마태복음 5장 6절, 새번역 성경).

사람이 변하려면 스스로 변화를 원하고 자신의 노력으로 변화를 추구해야 한다. 상황이 그 사람의 변화를 요구할 수 있다. 그리고 우리도 계속해서 그를 변화로 이끌어야 한다. 하지만 변화의 과정이 유지되려면 남만 애쓸 것이 아니라 당사자가 변화를 간절히 원해야 한다. 자발적인 노력이 나타나야 한다.

변화를 진정으로 원하면 그것을 추구하게 되어 있다. 남들이 계속해서 잔소리할 필요가 없다. 그렇다고 해서 초기에 격려가 필요하지 않다는 말은 아니다. 도중에 큰 난관에 부딪힐 때 다른 사람의 지원이 필요하지 않다는 말도 아니다. 변화의 노력을 시작하려면 도움이 필요하고, 변화의 길을 끝까지 꿋꿋이 가려면 주변의 지원이 있어야 한다.

많은 사람이 도중에 주저앉는다. 그럴 때 우리가 일으켜 세우고 다시 등을 떠밀어 주어야 한다. 하지만 남들이 계속해서 등을 떠미는 상황은 좋지 않은 신호다. 우리는 말을 물가까지만 인도할 수 있을 따름이다. 물은 자기가 알아서 떠 마셔야 한다.

오랜 세월 다양한 리더들을 코치하면서 뜻밖의 사실을 배웠다. 이 일을 처음 할 때만 해도 성과를 잘 내지 못하는 사람들이 내게 가장 많이 도움을 요청할 줄 알았다. 상담 중에 내게 전화를 걸어오는 사람들은 대개 가장 뛰어난 사람이 아니리라 예상했다. 하지만 수십 년에 걸쳐 경험해 본 바, 결과는 정반대였다. 세계적인 수준의 탁월한 리더들이 오히려 내게 가장 많이 전화를 건다. 그들은 '자발적으로' 조언을 원한다. 그들은 '자발적으로' 자신들이 일하는 방식에 피드백을 원하며, 행동하기 전에 사람들과 상황에 관한 주변 의견을 '자발적으로' 원한다.

도움을 '자발적으로' 원하고 찾는 그들은 우리가 앞서 논한 지혜로운 자의 전형이다. 그들은 겸손하고 성장에 목마르다. 그 결과, 그들은 점점 더 나아진다. 내게 전화를 걸라고 그들에게 잔소리할 필요가 없다. 알아서 그렇게 하기 때문이다.

⑦ 곁에서 응원해 줄 사람이 있다

앞서, 변화하도록 도와줄 코치나 상담가, 멘토 등이 필요하다는 말을 했다. 물론 이들이 많은 지원을 해 준다. 하지만 큰 변화를 시도 중인 사람은 평범한 지원도 필요로 한다. 즉 늘 곁을 지키며 응원해 주는 친구들이 필요하다. 격려가 필요하다. 누군가가 늘 곁에 있다는 느낌이 들어야 한다. 상황을 알고 있고 필요할 때 돕고 격려하고 듣는 귀를 빌려주고 안전망이 되어 줄 수 있는 몇몇 막역한 친구들이 변화 중인 그 사람 곁에 있는지를 확인하라. 혼자서는 변화에 성공할 수 없다. 변화를 잘 이루어 내는 사람은 대개 변화의 과정 내내 함께해 줄 공동체가 있는 사람들이다. 혼자 하려고 하면 지독히 힘들다.

나는 항상 신뢰 회복을 위해 변화를 추구하는 클라이언트들에게 강력한 지원 시스템을 갖추라고 권한다. 그러면 그들이 변화의 길에서 벗어나지 않을 수 있고, 나아가 변화의 속도를 높일 수 있기 때문이다. 대개 필요한 도움은 '배신당한 사람'에게서 오지 않는다. 그 사람은 자기 고통을 다루느라 바쁘기 때문이다. 따라서 제삼자의 도움을 구해야 한다.

⑧ 조금씩이나마 갈수록 진전이 나타난다

하루아침에 좋아질 수는 없다. 변화는 시간이 걸리는 과정이다. 하지만 완성까지는 아직 멀었다 해도 어느 정도 진전이 보여야 한다. 그렇다고 해서 당장 '더 좋은' 모습이 나타나야 한다는 뜻은 아니다. 오히려 더 심한 고통에 시달리거나 더 무너지는 식으로 상황이 더 악화된 것처럼 보일 수도 있다.

중요한 건 시간이 갈수록 진전이 나타나는 것이다. 옳은 방향으로의 변화가 나타나야 한다. 새로운 패턴이 형성되어야 한다. 발전의 기미가 보여야 한다. 신뢰 회복을 위해 변화를 추구하는 그 사람이 '새로운' 무언가를 배우거나 경험하고 있다고 말해야 한다. 아무리 시간이 지나도 달라진 기미가 보이지 않는다면 정말로 변화가 일어나고 있는 건지 의심해 봐야 한다.

⑨ 모니터링 시스템이 있다

분명, 성장과 변화를 위한 프로그램은 대부분은 프라이버시가 보장된 상태에서 이루어져야 한다. 상담과 코칭 등 변화를 위한 프로세스에서 프라이버시 보장은 중요한 요소다. 따라서 우리가 그 과정에서 일어나는 모든 일을 확인할 수는 없다. 하지만 상대방이 그 프로세스에 참여하고 있는지는 알아야 한다. "그 사람이 상담 시간에 빠짐없이 참석하고 있는가? 노력하고 있는가? 열의를 갖고 있는가? 프로그램의 요구 사항에 순응하는 전적을 쌓고 있는가?" 다시 배신당하는 건 아닌지 판단하려면 이런 질문에 대한 답이 반드시 필요하다.

보통은 상대방이 변화 프로그램을 꾸준히 잘 따르는지 점검해 줄 사람이 따로 필요하다. 누구든 적합한 사람이면 되지만, 상대방이 프로그램에 잘 참여하고 있는지 책임감을 갖고 살펴본 뒤에 "네, 빠짐없이 참석해서 열심히 노력하고 있어요"라고 말해 줄 수 있는 사람이어야 한다. 대개 이것만 알면 충분하다. 때로는 더 자세한 정보를 알 수 있는 경우도 있고, 그것이 그를 돕고 있는 다른 사람에게 도움이 될 수도 있다. 하지만 적어도 상대방이 변화를 위한 프로세스에 성실히 참여하고 있는지는 알 수 있어야 한다.

⑩ 가능한 한 완전한 투명성을 유지한다

이것은 '비밀이 전혀 없는 것'을 말한다. 많은 경우, 배신의 중심에는 기만이 있다. 이중성, 비밀, 거짓말, 속임, 은폐 같은 행위가 배신을 가능하게 한다. 미래의 관계가 성공하려면 달라지려는 사람이 비밀보장을 포기하고 완전한 투명성을 받아들여야 한다. 여기에는 재정적

투명성, 장소에 관한 투명성(심지어 휴대폰에 추적 프로그램을 까는 것), 커뮤니케이션에 관한 투명성(음성 메일, 이메일, 문자, 소셜 미디어), 만남에 관한 투명성이 포함될 수 있다. 특히, 부부 사이의 배신의 경우 이런 투명성이 꼭 필요하다. 완전한 투명성이야말로 상대방이 진정으로 달라지고 있는지 알 수 있는 유일한 길이다. 상대방이 완전한 투명성을 허용하지 않는다면 그가 신뢰 회복을 진지하게 생각한 적이 있는지조차 의심스럽다. 만일 상대방이 완전한 투명성을 꺼려한다면 "왜?"라고 물어야 한다.

완전한 투명성이 힘든 상황도 있지만, 그에 대한 매우 합당한 해명이 있어야 한다. 그리고 그 이유는 배신당한 사람을 위한 것이어야 한다. 예를 들어, 직업상 모든 것을 공개할 수 없는 경우가 있다. 하지만 그런 경우에도 업무에 지장을 주지 않는 선에서 상대방이 어디에서 무엇을 하는지는 알아야 한다.

오랫동안 완전한 투명성을 유지한 뒤에 드류가 벨라에게 이렇게 말했던 순간을 잊을 수 없다. "아직 일정을 잘 모르겠어요. 하지만 내 소재를 알아야 한다면 추적 프로그램을 확인해 봐요." 그러자 벨라는 이렇게 말했다. "아…… 그건 더는 사용하지 않아요. 이제 당신을 믿으니까요." 드류가 투명성을 오래 유지해 온 끝에 마침내 자신을 증명해 보인 그 순간은 실로 감동이었다.

⑪ 자신에 향한 의심을 인정하고 풀어 준다

신뢰를 상실하면 당연히 의심받을 수밖에 없다. 물론 의심은 부정확할 수 있지만 의심하는 사람의 입장은 이해할 만하다. "자라 보고 놀란 가슴 솥뚜껑 보고 놀란다"는 말도 있지 않은가. 의심을 떨쳐 내려면 시간이 걸리며, 그러기 위해서는 질문을 던져야 한다. 때로는 겉으로 는 괜찮아 보이지만 의문을 가져야 할 상황도 있다. 예를 들어 "8시까지 온다고 해 놓고서 오지 않았어요. 어디서 뭘 하고 있었던 거죠?"나 "어젯 밤에 뭘 했나요?"는 정상적인 질문이다.

상대방이 합당한 질문에 방어적으로 나온다면 이는 나쁜 신호일 수 있다. 회복 프로그램에 성실하게 참여하고 있지 않다는 증거일 수 있 다. 방어적인 태도를 방치하지 말고 다루라. 신뢰를 회복하려고 노력 중 이라면 미심쩍은 행동에 관한 질문을 받고 기분 상해하지 말고 솔직하 고도 정확하게 해명해야 한다. 배신했던 사람은 배신당했던 사람이 어 떤 상황인지 궁금해하는 데 발끈하지 말고 의문을 풀어 주어야 한다.

신뢰를 회복하려면 오히려 질문을 '환영해야' 한다. 그것을 신뢰 의 중요한 기초로 보고 자신이 아무것도 숨길 것 없이 떳떳하다는 점을 보여 줄 기회로 여겨야 한다. 질문을 받은 이가 예민한 사춘기 아이처럼 "나를 믿지 못하는 거예요?" 하고 벌컥 화를 낸다면 우리의 대답은 이러 해야 한다. "맞아요. 미안하지만 아직 당신을 완전히 믿지 않아요. 하지 만 당신을 믿으려고 노력 중이에요. 그러려면 내가 안심할 수 있도록 내 가 묻는 모든 물음에 솔직히 답해 줘야 해요."

비즈니스 컨설팅 상황에서 "지금 절 의심하는 건가요?"라는 짜증 섞인 말을 듣고 답답했던 적이 수없이 많다.

그럴 때 나는 주로 이렇게 대답한다. "그렇게 생각하신다면 몇 가 지 묻고 싶습니다. 당신은 자신이 완벽하다고 생각하나요? 저는 아무도 완벽하지 않다고 생각합니다. 문제가 생기면 모두가 질문을 기꺼이 받 아들이고 성심껏 대답해야 합니다. 자, 계속할까요?"

우리 모두는 신뢰받고 싶어 한다. 하지만 자신이 잘못을 저질렀다면 상황이 좋아 보이지 않을 때 상대방의 의문을 받아들일 줄 알아야 한다. 자신이 결백하다면 오히려 질문을 환영하는 기회로 여길 것이다. 실제로 나는 달라지려고 노력 중인 사람들에게 언제든지 조사를 받아들이고 성심껏 대답하면 자신이 거리낄 게 전혀 없다는 점을 남들에게 보여 주고 신뢰 회복을 향해 성큼 나아갈 수 있다고 조언해 준다.

희망을 확인하는 이정표

지금까지 살펴본 열한 가지 요소는 상대방이 내가 다시 신뢰할 만한 사람으로 변해 가는 과정을 지켜볼 때 확인할 중요한 지표가 된다. 이 지표는 달라지려는 그들의 노력이 진실 됨을 보여 주는 신호다. 상대방이 진정으로 노력하고 있기에 희망을 가질 진짜 이유가 있다는 신호다. 상대방이 목표를 향해 열심히 달려가고 있다!

다시 말하지만, 우리는 완벽함을 찾는 것이 아니다. 변화를 위해 노력 중인 사람에게서 이 모든 요소가 어느 정도라도 보인다면 희소식이다. 이는 상대방이 진정으로 달라지고 있다는 신호다. 하지만 이 지표들이 보이지 않는다면 의문을 품어야 마땅하다. 단, 의문만 품을 게 아니라 답도 함께 제시해야 한다. 간접 증거인 이런 행동과 지표를 관찰하면서 상대의 변화의 과정이 믿을 만한지 아닌지를 판단해야 한다. 이 지표들은 모두 쉽게 식별 가능하고 객관적이다. 따라서 상대방이 정말로 변하는지 추측만 하지 말고 확실히 확인하라.

물론, 결국에는 실질적인 증거를 확인해야 한다. 궁극적인 질문은 "이 사람이 '신뢰의 다섯 가지 요소'를 갖춰 나가고 있는가?"다. 하지만 그 다섯 요소를 갖추도록 도와주는 성장 프로세스와 구조에 참여하는지 보면 어느 정도 답이 나온다. 이번 장에서 다룬 간접적인 지표를 사용하면 상대방이 진정으로 노력하는지 판단할 수 있다. 내 경험으로 볼 때 이 지표들은 정말 효과적인 평가 도구다. 이런 지표가 나타나면 희망을 가져도 좋다. 하지만 이런 지표가 보이지 않는다면 변화가 잘 이루어지지 않을 가능성이 있으니 다른 무언가를 다루어야만 한다.

이 지표의 또 다른 용도는 이것이다. 상대방이 '정말로' 열심히 참여하는데도 변화의 기미가 엿보이지 않는다면 현재 사용하는 프로세스 자체를 평가해 봐야 한다. 그 사람이 노력하고 있다면 다른 무언가가 필요할 수 있다. 그러나 노력하고 있지 않다면 그 사람 자체를 다루어야 한다. 혹 상대방이 노력하는데도 효과가 없다면 다른 종류의 도움, 혹은 더 많은 도움이 필요할 수 있다. 환자가 항생제를 복용하지 않아 병세가 호전되지 않는 것과 항생제를 열심히 복용하는데도 나아지지 않는 것은 전혀 다른 문제다. 약이나 복용량을 바꿔야 할 수도 있다.

신뢰 회복,
서두르면 망친다

신뢰 회복 과정에 마지막 7단계를 더하자면 "기어가고, 걷고, 뛰라"가 될 것이다. 이전 장에서 우리가 살핀 모든 것이 관계 속에서 잘 이루어지고 있다면 이제 천천히 조금씩 나아가야 할 때다.

모든 것이 잘 이루어지는 상황에 이르면 예전 관계로 돌아가고 싶은 마음이 든다. 상황이 계속해서 나아지면 기분이 좋아진다. 때로는 전보다 더 믿음이 생길 수도 있다.

상대방이 계속해서 잘하고 있으면 모든 과정이 끝났다고 생각하여 곧바로 상대방을 완전히 다시 믿고 싶어질 수 있다. 물론 실제로 모든 과정이 끝났을지도 모르지만 아직은 알 수 없다. 그러니 다시 믿기 시작할 때는 조금씩 천천히 시작하라. 짧게 한 걸음씩만 내딛으라.

상대방이 신뢰의 다섯 요소를 충족시키면서 꾸준히 전적을 쌓았다면 신뢰의 다음 단계로 나아갈 수 있다. 개인적인 관계에서 이것은 서로의 접촉을 늘리거나 별거를 끝내는 것일 수 있다. 비즈니스 관계에서는 기존 수준까지 책임이나 경영권을 점진적으로 더 늘려 주는 걸 의미할 수 있다. 어떤 배경에서든 '무'(無)에서 '전부'로 곧장 가지 말라. 0에서 시속 100킬로미터로 단숨에 가지 말라. 신뢰의 증거를 지속적으로 확인하면서 점진적으로 가라.

신뢰하고 검증하기를 반복하라. 달라지려고 노력 중인 사람을 낙심시키지는 말되, 신뢰 회복이 기나긴 과정이라는 인식을 공유하라. 확신이 서게 되면 곧바로 전적인 신뢰를 보낼 테니 그때까지 차근차근 가자고 말하라.

지금쯤 당신이 신뢰가 깨진 상황과 문제점을 잘 다루어 많은 회복을 이루었기를 바란다. 이전 그 어느 때보다 좋은 관계 속에서 살아가는 결실을 누리고 있기를 바란다.

TRUST

Part 5

과거를 떨치고
이제 전진하라

같은 실수를 되풀이하지 않는 법

20

잘못된 대상을
믿지 않도록

면역력
강화하기

　당신이 다시 신뢰해야 할 사람이 진정으로 변했는지 판단하기 위해 어떤 점을 살펴야 하는지 배웠으니, 이제 당신 자신에게 초점을 맞춰보자. 당신의 신뢰를 저버린 사람은 분명 자신이 한 행동에 대해 책임져야 한다. 하지만 앞서 잠깐 언급했듯이, 어쩌면 당신이 실수한 측면이 있을지 모른다. 당신 내면에 믿지 말아야 할 사람을 자꾸 믿게 만드는 취약점이 있을지 모른다. 신뢰가 깨진 사안에 대해 당신을 탓하려는 건 전혀 아니다. 똑같은 일이 다시는 발생하지 않도록 당신을 도우려는 것이다. 이것이 우리가 신뢰하지 말아야 할 대상을 신뢰하는 이유를 탐구해야 하는 이유다. 이번 장과 다음 장에 걸쳐 이 문제를 살펴보겠다.

인간 몸의 면역 체계에 관해 잠시 생각해 보자. 면역 체계의 작용 방식에서 신뢰와 관련한 몇 가지 교훈을 얻을 수 있다. 인간 몸의 면역 체계는 매우 복잡하고 정교하다. 하지만 가장 기본적인 기능은 우리 몸을 보호하고 건강하게 유지시켜 주는 것이다. 면역 체계가 제대로 작동하면 병균에 쉽게 감염되지 않아 병에 잘 걸리지 않는다. 면역 체계는 우리 몸에 들어온 병균과 싸워서 몰아낸다.

면역 체계의 일부분은 타고났으며, 인간이라면 누구나 갖고 있다. 피부, 눈과 분비물 속 효소, 위산 등 감염을 막기 위한 메커니즘이 바로 그에 해당한다. 병균 같은 외부 물질이 몸에 들어오려고 하면 이 메커니즘이 즉시 발동한다. 면역 체계의 또 다른 부분은 적응하고 진화하는 부분으로, 이 부분은 특정 병균을 인식하고 그에 반응하는 법을 배운다. 이 부분은 그 병균을 기억했다가 그것들이 다시 몸에 들어오면 맞서 싸우는 능력을 지녔다.

우리는 면역 체계에서 신뢰, 특별히 '잘못된 신뢰'에 관해 많은 것을 배울 수 있다. 누구나 과거에 사람을 잘못 신뢰했다가 호되게 대가를 치른 적이 있다. 그럴 때 우리는 같은 실수를 되풀이하고 싶지 않다. 이 책 5부의 목표는 당신이 '신뢰 면역력'을 길러 지난날 했던 것 같은 신뢰의 실수를 되풀이하지 않고 앞으로 할지 모를 실수를 피하도록 돕는 것이다.

감염이 몸속에서 이루어진다면 잘못된 신뢰는 마음과 정신과 영혼에서 이루어진다. 믿을 만하지 않은 사람을 믿지 않게 해 주는 적절한 '면역 체계'가 우리의 마음과 정신과 영혼 속에서 애초에 제대로 형성되어 있지 않거나, 어떤 일로 그 면역력이 약해지거나, 과거의 '신뢰 감염'에서 교훈을 얻어 다시 병균이 공격할 때 그것을 알아보고 몰아낼 능력을 기르지 않으면, 또다시 감염된다.

'믿어서는 안 될 사람'을 믿지 않도록 면역력을 기르고 싶지 않은 이는 아무도 없으리라. 면역 체계가 병균이나 바이러스를 정확히 포착하고 쫓아내는 것처럼 우리 모두는 그런 사람을 정확히 알아보고 멀리하고 싶다. 우리 몸이 종이에 베인 손가락에 난 상처로 들어오는 병균을 쫓아내는 것처럼 믿음이 가지 않는 이들을 신속하고도 단호하게 다루고 싶다.

하지만 그렇게 못 할 때가 많다. 누구나 잘못된 사람이나 그룹이나 조직을 믿은 경험이 있을 것이다. 지금도 그 일을 떠올리면 치가 떨리는가? 크든 작든 한 번이라도 배신을 당해 고개를 절레절레 내저어 보지 않은 사람이 어디 있으랴. '어떻게 이런 일이 일어났지? 내가 뭘 놓친 거지? 애초에 그런 사람을 왜 믿었을까?' 지나간 일을 돌아보며 '~했어야 해'라고 자책하는 순간은 너무나 고통스럽다.

그런가 하면 파악할 길이 없는 경우도 있다. 어떤 사기꾼은 그만큼 교묘하다. 버니 매도프를 생각해 보라. 그 사건의 피해자 가운데 자신에게 그런 문제가 닥칠 줄 예상한 사람은 거의 없었다. 어떤 경우든, 우리는 교훈을 얻어 앞으로는 잘못된 대상을 믿지 않도록 면역력을 강화할 수 있다. 최소한, 믿지 말아야 할 사람을 잘못 믿는 횟수를 줄일 수는 있다.

우리가 잘못된 대상을 믿는 이유에 관해서라면 따로 책 한 권을 쓸 수도 있지만, 지면 관계상 여기서는 면역 체계 비유를 들어 우리가 신뢰해선 안 될 사람이라는 '병균'에 감염되는 가장 흔한 이유 다섯 가지만 살펴보고자 한다. 이번 장에서 두 가지 이유를 살피고, 다음 장에서 나머지 세 가지를 다루겠다.

신뢰 면역력이 제대로 형성되지 못하다

면역 체계는 엄마 배 속에 잉태된 순간부터 형성된다. 태아는 잉태되자마자 감염과 싸우기 위한 능력을 기르기 시작한다. 태아는 감염과 싸우는 능력의 일부를 엄마에게서 얻는다. 그리고 나중에는 아기가 자라면서 부모에게 적절한 영양 공급과 사랑과 지원을 받고, 운동과 충분한 수면, 예방접종, 햇빛 같은 것을 통해 계속해서 면역력을 키워 간다. 나아가, 아기는 엄마가 자신의 면역력을 키워 온 경험에 관한 기억을 흡수한다. 그렇게 엄마의 경험이 아기에게로 녹아든다.

이와 비슷하게, 부모는 아이에게 어떤 종류의 사람이 안전하고 안전하지 않은지, 어떤 종류의 사람을 믿고 믿지 말아야 할지를 가르친다. 부모를 비롯한 어른들은 아이에게 인격, 영적 가치, 삶의 가치와 기술, 어떤 친구와 어울려야 할지 등을 가르쳐 준다. 이런 지혜는 면역 체계와 그 기능이 같다. 아이는 자신의 삶이나 영혼에 무엇이 괜찮지 않은지를 알아 간다. 그렇게 점점 더 많은 문제를 다룰 줄 알게 된다.

부모는 아이에게 거짓말쟁이나 불량배, 사람을 이용하거나 깔아 뭉개는 사람, 배신하기 쉬운 사람을 다루는 데 필요한 기술을 전수해 준다. 아울러 좋은 사람들과 우정을 쌓는 법도 가르쳐 준다. 이런 긍정적인 영향력과 기술 덕분에 아이는 '해로운' 사람들이 다가오지 못하도록 경계하거나 그들이 이미 다가왔다면 그들을 적절히 다룰 수 있게 된다. 예를 들어, 아이는 부모에게서 다음과 같은 것을 배운다.

 * "낯선 사람을 따라가선 안 돼."
 * "온라인에서 알게 된 사람이 친구나 네가 믿는 사람을 통해 다가온다 해도 그 사람을 사귀지 마. 심지어 그 사람과 대화도 나누지 마."
 * "마약을 하는 아이를 멀리하렴."
 * "전에 너한테 거짓말을 한 사람은 믿지 마."
 * "너를 괴롭히는 사람을 멀리해."

이런 가르침은 정서적·관계적 면역력을 강화시킨다. 적절한 선을 긋는 법, 자신을 보호하기 위해 거절하는 법, 힘든 대화를 소화하고 갈등을 다루는 법, 좋은 친구를 택하고 건강한 우정을 나누는 법을 가르치면 아이는 미래를 위한 강한 면역 체계를 얻는다. 이는 마치 자동차가 공장을 떠나기 전에 운전대를 장착하는 것과도 같다.

하지만 어린 시절의 발달 공장에서 이런 작업이 이루어지지 않은 경우가 많다. 다양한 이유로 부모나 가족, 공동체에서 위험한 사람을 피하기 위한 교육과 지원을 받지 못한 이들이 있다. 그 결과, 신뢰해선 안 될 사람에게서 상처를 받는다.

심지어 어떤 아이들은 믿을 만하지 않은 사람을 알아보는 법을 가정에서 배우지 못할 뿐 아니라 오히려 집에서 학대를 받는다. 이들에게는 배신당하고 상처를 받는 게 '정상'처럼 보인다. 이들은 신뢰의 다섯 가지 필수 요소를 모조리 어기는 자기중심적인 부모에게 이용당한다. 그리하여 나중에도 다른 사람들에게 이용당하기 쉬워진다.

이런 일은 부분적으로 건강하지 못한 관계에 익숙해서 벌어지는 것이다. 또한 사랑을 갈구해서 벌어진다. 누구든 조그만 사랑의 가능성이라도 보여 주는 사람이 다가오면 그들은 곧바로 그 사람에게 마음을 준다. 아무런 사랑도 받지 못하고 자라다 보니 누구든 작은 관심이라도 보여 주거나 '좋은' 무언가를 약속하기만 하면 그 사람에게 쉽게 마음을 여는 것이다. 어린아이처럼 어른도 필요한 관계적 능력을 얻지 못하면 쉽게 '애착하고' 믿는다. 잘못된 대상을 아무 의심 없이 믿는다.

학대나 방치를 당하면서 자란 사람들은 나쁜 사람들이 자신의 삶에 들어오게 허용할 뿐 아니라 그들을 가까이서 겪으면서도 문제점을 인식하지 못한다. 면역 체계가 어떻게 작용하는지 기억하는가? 독소가 들어오면 면역 체계는 이를 독소로 알아보고 스스로를 보호하기 위해 그 독소를 다룬다. 그런데 학대받은 상처로 울면서 부모를 찾아간 아이가 "그만 찔찔대. 그렇지 않으면 정말로 울게 만들어 줄 거야!"라는 말만 듣는다고 생각해 보라. 혹은 과도한 기대로 과도한 수준을 요구하는 부모로 인해 늘 열등감에 시달리며 자란 아이를 생각해 보라. 그러면 나중에 가혹한 상사 밑에서 열심히 일해도 핀잔만 듣는 상황을 당연시 여기게 된다.

부모의 가혹한 말은 아이의 정서적·관계적 면역 체계를 망가뜨렸다. 면역 체계가 정상이라면 '이건 내게 좋지 않아. 이 상황에서 벗어나야 해'라고 생각할 것이다. 하지만 그는 자신을 탓하면서 계속해서 혹사를 당한다. 학대당하는 사람들은 진짜 '악인'의 악행에 대해 자신을 탓하는 경우가 많다. 그 사람의 면역 체계는 독소를 알아보지 못한다. 독소는 결코 그 사람 자신이 아니다.

요컨대, 안타깝게도 어린 시절에 학대를 받으며 자란 사람들은 나중에 자신을 비슷한 방식으로 학대하는 사람을 믿는 경향이 있다. '공장'에서 제품이 조립되는 시기라고 할 수 있는 어린 시절에 삶에서 그런 문제가 발생했을 경우, 치유와 회복을 경험하기 전까지는 그 문제가 계속 영향을 미친다.

개인적인 관계에서도 같은 원칙이 적용된다. 말로 현실을 보지 못하게 만드는 이른바 가스라이팅을 당한 사람은 자신을 학대하거나 통제하거나 이용하는 사람과 함께 있을 때 자신의 느낌을 믿지 못해 결국 상처를 받는다. 면역 체계의 인식 부분이 제대로 작동하지 않는다. 그들은 자신이 피해를 입고 있다는 사실을 깨닫지 못하고 오히려 자신을 탓한다.

사람들이 독소를 알아보는 기술을 얻지 못하는 이유가 무엇이든, 이런 일은 계속해서 일어난다. 심지어 전혀 순진하게 보이지 않는 사회적으로 유능한 사람도 마찬가지다. 그들은 누구보다 똑똑하지만, 특정한 상황에서는 여느 사람들과 똑같이 속을 수 있다. 비즈니스 상황에서 이런 일이 자주 벌어진다. 세 치 혀를 교묘하게 굴리는 거래자가 이사회나 경영자, 투자자를 기만하여 문제점을 알아보지 못하게 만든다. 면역 체계의 인식 부분이 제대로 작동하지 않는다.

한 회사의 이사회에서 사장을 선정하는 과정을 도운 적이 있다. 마침내 선정 위원회가 고른 최종 후보와의 마지막 이사회 면접만 남게 되었다. 후보는 이미 최고위급 경영진 모임과 이사회에서 눈부신 지성과 매력으로 모두의 마음을 사로잡은 상태였다. 모든 점에서 탁월하고 인상적으로 보였으며, 실제로도 대단한 인물이었다. 이사회는 그를 영입하기로 이미 마음을 정한 상태였다. 이제 이 마지막 인터뷰만 남았고, 이사회는 내게 참석을 부탁했다.

이사들은 돌아가면서 여러 가지 질문을 던졌다. 후보는 그 회사의 비즈니스, 미래, 자신의 비전과 계획에 관해 혀를 내두를 만큼 통찰력 깊은 답변을 내놓았다. 그는 자신이 거둔 눈부신 성공담을 자세히 이야기했다. 그는 비슷한 상황에서 이런저런 일을 어떻게 해냈다고 말하면서 이번 일도 완벽하게 다룰 수 있다는 자신감을 내비쳤다. 그는 실로 뛰어난 인물이었다.

하지만 내 눈에는 그가 '너무 잘나' 보였다. 너무 완벽해 보였다. 너무 자신감이 넘쳐 거만해 보일 정도였다. 내가 그곳에 모인 경영자보다 똑똑하지는 않지만, 나는 '누구보다 일을 잘하면서도 성격 장애와 자아도취증이 심한 사람'에 관한 경험이 아주 많다. 나는 이 후보가 바로 그런 사람이라고 확신했다. 내 '면역 체계의 인식 세포들'이 "독소 출현, 독소 출현, 독소 출현!" 하고 외치고 있었다.

그의 자화자찬을 들을수록 구역질이 나고, 원래는 현명하고 똑똑한 사람들이 그런 사람에게 푹 빠져 있는 모습을 보자니 답답하기 그지없었다. 모임 전에 그들은 내게 이렇게 말했다. "정말 대단한 사람이에요! 우리에게 딱 맞는 완벽한 리더예요!" 그 말을 듣고 어서 그를 만나고 싶었다. 하지만 막상 보고 나니, 그 사람이 '사장직을 맡을 사람으로서 신뢰할 만한 사람'은 절대 아니라는 사실을 어서 이사들에게 깨우쳐 주고 싶었다.

드디어 내가 질문을 던질 차례가 되었고, 나는 딱 한 가지 질문만 했다. "좋군요. 당신의 강점과 경험이 이 회사에 얼마나 도움이 될지 똑똑히 알겠습니다. 말할 것도 없이 큰 도움이 될 겁니다. 그런데 제 질문은 당신의 약점에 관한 것입니다. 당신의 약점이 이 직책에 어떤 영향을 미칠까요? 그리고 그 약점을 어떻게 다룰 계획이신가요? 그 약점에 대해서 우리가 어떻게 도와야 할까요?"

그가 보인 반응을 두고두고 잊지 못할 것이다. 그는 아무런 말도 하지 않았다. 그 자리에 있던 사람들도 다 쥐 죽은 듯 고요했다. 그는 조용히 나를 응시만 하며 한참 동안 혼란스러운 표정을 지었다. 내가 무슨 말을 하는지 모르는 것 같았다. 나 역시 가만히 그를 바라보기만 했다.

마침내 그가 입을 열었다. "음, 제 가장 큰 약점은 의욕이 너무 넘치는 게 아닐까 싶습니다. 저는 어떻게든 성과를 내지 않고서는 견디지 못하죠. 저 때문에 뒤처지는 사람이 생길 수 있습니다. 그래서 누구도 너무 많이 뒤지지 않게 만드는 게 중요할 것 같습니다."

"죄송합니다만 성과를 내기 위해 밀고 나가는 것은 제가 볼 때 강점 같은데요. 저는 약점을 말해 달라고 부탁했습니다." 나는 그렇게 말하고서 그를 다시금 응시하며 답변을 기다렸다.

그러자 그는 이런 내용의 말을 했다. "네, 그건 강점이네요. 빨리 따라오지 못하는 사람들이 뒤처지는 기분을 느끼게 된다는 게 단점 아닐까요?"

"자, 다시 묻겠습니다. 당신의 약점을 말해 주세요." 나는 재차 물었다. 하지만 그의 입에서 끝내 약점은 나오지 않았다. 그는 내 질문을 농담으로 받아치면서 자신에게 홀딱 반해 있는 이들의 귀를 즐겁게 했다. 그러고 나서 그는 면접 장소를 나갔고, 우리는 그를 두고 서로 의견을 주고받았다.

이사회는 그를 영입하기로 마음을 굳혔다. 그들은 너무도 똑똑하고 뛰어난 재능을 가진 매력적인 그에게 푹 빠졌다.

"제 말을 기록해 주셨으면 좋겠습니다. 그를 영입하지 말아야 합니다. 이 말을 꼭 면접 기록지에 남겨 주세요."

"무슨 말인가요? 그는 여러 면에서 정말 재능이 뛰어나요. 대단한 인물이에요. 그런 사람을 어떻게 반대할 수 있죠?" 누군가가 물었다.

"제가 볼 때 그는 지거나 실패해 본 적이 없어요. 장담컨대, 설령 이 회사가 그의 첫 번째 실패작이 되지는 않더라도 다음번 실패작이 될 겁니다."

이후로도 우리는 좀 더 논의했지만, 이사회는 내 말을 듣지 않고 끝내 그를 영입했다. 그리고 1년이 조금 지나 그 사장은 결국 그 회사를 엄청난 혼란과 상실로 이끌었다. 그 사람을 회사에서 내보내는 데 또다시 1년 반이 낭비되었다. 그가 지나간 자리에는 조직 문화 문제, 팀워크 문제, 재정 문제, 실망한 이해관계자들이 남았다. 이사회는 이런 사람을 믿고 영입했다. 왜일까?

어떤 이유로든 이사회는 이런 유의 성격 유형을 알아보지 못했다. 사람들이 무언가 결핍된 상황에서 신뢰에 관한 잘못된 결정을 내리기 쉽다는 점에서 보면 이 회사는 매우 위험한 상태였다. 이사회는 이전 리더를 잃고서 생긴 공백을 서둘러 메워야 했다. 사업적으로 매우 힘든 상황을 겪고 있었기 때문이다. 그들은 상처받은 아이처럼 누구든 자신들을 구하기 위해 나타난 첫 영웅을 이상화하기 쉬운 상황이었고, 실제로 그렇게 했다. 다급한 상황이었던지라 면역 체계에서 패턴 인식 부분이 제대로 작동하지 않아 결국 어리석은 선택을 하고 만 것이다.

다시 말하지만 내가 그 이사들보다 똑똑하다는 말은 절대 아니다. 그들은 누구보다 큰 성공을 거둔 대단한 인물들이었다. 하지만 나는 그들처럼 그 후보를 절실히 '필요로 하지' 않았다. 그래서 '내가 보고 싶은 대로 볼 위험'이 내게는 없었다. 게다가 나는 자아도취에 빠진 사람을 본 임상 경험이 많았다. 나는 그런 사람들이 신뢰의 다섯 가지 필수 요소 중 여러 요소와 관련해 문제를 일으키리라 예상되기에 믿지 말아야 한다는 사실을 배웠다.

지금까지 우리는 어린 시절 또는 성인기에 학대를 당해 건강한 관계에 필요한 능력을 기르지 못하면 신뢰할 만하지 않은 대상에게 당하기 쉬워진다는 점을 살펴보았다.

관계적 경험에서
제대로 배우지 못하다

앞서 말했듯이 인간의 몸은 어린 시절의 발달 공장에서 독소와 싸울 면역 체계를 얻는다. 이 면역 체계에는 타고난 부분만 있는 것이

324

아니라 적응하는 부분도 있다. 다시 말해, 경험을 통해 배우는 부분이 있다. 면역 체계는 특정 바이러스나 박테리아, 질병과 상호작용하고 나면 그 외부 침입자가 어떤 것인지를 기억하고 나중에 알아볼 수 있다. 그것을 죽일 면역 반응과 항체도 이미 형성해 놓은 상태다. 비유적으로 볼 때 바로 이것이 그 이사회에서 그 잘못된 리더를 영입할 때 내 안에서 일어난 일이다. 나는 그런 종류의 리더나 사람을 그 전에 이미 너무 많이 경험했던 터라 그 패턴을 알아볼 수밖에 없었다. 너무도 오랜 세월 동안 수많은 심리 상담과 리더십 컨설팅을 진행하면서 너무도 많은 교훈을 얻었다(솔직히 고백하자면 개인적으로도 여러 번 배신을 경험했다).

우리 몸의 면역 체계에서 적응을 담당하는 부분이 감염과 독소에 한 번 노출될 때마다 배우는 것처럼, 우리도 관계적인 경험에서 배워야 한다. 패턴을 보고 피하는 법을 배워야 한다. 철학자 니체처럼 말해야 할 상황을 분별할 수 있어야 한다. "당신이 내게 거짓말을 해서 화가 나는 게 아니라 지금부터 당신을 믿을 수 없는 것이 화가 난다."

오래전 한 치료 모임에서 한 여성이 했던 말이 기억난다. "이제 알겠어요. 저는 아홉 명의 가학적 성격장애 남자와 결혼했어요. 다시는 그러지 않겠어요!"

그러자 그룹 중 누군가가 말했다. "메리, 당신은 아홉 명의 가학적 성격장애 남자와 결혼한 게 아니에요. 당신은 아홉 개의 다른 이름이 있는 한 명의 가학적 성격장애 남자와 결혼한 거예요." 패턴을 알아보는 안목이 실로 대단하지 않은가.

우리는 사람을 경험할 때마다 그의 패턴이 무엇인지 파악할 뿐 아니라 그 경험에서 '우리 자신'의 패턴도 발견해야 한다. 스스로에게 이렇게 물어야 한다. '내게 어떤 패턴이 있길래 다른 사람이 이 사람에게서 보는 점을 나는 보지 못하는 것인가? 내 인식의 어느 부분이 망가졌길래 믿을 만하지 않은 사람을 믿는 것인가? 왜 나는 같은 사람에게서 몇 번이나 상처를 받는가? 왜 나는 같은 종류의 사람을 계속해서 믿는 것인가?' 이는 다 매우 중요한 질문이며, 그에 대한 답은 여러 가지다.

* 어린 시절 가족의 나쁜 패턴을 알아보지 못해 이제 그것이
  자신에게 정상적인 게 되어 버린 경우가 있다. 정서적으로 혹은
  다른 면에서 믿을 만하지 않은 부모나 중요한 사람이 있었기에
  역기능이나 학대를 '정상'으로 받아들이거나 그게 자신 탓이라고
  믿게 될 수 있다.

* 때로 인식 능력이 망가지는 일은 어릴 적 가정이 아닌 어른이 되어
  일어난다. 이는 스톡홀름증후군과 비슷하다. 스톡홀름증후군은
  힘의 불균형이 존재하는 학대적 관계에서 나타난다. 그런 관계에서
  학대하는 사람과 학대당하는 사람 사이에 결속이 이루어진다.
  그러면 피해자는 학대자나 심리적으로 자신을 지배하는 사람을
  믿기 시작한다.

* 자신의 인식이나 느낌, 생각, 현실을 믿지 말라는 말에 계속해서
  설득당하는 경우가 있다. 이를 '가스라이팅'이라 부른다.
  가스라이팅을 당한 사람은 자신의 현실을 인정하지 못한다. 그래서
  또 다른 사람이 다가와 그와의 관계에서 자신이 느끼는 것이나

보는 것을 믿지 말라고 설득하면 자기 자신을 의심하며 그런 자기 의심 속에서 살게 된다. 내가 좋아하는 성경 구절 중 하나는 히브리서 5장 14절이다. "그러나 어른이 되면 단단한 음식도 먹게 됩니다. 성인은 지각을 사용하여 계속 훈련함으로써 선과 악을 분별합니다"(현대인의 성경). 이 능력은 바로 면역 체계의 인식 능력이다. 하지만 가스라이팅을 당하면 이런 지각 능력을 잃는다.

* 부모나 어릴 적에 중요한 관계에 있던 사람에게서 '나쁜 면'을 보는 게 허용되지 않은 경우가 있다. 예를 들어, 어떤 이들은 부모나 어린 시절 발달기에 영향을 미친 사람들을 '전적으로 좋게' 본다. 그들은 이 사람들에게서 흠을 보지 못한다. 그리하여 나중에 비슷한 유형의 사람을 만나도 흠을 보지 못한다. 예를 들어, 어머니나 아버지를 이상화해서 그들의 단점을 인식하지 못하거나 그들이 자신에게 얼마나 큰 상처나 실망감을 안겼는지 인정하지 못하면 나중에 다른 사람들도 같은 식으로 보게 될 수 있다. 그들의 문제점을 보지 못할 수 있다. 그럴 경우, 용서와 화해로써 과거 속 인물들을 제대로 인식하는 건 무엇이 상처이고 무엇이 상처가 아닌지를 분별하는 열쇠다.

* 자신을 정확히 보지 못해 다른 사람을 분명하게 보는 법을 배우지 못할 수 있다. 예수님의 가르침처럼 자기 눈 속에 있는 "들보"를 빼내지 않으면 남들의 문제점을 제대로 볼 수 없다. 예를 들어, 자신의 수동성을 못 보는 사람은 다른 사람이 얼마나 공격적이고

사나운지 보지 못할 수 있다. 그들은 자신에게 없는 '적극성'이 있다고 생각하여 오히려 그 사람에게 끌릴 수도 있다.

이와 비슷하게, 자아상의 문제나 자아도취적인 성향이 있어서 자신을 '이상적으로' 보기 원하는 사람은 자신보다 훨씬 더 자아도취적인 사람에게 끌려서 호되게 배신당할 수 있다. 또 외롭고 허전한 사람은 다른 사람이 자신에게 필요하다 생각하여 그 사람을 이상화하는 경향이 있다. 회사 사장이 급히 필요했던 이사들에게 바로 이런 일이 일어났지 않은가. 충족되지 않은 필요가 많을수록 믿을 만하지 않은 사람을 믿을 위험이 더 커진다. 성경 잠언 27장 7절은 이렇게 말한다. "배고픈 사람은 쓴 것도 달게 먹는다"(현대인의성경). 외롭고 허전할수록 쓴 사람, 믿을 만하지 않은 사람이 꽤 좋게 보일 수 있다. 외롭고 허전한 사람은 남들에게서 자신이 보고 싶은 것을 보게 된다. 혹은 우리가 통제적이고 지배적인 태도로 남들을 밀어붙이면 남들은 우리 말을 거절하지 못하거나 자신의 생각을 우리에게 솔직하게 털어놓지 못한다. 그러다가 견딜 수 없을 지경에 이르면 우리를 배신하고 분노로 우리에게 등을 돌린다.

우리의 면역 체계가 경험에서 배우지 못하는 데는 수많은 이유가 있다. 여기서는 우리 내면에 상처나 성숙하지 못한 부분이 있으면 다른 사람의 문제점도 제대로 보기 힘들다는 점만 기억하고 넘어가자. 이것이 우리 자신과 우리의 관계법의 문제점을 돌아보아야 하는 이유다. 그래야 타인을 정확히 보고 판단할 수 있다. 우리가 건강해질수록 우리 앞에 놓인 것을 더 분명히 볼 수 있다.

다시 한번 강조하고 싶다. 이 말을 하는 건 피해자에게 책임을 묻기 위함이 아니다. 분명 신뢰를 저버린 사람이 배신에 대한 책임이 있다. 이 점에 대해서는 왈가왈부할 것 없다. 여기서 내가 하고 싶은 말은 단지 배신할 사람을 알아보는 능력을 길러 그런 사람에게 당하지 않게끔 해야 한다는 것이다. 물론 항상 속지 않으리란 법은 없지만, 우리는 지금보다 더 정확한 시각을 기를 수 있다.

21.
관계의
적정 바운더리

설정하기

지금까지 배운 내용이 앞으로 신뢰에 관해서 더 좋은 결정을 내리는 데 도움이 되었기를 바란다. 앞 장에 이어 우리가 잘못된 대상을 믿는 이유에 대해 계속해서 더 탐구해 보자. 이런 이유를 정확히 이해할수록 이런 상황에 빠질 위험이 줄어든다. 혹은 같은 상황이라도 보다 잘 다룰 수 있다.

'경계들'과 '경계 설정 능력'의 부재

인간의 몸에서 면역 체계의 가장 중요한 측면 중 하나는 면역력을 약화시키는 독소와 싸워 그것들이 우리를 더 이상 감염시키지 않도록 막는 능력이다. 가벼운 조치에서 강력한 조치까지, 면역 체계는 몸을 보호하기 위한 도구를 많이 갖추고 있다.

면역 체계는 먼저 독소를 제거하기 위해 침이나 위산 같은 낮은 수준의 조치를 취한다. 눈물, 점액, 심지어 피부도 항원이 몸속으로 들어오기 전에 막아 내는 낮은 수준의 면역 기능을 수행한다. 이런 일이 일어나는 내내 우리는 무슨 일이 일어나는지 의식조차 못한다.

면역 체계가 우리 몸에 하는 작용은 경계들(boundaries; 바운더리들)이 우리의 마음과 정신에 하는 작용과 여러모로 비슷하다. 관계에서도 해로운 독소가 우리에게 침투하지 못하도록 보호해 줄 낮은 수준의 기술이 필요하다. 그런 관계 기술 중 하나는 문제를 쉽게 알아채고 이를 상대방에게 이야기하는 능력이다.

"뭔가 찜찜해요. 이 문제에 관해 이야기를 나누고 싶어요."

"이건 좀 이상한데요. 돈을 평소에 사용하던 계좌가 아닌 그 계좌에 넣은 이유를 설명해 줄 수 있나요?"

공격적이지는 않되 단도직입적인 대화로 문제를 다루는 것은 낮은 수준의 면역 반응이다. 이는 매우 정상적인 반응이다. 앞서 말했듯이 상대방이 잘못을 인정하면 문제는 쉽게 사라진다. 면역 기능이 효과를 발휘하고, 신뢰가 회복된다.

신경 쓰이는 걸 미루지 말고 빨리 이야기하면 문제가 더 커지는 상황을 막고, 믿을 만하지 않은 사람을 믿지 않도록 우리 자신을 보호할 수 있다. 갈등을 피하는 성향 탓에 작은 문제를 무시하고 애초에 싹을 자르지 않아서 배신이 발생하고 신뢰가 깨지는 경우가 많다. 선을 정하고 상대방이 그 선을 넘었을 때 "이걸 계속 방치할 수 없어"라고 말할 능력이 없을 때 그런 일이 발생한다. 우리 모두는 갈등이 파국으로 치닫기 전에 다루는 기술을 배워야 한다.

오래전에 한 여성을 고용한 적이 있다. 그녀는 새 아파트에 들어갈 예정이었는데 절차 승인을 담당하는 관계자가 몇 가지 재정적 정보를 확인하고자 내게 전화를 걸었다. 그 과정에서 그녀가 소득 확인 증명서를 거짓으로 제출했다는 사실을 알게 되었다. 나는 그녀에게 거짓 서류를 인정해 줄 수 없다고 했다. 그러자 그녀는 얼굴을 붉히며 나더러 그깟 사소한 일에 너무 고지식하게 군다고 항변했다. 당시 경험이 적고 젊었던 나는 실수를 했다. 그 문제를 지적은 했지만 더 큰 경고 신호까지는 못 본 것이다. 그 자리에서 그녀를 해고했어야 했지만 그러지 않았다. 결국, 나는 그녀를 곧바로 해고하지 않은 대가를 나중에 톡톡히 치러야 했다.

그 일로 내 면역 체계는 교훈을 얻었다. 만약 내가 즉시 행동했더라면 나중에 발생한 더 큰 문제를 피할 수 있었을 것이다. 이 사례는 입 속의 침과 같은 낮은 수준의 조치와 비슷하다. 내가 처음에 느낀 가벼운 경각심에 따라 행동했더라면 나중에 그녀 때문에 골치 아플 일이 없었을 것이다.

낮은 수준의 조치로 충분치 않을 때는 면역 체계가 감염과의 싸움을 돕도록 즉시 다른 세포들을 내보낸다. 마찬가지로, 간단한 대화와 경계들로 문제가 해결되지 않을 때는 더 강도 높은 경계와 보호 조치가 필요하다. 이제 감염을 막기 위해 도와줄 사람을 동원하고 더 강한 행동으로 대응해야 할 때다. 믿을 만한 지혜와 기술을 지닌 사람을 주위에 포진시킨 상태에서 문제를 지적하라. 혼자서 할 수 없을 때는 남들의 도움을 받으라. 이것이 다음 단계의 올바른 조치다. 다른 사람의 개입이 필요할 정도라면 대화가 더 힘들 수밖에 없다. 더 강한 '독소'를 다루는 상황이기 때문이다. 하지만 더 강한 면역 반응으로 문제를 막을 수 있다. 더 강한 경계를 설정하면 된다.

　이 단계에서는 도와줄 사람들이 분명히 보는 가운데 독소를 정확히 지적해야 한다. 내가 이전 책에서 이야기했던 기술이기도 하다. 그 책에서 나는 상대방이 빠져나가지 못하도록 잘못을 정확히 지적할 필요성을 이야기했다. 앞서 말했듯이 화해와 신뢰 회복 과정에서도 상대방이 신뢰의 다섯 가지 필수 요소를 어떻게 어겼는지 분명히 지적해야 한다. 그때 상대방이 잘못을 제대로 보도록 도와줄 사람과 함께해야 한다. 상대방이 잘못을 인정하면 해결 단계로 바로 나아갈 수 있다. 그렇지 않으면 그가 마땅한 대가를 치르도록 조치를 취해야 한다.

　이 단계에서 문제를 해결하려면 그 문제를 정확히 지적하고 다른 사람의 도움을 받는 능력이 필요하다. 하지만 어릴 적에 다른 이의 문제점을 지적하는 법을 배우지 못했거나 그럴 때마다 혼난 사람들은 이와 같은 까다로운 상황을 다루기 위한 기본적인 능력을 갖추고 있지 못하다. 그들은 적절한 경계를 설정하고 상대방의 잘못을 명확히 지적하며 다른 사람의 도움을 받는 능력이 전혀 없다. 그리하여 결국 잘못된 대상을 믿어 문제를 더 키우는 일이 발생한다. 이것이 경계와 경계 설정 기술이 그토록 중요한 이유다. 혼자서는 해결하기 힘들 때 다른 사람의 도움을 동원하는 능력도 마찬가지로 중요하다.

오래전, 친구 부부가 사는 도시에 들른 적이 있다. 그들이 보고 싶어 연락했더니 나를 저녁 식사에 초대해 주었다. 그들은 정말 건강하고 화목한 가족이었다. 그 부부에게는 네 자녀가 있었는데 하나같이 주변 사람을 기분 좋게 만드는 아이들이었다.

저녁 식사 시간에 친구 부부는 우리가 서로 아는 한 친구의 안부를 물었다. 사실 그 친구는 불륜을 저지르는 바람에 인생이 파탄 난 상태였다. 하지만 열세 살 된 첫째아이에서 다섯 살짜리 막내까지 다 모인 식사 자리에서 그 이야기를 하기가 난감했다. 그래서 직접적인 표현과 강한 표현을 쓰지 않고, 어른만 알아듣도록 상황을 에둘러서 묘사했다. 그때 친구의 아홉 살짜리 딸이 했던 말이 잊히질 않는다. 아이는 혼란스러운 표정으로 내게 물었다. "도대체 무슨 말을 하시는 거예요?"

나는 놀라서 자빠질 뻔했다. 아이의 질문은 실로 날카로웠다. 이런 생각을 했던 기억이 난다. '얘는 평생 누구에게 속고 살지는 않겠어. 문제를 간파하고 정확히 지적하는 능력을 타고났어. 잘못된 대상을 믿는 일은 별로 없겠는걸.'

여기서 핵심은, 그 아이가 서로를 존중으로 대하고 서로에게 솔직한 부모 밑에서 자랐다는 것이다. 그 과정에서 그 부모는 그런 태도와 능력을 아이들 가운데도 불어넣고 있었다. 진짜 돈을 다루는 은행 창구 직원이 위조지폐를 즉시 알아보듯, 그 딸은 진정한 관계를 경험하며 자란 덕분에 정상이 아닌 상황을 다루고 지적할 수 있었다.

하지만 문제를 보고 지적하고 막는 법을 보고 배우지 못한 이가 수두룩하다. 좋은 경계를 설정하고, 문제를 지적하고 막는 법을 배우기 위한 환경이 필요하다. 그런 환경에서 필요한 기술을 배우지 못한 사람들은 훗날 쉽게 배신당할 수 있다.

어떤 경계를 어떻게 설정할지 더 알고 싶다면 내가 존 타운센드 박사와 함께 이 주제를 깊이 파헤친 《바운더리》(*Boundaries*)란 책을 읽어보길 바란다. 하지만 여기서는 적절한 경계를 설정하여 "난 이런 취급을 받을 수 없어요. 우리가 이 문제를 다루고 해결하기 전까지는 더는 아무것도 진행할 수 없어요"라고 말하고서 문제를 재빨리 다루는 능력이 신뢰의 영역에서 매우 중요하다는 점만 짚고 넘어가자.

적절한 경계를 정하고 고수하며, 때로 다른 사람의 도움을 받을 줄 아는 능력이 없으면 잘못된 신뢰라는 바이러스가 관계를 감염시킬 수 있다. 하지만 적절한 경계는 강한 면역 체계와 같아서 잘못된 대상을 계속해서 믿지 않도록 막아 준다.

초기 항체의 부재

자신의 신뢰를 저버린 사람을 절대 못 믿는 사람을 아는가? 그런 사람은 그런 일이 일어났다는 사실에 충격을 받는다. 그리고 같은 사람이 다시 신뢰를 저버려도 처음에 놀랐던 것과 똑같이 그가 그럴 줄은 정말 몰랐다는 반응을 보인다. 우리는 사랑과 책임감이 많은 사람이 믿을만하지 않은 사람에게 당할 때 이런 모습을 자주 본다. 그들은 같은 사람이 신뢰를 깨뜨릴 때마다 계속해서 놀란다. 왜냐하면 그들의 기본적인 세계관에는 남을 속이고 남에게 상처 주는 사람이 없기 때문이다. 그래서 믿을 만하지 않은 사람이 나타나면 이를 알아보지 못하고 어떤 일이 벌어지는지 알아차리지 못한다. 나아가 이들은 상대방을 사랑해 주면 바뀔 거라고 생각한다. 이들은 그런 사람을 다룰 능력이 없다. 더없이 순진하다. 옥스퍼드 영어사전(Oxford English Dictionary)에 따르면, 이들은 "경험이나 지혜나 판단력의 부족함을 보이는" 사람이다. 다시 말해, 그전까지 거짓말이나 기만이나 사기를 당한 경험이 없었다. 세상에 다른 사람을 나쁘게 대하는 사람이 존재한다는 사실 자체를 모른다.

다시 면역 체계 이야기로 돌아가서, 면역 체계의 놀라운 능력 중하나가 바이러스, 박테리아, 세균, 이물질을 한번 경험하면 이를 다루는 법을 배운다는 것이다. 어떤 병에 걸리면 면역 체계는 다음번에는 그 병을 막아 낼 능력이 생긴다. 면역 체계는 그 병을 익히고 "흥! 이젠 널 알아. 이번에는 어림도 없어!"라고 자신감 있게 말한다. 연구에 따르면, 자녀가 자연, 흙, 세상과 정상적으로 상호작용하게 놔두지 않으면 자녀의 면역 체계는 온갖 종류의 항원을 다루는 법을 일찍부터 배우지 못한다. 이런 아이는 나중에 잦은 병치레를 하는 경향이 있다. 이들의 면역 체계는 더없이 '순진하다.' 많은 세균을 만나지 못했던지라 그것들을 어떻게 다뤄야 할지 알지 못한다.

어린 시절에 흔히 앓고 지나가는 병들이 있다. 내가 어릴 적에 이런 병에 걸린 친구가 있으면 어머니는 나도 그 병에 걸리도록 친구 집에 가서 하룻밤을 자고 오게 하셨다. "어른이 되고 난 다음에 이 병에 걸리는 것보다 어릴 적에 걸리고 마는 게 나아. 가서 너도 한번 걸리고 이겨 내렴." 여러모로 어머니가 옳았다(물론 모든 질병이 다 그렇지는 않지만, 내 말의 요지가 무엇인지 이해했으리라 생각한다).

처음으로 출장을 많이 다녔던 때가 기억난다. 1년에 비행을 24,000킬로미터 넘게 했던 것 같다. 그때는 감기를 비롯해서 온갖 잔병 치레를 했다. 매년 그러다가 언제부턴가 좋아졌다. 수년 동안 골골대다가 잔병이 어느 순간 사라졌다. 걸려야 할 잔병이란 잔병은 다 걸렸기 때문이 아닐까 싶다. 내 면역 체계는 더는 순진하지 않다. 감사하게도 이제는 좀처럼 병에 걸리지 않는다. 내가 딱히 건강에 신경을 써서 그런 것도 아니다. 마치 소아과 의사들처럼, 내가 세상에 존재하는 대부분의 잔병에 노출된 덕분임이 분명하다.

충격적인 배신에 회복 불능일 정도로 크게 충격을 받는 사람 중에는 누구보다 착하고 사랑과 책임감 넘치는 사람이 많다. 왜일까? 바로 다른 사람도 다 자신과 같다고 생각해서다. 그들은 세상 모든 사람이 선하고 믿을 만하다고 여긴다. 그래서 신뢰할 만하지 않은 사람, 신뢰해서는 안 될 사람이 나타날 때마다 이 착한 사람들은 계속해서 놀란다. 매번 말할 수 없이 충격을 받는다. 심지어 문제를 설득력 있게 지적해서 사과를 받은 뒤에도 다음번에 같은 일이 벌어지면 또다시 큰 충격을 받는다. 도무지 이런 일이 일어나는 자체를 믿지 못한다.

혹시 당신도 그런 사람인가? 전에 당신의 면역 체계가 기만이나 무책임, 이기주의, 무능 같은 것에 노출된 적이 없지는 않은가? 그러면 당신은 심리적으로 몹시 취약한 상태다. 이 문제를 해결하려면 경험을 비롯해 많은 것이 필요하다. 하지만 그중에서도 가장 필요한 것 중 하나는 주변에서 도와줄 사람이다. 신뢰에 관한 중요한 결정을 내릴 때 한두 쌍의 다른 눈이 필요하다. 이제 이 현실을 받아들일 시간이다. 모든 사람이 당신처럼 정직하고 믿을 만하지는 않다는 현실 말이다.

잘못된 대상을 믿는 실수를 되풀이하지 않는 법은 경험에서 배우는 것이다. 이것을 '지혜'라 부른다. 우리는 경험에서 지혜를 얻는다. 하지만 지혜의 원천은 우리 자신의 경험만이 아니다. 다른 사람의 경험에서도 지혜를 얻을 수 있다. 성경의 잠언 같은 지혜 문학을 공부하는 것도 한 방법이다. 누구를 믿고 누구를 피해야 할지의 문제와 인격을 다룬 다른 자료(예를 들면, 이 책 ^^)도 읽으라.

비슷한 상황을 겪고 있는 사람들의 모임 같은 배움의 장을 통해서도 지혜를 얻을 수 있다. 알코올중독자를 돕는 알아넌(Al-Anon), 이혼 가정을 지원하는 디보스케어(DivorceCare), 혹은 사람 문제로 힘들어하는 다른 경영자와의 리더 모임, 혹은 좋은 인간관계 훈련을 고려해 보라. 이 책 첫머리에서 언급한 것처럼 신뢰는 삶 속의 모든 것을 움직이는 연료다. 따라서 '사람'에 대해 배우고, 믿어선 안 될 사람들이 보이는 패턴을 이해하는 것이 매우 중요하다.

내가 잘못된 신뢰를 피하기 위한 가이드로 가장 추천하고 싶은 것 중 하나는 성경의 시편 101편이다. 그 시편에서 다윗은 기본적으로 이렇게 말하고 있다. "내가 믿을 수 없는 사람들, 최대한 거리를 두고 싶은 사람들이 있다. 반대로, 좋은 사람이어서 가까이 두고 싶은 사람들도 있다." 그가 피하라고 가르치는 사람들의 특징은 다음과 같다.

* 끝까지 헌신하지 않는 "배교자들"(3절).
* 사랑을 빙자한 지배와 같은 순수하지 못한 행위로 변질시키는 "사악한 마음"(4절)을 지닌 자. 그들은 좋은 것을 나쁜 것으로

왜곡시킨다.

* 모든 종류의 "악한 일"을 하는 자(4절).
* "자기의 이웃을 은근히 헐뜯는 자"(5절) 즉 뒤에서 험담하는 자.
* "마음이 교만한 자"(5절) 즉 자아도취와 정죄 의식으로 남을
  경멸하는 거만한 눈을 가진 자.
* "거짓을 행하는 자" 즉 기만하는 자와 "거짓말하는 자"(7절).

계속해서 다윗은 흠 없이 "완전한 길에 행하는 자"와 어울리며 그에게서 배울 것이라고 말한다(6절). 그는 어떤 점을 확인해야 하는지 알기 때문에 사람을 잘 선택할 것이다.

당신이 그동안 순진했다면 나쁜 사람이 어떤 특징을 지녔고 어떤 행동을 하는지 이제부터 배우라. 그러면 살다가 그런 사람을 만나도 놀라지 않을 것이다. 나아가, 그들에 대한 강한 면역력을 기르라.

함께 싸워 줄 지원군의 부재

면역 체계에 관해 밝혀진 사실 중 하나는 달랑 세포 하나만 보내지 않는다는 것이다. 각종 면역 세포끼리 독소를 공격하기 위해 서로 잘 협력한다. 잘못된 대상을 믿기 쉬운 사람들도 신뢰의 길을 걷는 내내 다른 사람과 함께해야 한다.

또한 면역 체계처럼 독소를 정확히 보는 능력 또한 필요하다. 오랫동안 짝을 찾던 친구에게서 어느 날 이런 말을 들은 경험이 다들 있을

것이다. "드디어 천생연분을 만났어. 정말 멋진 사람이야. 너희에게 빨리 보여 주고 싶어. 금요일 저녁에 시간 되니?"

드디어 금요일, 친구와 애인을 만나 함께 저녁 식사를 한다. 식사가 끝나고 그 멋진 사람은 간다. 이제 당신과 신이 난 당신의 친구만 남는다. 당신은 심각한 눈으로 친구를 보며 말한다. "너 도대체 무슨 생각이야?"

그 말은 친구가 이상한 사람을 골랐는데 그 사실을 보지 못하고 있다는 뜻이다. 친구는 상대방에게 홀딱 반했지만, 진지한 관계가 이어지면 그 사람은 심각한 골칫거리로 변할 게 틀림없다. 누구든 정죄해서는 안 되지만, 의사 면허 없이도 쉽게 진단이 되는 사람이 있다. 진지한 만남의 상대로 적합하지 않은 사람이 있다. 하지만 사람이 절박해지면, 그런 사람의 한두 가지 좋은 면만 보고 문제점을 무시한 채 그 사람을 이상화할 수 있다.

그런 사람에게는 제삼자의 눈이 반드시 필요하다. 면역 체계가 우리의 몸을 보호하기 위해 사방에서 독소를 찾는 것처럼, 우리도 감정적으로나 관계적으로 우리를 보호하도록 도와줄 친구들의 눈이 필요하다. 그렇지 않으면 우리는 취약할 수밖에 없다. 성경은 이렇게 말한다. "참모가 많아야 승리할 수 있다"(잠언 24장 6절, 새번역 성경).

나아가, 잘못을 지적하고 힘든 대화를 나누고 여타 조치를 취하는 과정이 너무 어려울 수 있다. 때로는 많은 두려움과 고통이 따를 수 있다. 그럴 때는 다른 이에게 지원을 요청하라. 면역 체계가 다른 세포들의 지원이 필요한 것처럼 말이다. 삶 속에서 필요한 지원을 받지 못하면 적절한 면역 반응을 할 수 없다.

배신을 당하면 자신을 보호하기 위해 싸워야 할 때도 있다. 앞서 우리는 기업 이사회 이야기, 전문적인 도움이나 보호가 필요했던 사람들 이야기를 살펴보았다. 자신 곁에서 도와줄 사람이 하나도 없다고 느껴질 때 우리는 쉽게 속는다. 속지 않고, 속았더라도 다시 일어서려면 더 많은 손길이 요구된다. 이런 공동체와 지원이 없으면 잘못된 대상을 잘못 믿어 배신당하기가 쉽다. 그런가 하면 주변에 도와줄 사람이 있는데도 너무 두렵거나 창피해서 도움을 요청하지 않는 경우도 있다. 두 경우, 모두 면역력이 약해진 상태라고 할 수 있다. 절대적으로 도움이 필요하다. 도와 달라고 요청하기를 두려워하거나 창피해하지 말라.

강한 신뢰 면역 체계를 구축하라

문제가 있는 사람들과 배신을 다루는 것은 양날의 검과도 같다. 우리를 배신한 사람들은 분명 문제가 있지만 우리에게도 문제가 있다. 물론 그들의 문제는 우리가 만든 것이 아니며, 그들이 한 행동에 대해서도 우리는 전혀 책임이 없다. 단, 우리 내면에 그런 유형의 사람들에게 취약하게 만드는 어떤 패턴이 있을 수 있다. 그렇다면 그 패턴을 반드시 다루어야만 한다. 예를 들어, 세상에 통제적인 사람이 있는 한 우리는 강한 경계를 설정하는 편이 현명하다. 그렇지 않으면 그 사람들은 계속해서 우리를 통제하려 들 것이다. 하지만 우리가 거절하는 능력을 기르면 통제하려는 시도는 멈춘다.

배신당해 상처받은 사람들이 자신의 패턴을 다루고 더 강해지도록 도우려고 하면 '피해자에 대한 책임 전가'를 한다고 비난하는 사람이 꼭 있다. 오해도 그런 오해가 없다. 배신에 대한 책임은 오직 배신자에게 있다. 당신이 믿었던 사람에게 뒤통수를 맞았다면 당신 자신을 탓하지 말라. 당신에게 상처 준 사람의 행동에 대한 책임을 자신에게 돌리지 말라. 하지만 신뢰할 만하지 않은 사람을 알아보는 안목을 기르고, 그들에게 취약해지게 만드는 심리적 패턴을 찾아 그 부분에서 면역력을 기르라고 말하는 건 당신에게 책임을 전가하는 게 아니다. 오히려 피해를 입은 당신을 돕기 위함이다.

강한 면역 체계를 구축하는 건 우리 삶에 꼭 필요한 작업이다. 강한 면역 체계는 나쁜 병균이 침입하지 못하도록 막아 줄뿐더러 이미 침입한 경우에는 재빨리 내쫓는다. 인간관계 기술에서 이런 면역력을 기르면 삶이 훨씬 더 안전해질 것이다.

다시,
건강한 신뢰 사회로

    아무쪼록 당신이 이 책을 읽으면서 좋은 신뢰의 기술이 얼마나 중요한지 깨닫고 이미 그 기술을 연마해 가고 있기를 바란다. 프롤로그에서 밝혔듯이 신뢰는 삶의 모든 것을 움직이는 연료다. 삶, 특히 관계 속 그 어떤 것도 신뢰 없이는 이루어지지 않는다. 믿을 만한 사람을 믿는 능력과 잘못된 신뢰 대상을 피하는 기술은 개인적으로나 직업적으로나 유익하고 건강한 관계를 누리는 데 필수다. 그리고 건강한 관계는 개인적인 번영의 열쇠다.

이 책의 정보만으로 완벽한 신뢰 면역력을 얻어 앞으로 절대 나쁜 결정을 하지 않을 수 있다고 말할 수 있다면 좋으련만, 그런 장담은 할 수 없다. 하지만 이 책을 읽기 전보다 신뢰를 훨씬 잘할 거라고는 장담할 수 있다. 이 책에는 앞으로 '이 사람을 믿을 수 있을까, 없을까?' 의문이 들 때 도움이 될 만한 증명된 조언이 가득하다. 새로운 관계를 맺을 때마다 이 책을 다시 꺼내 드는 것도 나쁘지 않다고 생각한다.

당신이 여느 사람과 같다면 신뢰에 관한 당신의 경험은 완벽하지 않을 것이다. 믿었던 사람에게 뒤통수를 맞고 심한 상처나 피해를 입은 적이 있는가? 좋은 사람보다 나쁜 사람을 믿은 적이 더 많은가? 그렇다면 부디 이 책을 한 번 이상 꼭 읽기를 바란다. 당분간 이 책을 삶의 지침서로 삼으라. 이 책 내용을 깊이 파고들고, 그 원칙을 적용하고, 이 책이 제시하는 신뢰 모델을 철저히 탐구하라.

부부 관계에서 비즈니스 관계에 이르기까지 당신이 모든 관계에서 성공하도록 돕기 위해 이 책을 썼다. 배우자, 친척, 친구와의 관계에서 교회, 중소 사업체, 대기업에 이르기까지 어느 영역이든 신뢰 회복이 필요할 때 이 책에서 배운 내용이 큰 도움이 될 것이다.

앞으로 쌓아 가는 모든 관계에서 '이해, 동기, 능력, 인격, 전적'을 꼭 기억하기를 바란다. 신뢰하고 신뢰받기 위한 이 필수 요소들을 잘 실천하면, 이것이 당신의 삶과 관계가 놀라운 목적지로 가기 위해 필요한 연료를 넉넉히 제공해 줄 것이다.

부록

믿어서는 안 될
잘못된 대상을 믿는
또 다른 이유들

이 책이 감염병과 면역 반응에 관한 책이라면 사람이 질병에 취약해지는 모든 이유를 다룰 수 없을 것이다. 그 이유가 너무 많기 때문이다. 5부에서 인간관계에서 배신당하기 쉽게 만드는 취약점 중 몇 가지를 이미 살펴보았다. 하지만 그것들을 다 살피지는 않았다. 잘못된 대상을 믿게 만드는 다른 문제들이 궁금한 사람을 위해 부록에 그 목록을 싣는다.

○ 정서적 고립

외롭고 고립된 기분은 몇 가지 이유로 믿어서는 안 될 사람이나 그룹을 쉬이 믿게 만들 수 있다. 연결을 갈망하면 할수록 뚜렷한 경고 신호를 무시하기 쉽다. 비즈니스 상황에서도 같은 원칙이 적용될 수 있다. 아무런 계약도 따내지 못한 상태에서는 마음이 절박해진 나머지 좋지 않은 조건에 계약을 맺거나 잘못된 사람을 영입할 수 있다.

○ **무력함, 경계의 부재**

학대와 가스라이팅, 통제, 비난 같은 유해한 행동을 거절하지 못하는 사람은 적절한 경계를 설정하여 신뢰할 만하지 않은 사람을 멀리하지 못한다. 마음이 약해 상대방의 잘못된 행동을 지적하고 거부한 뒤에 선을 긋지 못하면 믿어서는 안 될 사람이 다가올 수 있다. 무언가 잘못되었다는 걸 느끼면서도 두려움이나 무력함 때문에 그 문제를 다루지 않을 수 있다.

○ **괜찮은 사람이 되고 싶은 욕구**

자존감이 낮은 사람들은 대단해 보이는 사람 혹은 자신이 괜찮은 사람이라고 느끼게 해 줄 사람을 갈구한다. 이런 자아상의 문제는 자신이 중요하거나 특별하거나 좋은 사람이라고 느끼게 해 줄 사람을 찾거나 지위나 권력이 있는 사람과의 관계를 추구하게 만든다. 문제는 그렇게 해서 연결된 사람이 우리에게서 무언가를 얻어 내거나 그저 자신의 기분이 좋아지기 위해 마음에도 없는 말을 하는 사람인 경우가 많다는 것이다.

어떤 경우든 그런 관계는 건강하지 않다. 완벽한 사람을 찾거나 자신이 실제보다 더 괜찮은 사람처럼 느끼게 해 줄 사람에게 끌리면 믿어서는 안 될 잘못된 대상을 믿게 될 위험이 크다.

○ 가짜 구출 미끼를 물다

이 기제는 믿어서는 안 될 잘못된 대상을 믿게 만든다. 내가 지금 어떤 한 사람에게 푸대접을 받고 있는데 누군가가 와서 나더러 정말 대단하다고 말한다. 남들이 내 대단함을 어떻게 몰라볼 수 있는지 모르겠다며 나를 치켜세운다. 나는 그 아첨을 믿고서 그 구원자를 따라간다. 나를 나쁜 배우자나 나쁜 상사, 나쁜 친구 등에게서 구출해 줄 듯한 사람의 손을 잡는다. 하지만 사실은 그 사람에게 이용당하는 것이다. 곧 그 사람과의 관계에서도 실망스러운 일이 일어나 신뢰가 깨지면서 악순환이 다시 시작된다. 숱한 재혼과 이직이 이런 식으로 이루어진다.

○ 합체에 대한 환상

때로 내 안에 무언가가 빠진 것 같은 느낌이 든다. 그럴 때 내가 가지지 못한 것을 가진 사람에게 끌리기 마련이다. 나도 나름대로 세상에 내놓을 좋은 것을 많이 가지고 있지만 세상을 다소 두려워하는 경향이 있다. 그런데 내가 채워 줄 수 있는 부족한 면을 지니고도 자신감으로 충만한 누군가를 만나게 된다. 그럴 때 나는 두려움을 해결하려 자신감 넘치는 그 사람과 '합체'한다. 그러면 완전해진 혹은 온전해진 기분을 느낄 수 있을 것만 같다.

하지만 합체를 절박하게 원하다 보니 상대방의 다른 측면, 믿을 만하지 못한 측면을 보지 못한다. 합체해서 완전해지고 싶은 욕구가 상대방의 진면목을 보지 못하도록 내 눈을 가린다.

우리 모두는 저마다 다른 강점을 지니고 있기에 상호보완적인 관계 자체는 전혀 잘못된 게 아니다. 하지만 완벽해지고 싶은 욕구 때문에 신뢰해선 안 되는 모습을 보지 못하고 그 사람을 믿는 것은 문제다. 이런 일은 흔히 일어나며, 매우 파괴적이다. 주로 의존적이고 적절한 경계를 설정하지 못해 괴롭힘을 당하는 여성이 '강한' 남자에게 굴복하거나 심지어 끌린다. 강한 남자 곁에 있으면 '보호받는' 기분을 느낀다. 하지만 이런 남자 가운데 자기중심적이고 통제적인 사람이 많다. 결국 얼마 못 가 이 여성들은 이런 문제가 낳은 참담한 결과를 몸소 경험하기 시작한다.

○ **과거 속 인물과의 문제**

이는 잘못된 대상을 믿는 큰 이유이며, 가장 오래전에 밝혀진 심리학적 패턴 중 하나다. 이 패턴은 기본적으로 이렇다. 어린 시절의 기억 속 누군가, 이를테면 부모가 문제가 있었는데 내가 그 문제를 다루지 않았다면 현재의 관계 속에서 그 문제를 보지 못하게 된다. 그리고 그 문제를 보지 못하면 그것에 과잉 반응하게 된다. 다시 말해, 아버지나 어머니와의 실타래를 풀지 않았다면 아버지나 어머니 같은 사람이 다가올 때 그 관계에서 과거의 패턴이 반복된다. 이는 우리가 과거와 그 영향을 부정하고 있기 때문이다.

끔찍한 어린 시절을 보냈지만 부모의 문제점을 정확히 보고 다룬 결과, 신뢰할 사람을 잘 선택하는 이들이 있다. 그렇게 하고 나면 남들에게서 같은 문제점이 보인다. 하지만 어머니가 비판적이었거나 아버지가 비열하고 다혈질이었다는 사실을 보지 못하는 사람은 다른 사람에게서도 그 문제를 보지 못할 수 있다.

자신의 과거를 솔직히 들여다보면, 부모를 용서하고 사랑할 수 있을 뿐 아니라 다른 사람에게서 같은 문제를 볼 때 이를 부정하지 않고 그들을 있는 그대로 정확하게 볼 수 있게 된다. 이혼 소송 중이거나 이혼한 사람이 "아버지 같은 사람과 결혼했어. 그런 문제를 보지 못하다니!"라고 말하는 경우가 얼마나 많은지 모른다.

성경에서 우리의 죄와 우리 조상들의 죄를 고백하라고 가르치고 (레위기 26장 40절, 우리말성경), "원래 조상들이 지켜 온 전통"을 되풀이하는 걸 경고하는 데는(마가복음 7장 1-13절, 현대인의성경) 그만한 이유가 있다. 앞 세대에서 이어져 온 문제를 보고 이를 인정하고 용서하고 털어버림으로써 악순환의 사슬을 끊어야 한다.

○ **불안해하는 애착 유형**

10장에서 이미 설명했기에 여기서 자세히 설명하지는 않겠다.

하지만 불안해하는 애착 유형은 많은 사람이 잘못된 대상을 믿는 커다란 이유다. 이런 일은 개인적인 관계뿐 아니라 비즈니스 관계에서도 흔히 일어난다.

○ **구원자 판타지**

이는 누군가의 문제가 눈에 들어오지만 그가 불쌍하게 느껴지고 사랑으로 그 사람을 변화시킬 수 있다고 믿는 것이다. 혹은 내 리더십으로 그를 성장시킬 수 있다고, 나 같은 상사나 배우자를 만나지 못해서 그렇게 된 것이라고 믿는 것이다.

이게 나쁜 태도라는 말은 아니다. 개인적인 관계에서 훌륭한 리더나 사람을 성장시키길 좋아하는 사람, 사랑이 많은 개개인은 매일 다른 이를 치유하고 돕는다. 우리는 서로를 치유할 수 있고 치유해야 한다. 하지만 두 손뼉이 맞아야 소리가 나는 법이다. 나는 상대방을 구해주려는데 상대방은 변할 마음이 전혀 없을 수도 있다. 계속해서 나만 노력한다면 실망이 따른다. 앞서 말했듯이 상대방이 변하려는 과정에 적극 참여해야 한다. 그렇지 않으면 그 사람을 도우려는 내 노력은 헛수고로 끝나기 쉽다.

○ **피해자 사고 victim thinking**

무기력한 태도에 빠진 사람들이 있다. 그들은 건강하지 못한 관계에 대해 자신이 할 수 없는 일은 별로 없다고 생각한다. 그들이 힘의 불균형이 존재하는 관계 속에서 괴롭힘을 당하는 경우라면 실제로 그럴 수도 있다. 하지만 다른 태도를 길러 노력할 생각을 전혀 해 보지 않는 건 문제다. 우리가 이런 태도를 갖고 있으면 믿어서는 안 될 사람에게 계속해서 질질 끌려다닐 수 있다. 하지만 적절한 지원과 조언을 받으면, 믿어서는 안 될 사람에게 맞설 수 있는 방법이 얼마든지 '많이' 있다.

○ **죄책감**

믿을 만하지 않은 사람에게 실망하거나 배신당한 것이 자기 잘못이라 자책하는 경우가 있다. "내가 이것저것을 했어야 했는데", "내가 제대로 도와주지 않아서 그래." 책임 전가를 끔찍이 잘하는 사람이 많다는 사실이 이 문제를 더욱 어렵게 만든다. 그런 경우, 쉽게 죄책감에 빠질 수 있다. 죄책감을 자주 느끼는 스타일이라면 자신의 그런 성향으로 문제를 다루고 있는지 돌아보라.

○ **고통에 대한 강한 내성**

힘든 관계를 많이 겪었거나 책임감이 너무 강한 경우에는 결국 폭발하여 행동하기 전까지 지나치게 참는 경향이 있을 수 있다. 때로 그들은 필요한 대화조차 시도하려고 하지 않는다. 고통이나 분노, 배신감을 그냥 꾹꾹 누른다. 혹은 자신의 감정을 인식하지 못하거나 그 감정의 소리에 귀를 기울이지 않는다. 상대방이 괴롭혀도 고통을 계속해서 참고 견딘다.

자신의 고통에 대한 내성을 확인하라. 복통을 무시하지 않는 것처럼, 관계가 불편하거든 그 불편함을 더는 무시하지 말라. 관심을 기울이라. 고통이 느껴지는 데는 분명 그만한 이유가 있다.

감사의 말

"이 책을 쓰는 데 시간이 얼마나 걸렸나요?"이런 질문을 받으면 나는 보통 이렇게 대답한다.

"내가 하는 일이 이 책을 쓰고, 때가 되면 나는 그저 타이핑을 할 뿐이랍니다."

나는 흔히 생각하는 '저자'가 아니다. 나는 임상 심리학자인데 어쩌다 보니 진짜 내 일에서 배운 것을 때가 되면 글로 옮기게 된 사람일 뿐이다. 이번 책도 마찬가지다. 이 책의 주제는 내가 수년간 해 온 임상 심리 상담과 컨설팅 업무의 핵심이라 할 수 있다. 임상 심리학자로서 나

354

는 신뢰가 모든 인간 개발의 열쇠라고 배웠다(이 책에서 이 내용을 자세히 읽었을 것이다).

비즈니스 컨설팅을 하면서 개인이든 기업이든 신뢰를 쌓는 법에 관해 구체적으로 생각하기 위한 실질적인 '공식' 혹은 패러다임을 갖는 것이 좋다는 사실을 발견했다. 신뢰의 기제에 관한 모델을 알게 되면 더 제대로 신뢰하고, 신뢰하지 말아야 할 대상을 분간하고, 깊은 신뢰를 점점 쌓아 가고, 믿어서는 안 될 잘못된 대상을 믿는 실수를 피할 수 있다.

그리하여 수년 전 내 클라이언트들을 위한 유용한 '신뢰 패러다임'을 만들기 시작했고, 그 패러다임이 이 책에 고스란히 녹아 있다. 이 책에 나온 모델을 연구하고 개발하고 실제로 사용해 검증하기를 10년 넘게 했다. 모델이 실제로 가치가 있으려면 실제 환경과 삶에서 '통해야' 한다. 그런 모델을 얻기까지는 긴긴 시간이 걸린다.

하지만 이와 같은 작업 외에도 책을 만들고 출간하는 작업이 중요하다. 이 책을 완성하기까지 도움을 준 몇몇 사람에게 깊은 감사의 말을 전하고 싶다.

듀프리 밀러(Dupree Miller)의 내 출판 저작권 대리인인 잔 밀러와 섀넌 마븐에게 고맙다. 이 책은 그들이 다 만들었다 해도 과언이 아니다. 밀러의 탁월한 에이전시와 팀이 이 책의 출판을 위해 쏟은 모든 수고에 진심으로 고마움을 전한다. 토니와의 첫 만남부터, 밀러가 나를 도와줄 적임자임을 알았다. 마븐에 관해서는 더 말해 뭐 하는가. 마븐이 아니면 이 프로젝트는 결실을 맺지 못했으리라. 나는 만나는 사람마다 출판계에서 마븐만큼 유능한 사람은 만나 보지 못했다는 말을 하고 다닌다. 이 책이 세상에 나오기까지 해야 할 준비 작업이 태산이었으나,

마븐은 나를 위해 기꺼이 그 산을 깎아 평지로 만들어 주었다. 정말 고맙다.

아셰트(Hachette) 출판사의 내 담당자인 데이지 휴튼에게 고마운 마음을 전한다. 그는 이 책의 비전을 보고 동참을 결심하고 출판까지 전 과정을 책임져 주었다. 이 책을 믿고 도와준 그에게 고마움을 전한다. 그가 신뢰에 대한 이 내용과 패러다임이 사람들에게 끼칠 유익을 믿고 열광적으로 응원해 주어서 얼마나 힘이 났는지 모른다.

우리 홈페이지(DrCloud.com) 콘텐츠 팀의 그렉과 앨비에게도 고맙다고 말하고 싶다. 우리가 이 책에 녹아든 수많은 주제로 긴 시간 공들여 제작한 동영상 덕분에 이 책의 메시지와 내용이 한층 정확해졌다. 두 사람은 여지없이 항상 나를 더 나아지게 만든다.

사랑하는 아내 토리, 우리 딸들 올리비아와 루시에게 고맙다고 말하고 싶다. 아내와 딸들은 이 책을 완성하기 위해 내가 얼마나 많은 시간을 들였는지 누구보다도 잘 안다. 이 일을 위해 함께하는 시간을 기꺼이 희생하고 끝까지 지지해 준 가족에게 고맙다. 이번 작업은 정말 힘들었다. 가족이 말할 수 없이 큰 도움이 되었다.

말할 것도 없이, 지금까지 나를 믿고 내게 자신을 맡겨 준 클라이언트들에게 감사해야 마땅하다. 그들 덕분에 항상 힘이 난다. 오랜 시간 클라이언트들이 이 신뢰 모델을 사용해 주었기에 이 내용이 몰라보게 개선되었다. 이 책의 탄생을 위해 자신의 삶, 회의실, 회사 전체를 내게 열어 준 그들에게 참으로 감사드린다. 내 클라이언트들은 하나같이 훌륭하다. 그들이 신뢰의 태도로 사람들을 이끌고 회사를 운영한 덕분에 수많은 사람의 삶이 한층 좋아지는 모습을 보노라면 감동이 밀려온다.

내게 이 주제에 관한 강연을 부탁해 준 수많은 조직의 피드백도 너무나 귀했다.

마지막으로 내 삶에서 함께하는 믿을 만한 친구들에게 고맙다. 이 친구들은 긴 세월 동안 내게 이해, 동기, 능력, 인격, 전적이라는 다섯 가지 신뢰의 필수 요소를 아주 잘 보여 주었다. 이런 특성을 보일 때 신뢰할 수 있다는 사실을 그 누구보다도 내게 분명하게 보여 주었다. 그들은 나를 치유하고 더 나아지게 했다. 그리고 여전히 신뢰할 만한 삶으로 계속해서 내게 유익을 끼치고 있다. 사랑하는 친구들에게 깊은 고마움을 전한다.

△ 헨리 클라우드

2022년 로스앤젤레스

주

△ Part 1. _____

1장.

1. K. M. Franklin, R. Janoff-Bulman, J. E. Roberts, "Long-Term Impact of Parental Divorce on Optimism and Trust: Changes in General Assumptions or Narrow Beliefs?" *Journal of Personality and Social Psychology* 59, no. 4 (1990): 743-55, https://doi.org/10.1037/0022-3514.59.4.743. \

2. John M. Gottman, *The Science of Trust: Emotional Attunement for Couples* (New York: W. W. Norton & Company, 2011), 55. Kindle edition.

3. Susan M. Johnson, *The Practice of Emotionally Focused Couple Therapy* (New York: Routledge, 2019).

4. Farzin Rezaei 외, "The Relationship Between Spiritual Health and Social Trust Among Students," *Journal of Mind and Medical Sciences* 8, no. 1 (2021).

5. Roderick M. Kramer, "Rethinking Trust," Harvard Business Review (June 2009).

△ Part 2. _____

4장.

1. Chris Voss, Tahl Raz, *Never Split the Difference* (New York: HarperCollins, 2016), 43. Kindle edition. 크리스 보스, 탈 라즈, 《우리는 어떻게 마음을 움직이는가》(프롬북스 역간).

5장

1. John M. Gottman, *The Science of Trust: Emotional Attunement for Couples* (New York: W. W. Norton & Company, 2011), 55. Kindle edition.

2. "The Airline Safety Revolution: The Airline Industry's Long Path to Safer Skies," *Wall Street Journal* (April 17, 2021).

6장.

1. Douglas Harper, "Etymology of ability," Online Etymology Dictionary, 2021년 10월 31일 업데이트, https://www.etymonline.com/word/ability.

7장.

1. "Virtue," Merriam-Webster, 2022년 11월 6일 업데이트, https://www.merriam-webster.com/dictionary/virtue.

2. James Strong, *The New Strong's Expanded Exhaustive Concordance of the Bible* (Nashville, TN: Thomas Nelson, 2010).

3. Strong, *The New Strong's Expanded Exhaustive Concordance of the Bible*

4. Laura Wilcox, "Emotional Intelligence Is No Soft Skill," Professional Development, Harvard Division of Continuing Education, 2015년 7월 6일, https://professional.dce.harvard.edu/blog/emotional-intelligence-is-no-soft-skill.

5. "Integrity," Merriam-Webster, 2022년 11월 24일 업데이트, https://www.merriam-webster.com/dictionary/integrity.

8장.

1. Li Huang and J. Keith Murnighan, "Why Everybody Trusted Madoff," *Forbes*, 2010년 12월 22일, https://www.forbes.com/2010/12/22/bernard-madoff-trust-psychology-leadership-managing-ponzi.html?sh=4ea62e81de90.

2. Huang and Murnighan, "Why Everybody Trusted Madoff."

△ Part 3.

11장.

1. John M. Gottman, *The Science of Trust: Emotional Attunement for Couples* (New York: W. W. Norton & Company, 2011). Kindle edition.

△ Part 4.

14장.

1. Kirsten Weir, "Forgiveness Can Improve Mental and Physical Health," *American Psychological Association*, 2017년 1월, https://www.apa.org/monitor/2017/01/ce-corner.

2. James Strong, *The New Strong's Expanded Exhaustive Concordance of the Bible* (Nashville, TN: Thomas Nelson, 2010).

18장

1. Albert Einstein, AZQuotes.com, Wind and Fly LTD, n.d., https://www.azquotes.com/quote/823642.

2. "Structure," Merriam-Webster, 2022년 11월 5일 업데이트, https://www.merriam-webster.com/dictionary/structure.